DEEP READING

精 读
深度阅读的艺术

采铜 著

深 度 阅 读 的 艺 术

目录 — CONTENTS

写在前面的话		4
第一章	书的结构	001
第二章	阅读的规律	033
第三章	文字的建筑	057
第四章	文字的音乐	091
第五章	阅读中的想象力	131
第六章	冰山理论	167
第七章	求知与辨疑	209
第八章	八面受敌	249

一 写在前面的话

　　深度阅读是一项富有挑战性的实践，是一种复杂的认知活动。本书旨在提供几种深度阅读的途径和方式，提供一些多角度的阅读示范和探讨。不过，本书并不提供速成秘诀和终极答案，阅读本书并不能替代读者自身的阅读操练，不能替代读者进行独立思考、潜心探索，不能替代读者在形式与观念间游弋。

　　阅读本书只是一个崭新的开始，远不是结束。

第一章

书的结构

深度阅读的艺术

置身在唯"快"不破、崇尚效率的年代里，读书作为一场缓慢、有序、能启迪心智的活动，可以维系我们心中那一片绿洲的存在。一本好书像一面无形的墙，在自我和外部世界之间筑起一道边界。哪怕外面世界风吹雨打，只要在这道边界的庇佑下，你就会是平静的、专注的、从容的。你焦躁的心会因此安静下来，你可以获得一段难得的喘息时间。思考会伴随自在的节拍，让你可以躲开令你焦头烂额的琐事；让你可以在不同的时空中穿梭驰骋；让你可以在知识的园地里做一回园丁，助力你想象力的萌芽生长；让你可以品尝人间百态，体验种种复杂的情愫，与书中人物同悲喜、共命运。

　　如今网络的便捷令信息奔涌而来，读书早已不是我们获取知识的唯一方式，也不是最快捷、最便利的方式。对待知识，我们早已学会了即需即取。

　　几千年来，人类积累的无数知识对于我们已经唾手可得，但这不过是信息时代投来的烟幕弹。便捷地获得信息并非必然会提高我们头脑的健全程度，并非必然会提升我们运用理性的能力，也并非必然会增进我们内心的坚韧和丰盈。与千百年前相比，我们现在所能触及的信息数量虽然增加了亿万倍，但是我们辨析信息真伪的成本和难度也大大地增加了。

　　我在这儿举一个简单的例子：现在有相当多的人是网络骗局

的受害者。这说明了辨别信息的真伪是现今一个真正的难题。现在，网络信息的碎片化还有愈演愈烈的趋势。一段不到一分钟的视频——其录制者讲几十个字的"金句"，就能获得"十万加"的点赞量。这已经是司空见惯的现象，那种在瞬间形成的"获得感"就像潮水一般，一遍遍地冲刷着我们的大脑。可是，我们被其席卷过后的大脑却并没有因此有多少改变。

因此，我们不得不重新审视读书这个虽然古老但并非老旧的求知方式。在让头脑更发达、更健全、更充盈方面，读书仍然是当之无愧的最佳选择。读书是一场全方位的心灵改造活动，一本好书的影响可能会伴随我们一生。

在谈"深度阅读一本书"这个有趣的主题之前，我们要先搞清楚一个问题：什么是"书"。在今天，"书"的边界已经越来越模糊了。早些年，"书"的形态很确定，那就是一沓装订成册的纸且纸上印满了文字。现如今，"书"可以是一个电子文档，也可以是一个打开的网页，还可以是音频形式的"有声书"。如果回溯到千年前，甚至更久远的话，那么"书"就是那些记载了文字的竹简、羊皮、莎草纸或者石碑等。由此可见，关于什么是"书"，我们是无法通过它的物理载体来界定的。

其实，"书"的实质就是经过有序组织、便于阅读、起止明确、达到一定篇幅的一组结构化内容。"结构化"是"书"的关键特征。书都是有结构的，书的结构可以是由作者构造的，也可以是由编者完成的，还可以是作者和编者共同完成的，甚至随着岁月的流逝在不同人的手中不断地被增减和修改。一本书的结构就是我们开启一本书的钥匙，也是我们驶向深度阅读的入口。在这儿，我想从我国历史上的两部经典名著的成书过程出发，分析它们的结构特色。这两本经典名著分别是《诗经》和《史记》。

一、《诗经》的结构特色

《诗经》在先秦通称为《诗》,孔子说:"《诗》三百,一言以蔽之,曰:'思无邪。'"相传,《诗》是由孔子编选而成的。但是,孔子绝不是第一个对《诗》进行编选的人。《诗》中所收录的诗歌的创作年代,早自西周初年,晚至春秋中叶,其跨度约五百年。

周朝时期,就有采诗官,专门采集诗歌。到了西汉时期,研究和注释古代经典为官学,原本有三家经学负责注释《诗》,他们的注释版本分别被称为"齐诗""鲁诗"和"韩诗"。可惜,其都没有流传下来。所幸后来的毛苌等注释的版本流传了下来。汉代以后,儒家将《诗》列为经典之一,《诗经》这个名称也便开始出现。我们今天看到的《诗经》,就是依托毛氏保存和传下的版本,我们有时也会因此称《诗经》为《毛诗》。

由此可见,《诗经》的成书不是一蹴而就的,而是经历了众人之手,像接力赛一样,其成书是经过了一个漫长、波折的过程的。

《诗经》作为一本从不同地区、不同年代采集、汇合而成的诗歌总集,并不是以散乱、随机的方式组合起来的,书中是存在着一个合乎逻辑的结构,我们是可以从中看出编选者的用心的。

《诗经》可以分成《风》《雅》《颂》三大类,这是按其体裁和风格(作品性质)分类的(一说是按音乐功能和性质分类的)。其中,《风》多是来自周朝各诸侯国的多个地区采集的民间歌谣,大部分是老百姓传唱的民歌,所涉内容包罗万象,其中有许多写得活泼灵动;《雅》收录的诗歌,被认为是周朝"首都"地区的音乐,多为用于官方活动的乐歌,其风格相对庄重、典雅;《颂》是用于天子、王侯住持的祭祀大典时的,讲求仪式感和庄严感。

《风》《雅》《颂》是《诗经》一书的一级结构,在一级结构之下还有二级结构,即每部分下面还有更细的划分。

《风》分别为《周南》《召南》《邶风》《鄘风》《卫风》《王风》《郑风》《齐风》《魏风》《唐风》《秦风》《陈风》《桧风》《曹风》《豳风》,合称"十五国风"。这个二级结构便是按地区划分的。《雅》的二级结构的划分又不同于《风》。《雅》分为《小雅》《大雅》两部分,其区别在于文体风格的不同(从地理位置上看,其都属于"首都"地区的诗歌)。其中,《大雅》是更为庄严正大的王室诗歌,《小雅》的风格则居于《大雅》和《风》之间,既有《大雅》的庄严感,又带有一些《风》的活泼。《颂》作为祭祀时所用的诗歌,分为《周颂》《鲁颂》《商颂》,这个二级结构也是按照地区划分的。

由此,为了彻底弄清楚《诗经》一书的结构,我制作了下面这个表格。

表1.1 《诗经》的结构

一级分类篇目的名称	一级分类篇目的划分依据	一级分类篇目的数量	二级分类篇目的名称	二级分类篇目的划分依据	二级分类篇目的数量
风	体裁和风格(作品性质)	160首	周南	地区	11首
			召南		14首
			邶风		19首
			鄘风		10首
			卫风		10首
			王风		10首
			郑风		21首
			齐风		11首
			魏风		7首
			唐风		12首
			秦风		10首
			陈风		10首

续表

一级分类篇目的名称	一级分类篇目的划分依据	一级分类篇目的数量	二级分类篇目的名称	二级分类篇目的划分依据	二级分类篇目的数量
风	体裁和风格（作品性质）	160首	桧风	地区	4首
			曹风		4首
			豳风		7首
雅		105首	大雅	文体风格	31首
			小雅		74首
颂		40首	周颂	地区	31首
			鲁颂		4首
			商颂		5首

《诗经》中的诗歌既不是组诗，也不是动辄数百行的长诗。其大多是各自独立的短诗（但也有少量篇幅略长的诗歌），因此，这三百零五首诗原本就如同三百零五个散点，如果不对其加以组织、排布，那就是一盘散沙。正是由于编选者的"结构化"工作，使得这些诗歌被妥帖地放入不同的分类中，这才构成了一本真正意义上的"书"。我们读一本书，首先便是要明了并弄懂它的成书结构，即知道它的内容是怎样被组织起来的。这是我们进行深度阅读的基础。

二、《史记》的结构特色

《诗经》之所以能成书，是因为编选者较好地处理了散点问题，但其与《史记》不同，《史记》的作者要处理的可是纷繁复杂的历史网络。在这个网络中，时间、地点、人物、事件互相交错、牵连，如何牵出一个线头，拉出一条轴线把它们梳理清楚并清晰地呈现出来呢？这对史学家来说，至今都是一个不小的难题。

因而在《史记》的结构安排上，司马迁着实是做出了大胆的创举。简而言之，《史记》创立了"纪传体"——以人物为中心的综合性史书体裁。在人物传记中，他又安排了明确的"主次之序"，即以政治地位为标准，先主要，后次要，再辅以时间顺序。这也就形成了《史记》的结构。

《史记》分为五个部分，依次为：本纪、表、书、世家和列传。它们就像五根柱子一样，支撑起大约三千年的历史。

书中的第一部分是本纪的相关内容。这部分专写帝王的言行和政绩，共十二篇。在当时人的认知里，因帝王治理国家，其对于国家、历史的发展是最具决定性的因素，所以本纪在《史记》中居于首要位置，为全书的中轴。

书中的第二部分是表的相关内容。表就是纪年的表格，表中将历代的重要事件按年代次序逐一呈现，共计十篇。其实，表就是本纪的补充，本纪重在叙事，表则侧重梳理时间线。两者相互参照进行阅读，历史的脉络便一目了然。

书中的第三部分是书的相关内容。书是对国家的典章制度的总结，以儒家思想为指导，分八篇写就，分别是《礼书》《乐书》《律书》《历书》《天官书》《封禅书》《河渠书》《平准书》。八篇所述的内容是国家的制度基础，具有特别重要的位置，因而居于本纪和表之后。

书中的第四部分是世家的相关内容，共三十篇，记述的是各诸侯国的王侯，有春秋战国时期除秦国以外的各个诸侯（秦被写入本纪），还有跟随刘邦打天下的汉代开国功臣中政治地位最高的几位：萧何、曹参、张良、陈平等，皆为世家。世家的筛选标准是"辅拂股肱之臣配焉"，其政治地位虽然比帝王低，但也是极为重要的。世家中有一篇是《孔子世家》，孔子虽然不是诸侯权贵，但是他的影响力却丝毫不逊于诸侯权贵。所以，司马迁把孔子放入世

精读

家部分，是对孔子地位的确认。

世家之后就是书中的第五部分列传。列传共七十篇，所述的内容是各方面的杰出人士。最后又以《太史公自序》作为全书的结尾。

《史记》"五体"的划分标准是由作为史学家的司马迁凭其专业眼光而订立的。举例来说，项羽虽然没有称帝，但是他在称霸的短短几年中，在历史巨变之际的影响巨大，因而被列入本纪，而不是放在世家中。儒家作为西汉确立的官方思想，对国家的影响巨大，因而孔子被列入世家，而不是放在列传中。其他诸子如老子、庄子、韩非子等则被写入列传。孔子的门生被写入《仲尼弟子列传》，大概也是因为学生的地位自然要比老师低一点吧。这些安排都是司马迁审慎考量的结果。因而，我们如果能对《史记》一书的结构做一番了解，那这对于我们理解全书能起到至关重要的作用。

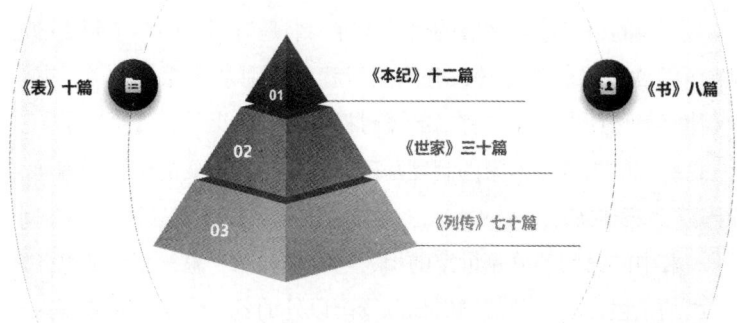

图1.1 《史记》的"五体"结构

作者的许多思想和用意，皆已体现在全书的结构之中了。我们如果忽略了结构，直接一头扎进书里，读其中的篇章，那就是在这五十余万字的皇皇巨著中乱走，只见树木，不见森林，难免会迷失在其中。

以《诗经》和《史记》为例，可见一部经典作品，必有其合理的结构。如果没有相应的结构，那么书中的内容就是一盘散沙，无组织、无逻辑，也就谈不上是"书"了。理解一本书的结构，我们只看其章节目录是远远不够的。任何一本书都可以列出章节目录，但并不是任何一本书都有能够展示出其良好的结构的章节目录的。一个好的结构的关键是，书的各部分之间存在什么样的逻辑关系，以及这些逻辑关系是否合理。这里所说的逻辑，可以分成两类：一是组合的逻辑，二是排列的逻辑。

组合的逻辑，即为什么这些内容要组合在一起，成为一章（或节、篇），而为什么另一些内容要组合在一起，成为另一章（或节、篇）。排列的逻辑，即为什么有些内容要排在另一些内容的前面，有一些内容要排在另一些内容的后面。

一本书，如果讲不出组合的逻辑和排序的逻辑，就于理不通了，那么就可以说它没有良好的结构，甚至没有结构。而反过来，对于一本拥有良好结构的书，如果我们能理解其结构以及结构背后的逻辑，那么我们对这本书就算是有比较深的认识了。

就像前面讲的《史记》，其组合的逻辑，主要就是政治地位，因而天子帝王都组合在一起，而成本纪，同理，世家、列传也是这个逻辑。如果再深究一下，为什么司马迁要这样划分、这样组合，因为他信仰儒家，以孔子为自己的偶像，儒家讲"君君臣臣父父子子"，各安其位，所以身份主导的次序关系不能乱。按排列的逻辑来讲，五体之间的排序，大体也是按照政治地位来排的，所以本纪在首，表其实是本纪的补充，所以居其次，国家制度很重要，所以书的八篇在本纪和表之后而在世家之前，世家讲的是各个诸侯，所以又在列传之前。而《史记》的二级目录，即各篇文章之间的排序，又基本上是按时间排序的，这自然符合史书的要求，如果不了解前面发生了什么,直接跳去看后面的事,当然会不清不楚、不明不白。《史记》作为一部通史,而不是断代史,从遥远的上古开始记述,讲"自古以来"之事,可以看出司马迁作为一位史学家的雄心壮志和远见卓识。

三、书中常见的结构

以组合的逻辑和排列的逻辑来审视现今出版的各种书,便可洞若观火、明察秋毫,通过摸清楚一本书的结构,来更好地把握一本书的内涵。我试着归纳了现在的书的几种常见的结构,这儿展示的结构类型虽然没有穷尽,但也应该覆盖了大部分作品了。

(一)无主题文集型图书的结构

我们在书店里经常会看到一类图书,其名为"××文集",书名中的"××"通常是一些名家的名字。将名家的零散的文章搜罗起来,集合成一本书,确有价值。实际上,这种做法也是古已有之,只不过这类书通常有一个缺点,其结构松散。一本书里面的文章,其所论主题各异,各说各的,文章相互之间没有关联或者关联不强。从全书来看,这些文章缺少一个一以贯之的主题。读者读这样的书,可能得到的是一些零散的收获,难以获得系统性的认知,那些零散的收获可能也不够深刻。

第一章 | 书的结构

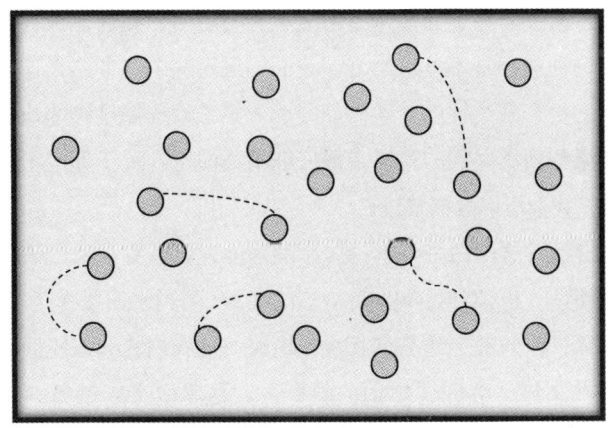

图1.2　无主题文集型图书的结构示意图

其中各小圆表示书中的单篇文章，这些文章散乱而无结构，
部分文章属于相同的主题，呈弱关联，故以虚线表示

这类图书还可能因书名而误导读者。比如，编者取书中某一篇文章的标题作为全书的标题，但是这篇文章可能只占全书篇幅的1%～5%，其他文章与这个书名都关系不大。读者买书时可能会误以为全书都是围绕这个书名展开论述的，等到买回去拆开书封一看，才发现书中的内容不是这么一回事。

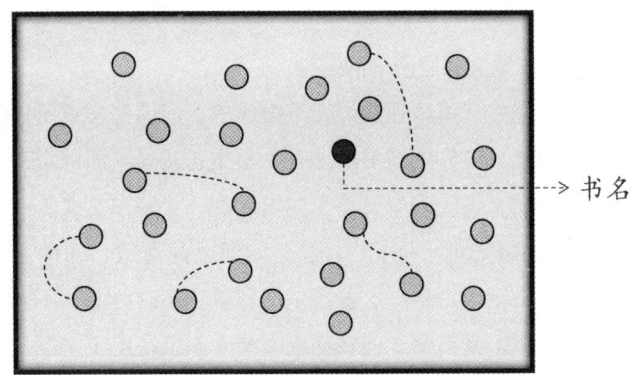

图1.3　部分无主题文集型图书的内容与书名关系示意图

011

精读

作为读者，对于选择无主题文集型的图书，我的建议有两种选择：第一种选择是不读这类书。我们如果对这个作者感兴趣，那就去找他的更有系统性的其他作品阅读。第二种选择是快速地翻阅。我们如果翻到感兴趣的篇目，再仔细精读即可。对于那些不感兴趣的篇目，我们可以直接跳过。

我自己对这类图书并不持排斥的态度，所以我常采用第二种方式进行阅读，也读到过不少有价值的文章。举个例子，莫言是一位小说大师，他的散文作品与其小说相比，受我们的关注较低。莫言有一本散文集，名叫《虚伪的教育》，这本散文集是名副其实的"散文集"，其中涉及了很多话题。书名《虚伪的教育》与其中一篇文章的名字相同并无法概括全书。但书中有一篇文章叫《超越故乡》，这篇文章是莫言的创作谈，写了他是如何写小说，如何从阅读别的小说中获得营养的内容。这让我在阅读完这篇文章后很有收获。我想，应该有很多人都好奇莫言是怎样把他自己修炼成一位小说大师的吧。可以说，这篇文章几乎给出了答案。我虽然没有读完《虚伪的教育》这本书，但是《超越故乡》这一篇文章已经让我收获满满。所以，对一本结构松散的无主题文集来说，我们并不一定得读完全书才行。

（二）单主题文集型图书的结构

这类书也是由一篇篇独立的文章组成的，但这些文章所述的主题都相近，因此，这样的图书可称其为单主题文集。汪曾祺有一本他亲自编选的散文集《晚翠文谈》就属此类。《晚翠文谈》中收录的文章大多是关于如何写作的，包括如何遣词造句、如何玩味语言、如何磨炼文笔等内容。这些都是汪曾祺在不同时期、不同刊物上发表过的文章，其篇幅、体例都不太统一，但是由于主题相近，故而能将其编选成一书。以这种方式编选并出版的一本书，对想提升写作能力的读者来说，读起来确实是非常有益的。

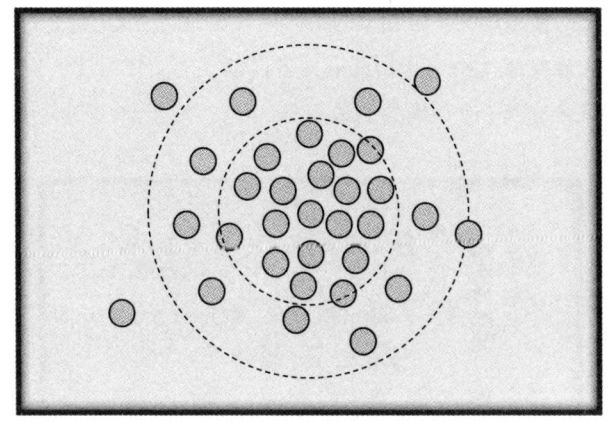

图1.4 单主题文集型图书的结构示意图
每篇文章都是独立的,但多数文章因其内容与主题相近,居于内圆中;
少数文章因其内容与主题的关联较弱,居于内圆之外、外圆之内;
个别文章因其内容与主题无关,居于外圆之外

单主题文集型的图书在古代也已不少,这种编排方式是一种灵动多姿的成书形式。如明代文学家张岱的《西湖梦寻》专写杭州西湖湖上及其周边的景物,他将每一个景点都写成一篇文章,总计七十二篇。书中的每篇文章几乎都自成一格,但将其汇总起来,就成了西湖湖上及其周边美景的全景图了。

关于阅读单主题文集型图书,我的建议是先从头至尾地通读,再选取重点文章进行精读。这与上一种无主题文集图书的处理方法是不同的。无主题文集型的图书中的有些文章,甚至大部分文章都可以选择不读。但是对于单主题文集的书,我们既然对这个主题是感兴趣的,那么跟这个主题相关的文章肯定是不愿意错过的,因而从头至尾地通读是最好的选择。但是,因为这些文章又是独立成篇的,文章与文章之间并没有组合的关系或者层递的关系,因而在通读之后,你只要抓住其中你觉得最有价值的几篇文章再加以精读即可。

精读

（三）多主题文集型图书的结构

多主题文集型图书是指此书由各自独立的文章组成，但这些文章又能聚合成若干个明确的主题。

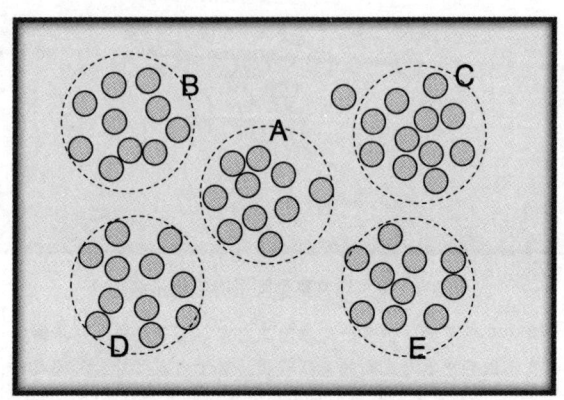

图1.5　多主题文集型图书的结构示意图

假设，一本多主题文集型图书中包括了A、B、C、D、E在内的五个主题，这五个主题之间并不存在明显的逻辑联系，相对独立。比如，它们之间不存在递进关系，主题B并不是主题A的递进，主题C也并不是主题B的递进，它们也不属于分列关系，即这五个主题并不是某个整体的五个方面或五个维度，也不是对整体之下的五个组成部分的分别陈述。它们之间如果存在递进或分列的关系，那么就属于其他结构类型了，我会在后文进行介绍。

多主题文集型图书自古有之，其中，《世说新语》可为杰出代表。《世说新语》由南朝宋文学家、宋宗室成员刘义庆所著，是一本记载汉末至东晋士大夫言谈、逸事的微型故事集。《世说新语》中的故事或语录的篇幅都很短小，一般字数就几十个，少的甚至有十几个字、几个字的。但其中的故事或语录的数量很多，共计一千一百三十则。

如果不加以分类，这么多的碎片化内容，让人如何阅读呢？不得不说,《世说新语》针对这一点,把结构做得特别好——把这些内容加以归总合并,提炼出了三十六个主题,构成了三十六门,包括德行、言语、政事、文学、方正、雅量、识鉴、赏誉、品藻、规箴、捷悟、夙惠等等。这些主题的拟定大多是从名士们的品性出发的,即如果这个故事展现了文中主人公品德高尚,那就把这个故事归入《德行》;如果这个故事展现了文中主人公能说会道,那就把这个故事归入《言语》;如果某个故事展现了文中主人公在施政方面很有作为,那就把这个故事归入《政事》……①

这三十六个主题,每一个主题都像一个"群",一个群里面有若干个成员。但这些群有大有小,最小的群,如《自新》,只有两则有关改过自新的故事,而较大的群,如《言语》包含了一百零八则故事,《文学》包含了一百零四则故事。说明作者在"建群"时,并不强求各群的规模均等,而是顺其自然,该多就多,该少就少,尊重故事本身所展示的内涵。

《世说新语》原本可以采用其他的"建群"方式,例如以人物为集结,同一个人的故事组成一个"群",或者按年代顺序进行排列,将同时期的故事组成一个"群"。在《世说新语》中,有些名士"出场"次数还是挺高的,如谢安出现了一百一十一次,桓温出现了九十二次,王导出现了八十六次。②

我们可以设想一下,如果由我改编《世说新语》,那么我可能会按照人物来"建群",为谢安单独设一个群,为桓温单独设一个群,为王导单独设一个群。当然,我们也可以按照年代顺序来编排,这样就有点像史书了——按照历史演进进行排列,让读者更容

---

① 我在这儿要补充一句,我们目前看到的《世说新语》的通行版本,是由北宋文学家晏殊编删而成的,这三十六个主题也为晏殊所定。至于刘义庆最初版本的《世说新语》是什么样子的,已经没办法弄清楚了,毕竟古代典籍在岁月更替中出现版本的变化是常有的现象。(本书注释如无特别说明均为作者注。)

② 人物出场的具体次数参考了图书《你真能读明白〈世说新语〉》。

精 读

易理解事件的脉络。但由于《世说新语》没有采用上述的两种方式，所以《世说新语》中的人物出场顺序和相应的时间线都是比较混乱的，这给千年后的我们带来了不小的阅读难度。

我们会不会有些好奇，为什么《世说新语》没有采用人物或时间线的方式来组织、排列相关内容呢？经过分析，我认为大致有如下几个原因：

第一个原因是，《世说新语》及刘孝标注中涉及的人物总共达一千五百多位，其中固然有谢安、桓温、王导等"高频"出现的人物，但还有更多的只出现了几次的人物。如果以人物成篇，那么这些"低频"人物如何放置归位呢？这就成了一个难题。

第二个原因是，《世说新语》里有不少故事是有两个并列出现的主人公的，如果以人物成篇，那么这些故事到底该放入哪个主人公的篇目呢？

第三个原因是，《世说新语》中的故事，大多讲的是"小事件"，或者说讲的是名士们的花边新闻。如果以年代次序排列，那么是不是要同时交代一下当时发生的大事件作为历史背景呢？这样一来，《世说新语》原本的短小精悍、用语简洁的特色就会被破坏。

第四个原因是，如果以年代次序排列，那么可能会导致其中某些年份是没有故事内容的，会出现很多明显的断档。而且，有些年份里发生的故事特别多，这样就会让全书的结构变得很奇怪。

第五个原因是，刘义庆写此书时，与书中的人物、故事所处的年代并不遥远，以致这本书的潜在读者只限于同时代的官员和文人，这些人因为对书中相关的历史事件和人物关系都已经熟知，所以即便时间线和人物都被打乱，都不会影响他们阅读。这可能是刘义庆没有选择按照人物或时间次序来组织内容的客观原因之一。

第六个原因，也是最重要的一个原因是，《世说新语》的写作意图或者说目标，就是为了充分展现和追忆"魏晋风度""名士风流"，那么按照这些"风度""风流"的不同类型、不同侧面来组织内容，显然是最贴合这种写作目标的，其起到的效果会远甚于按人物或年代次序这样的常规排列方式。

兜了一圈，我才发现《世说新语》的这个结构真是别具匠心又超凡脱俗啊。但是读书经常是需要几本书参照来读的。在读《世说新语》的时候，我们可以参照刘勃的《世说俗谈》一起看。这本关于《世说新语》的解读书，是以时间线为主轴，再以主要人物为单元来阐述的。作者把《三国志》《晋书》等史书的内容糅进了对《世说新语》的解读里，提供了当代读者所需的背景信息，弥补了《世说新语》原书结构中人物、事件顺序被打乱的不足。

因而，对于阅读多主题文集型图书，我的建议是：可以选择从头至尾通读；可以选择书中你喜欢的主题和章节来读；可以选择全书泛读，部分章节精读。

对于一本多主题文集型图书的结构，我们可以试着提出如下的问题并加以回答：

1.目前这个结构是最适合这本书的结构吗？有没有其他适用的结构呢？

2.把假设的结构和现有的结构相比较，孰优孰劣？为什么？

解决上面这样的问题，可以加深我们对这本多主题文集型图书的认识，这也属于是深度阅读的一种方法了。

（四）总分型图书的结构

与前面三种图书的结构类型不同，总分型结构的图书，不再是"文集"。文集中的各个章节是可以独立成篇的，而在总分型的图书中，各个章节都是整体的一部分，是为说明同一个总议题服务的。在总议题之下，各个章节的内容可以分成若干个子议题，每个议题分别陈述总议题的某一个方面。把各个子议题的讨论内容加在一起，就是一个完整的内容。

假设，现在有一本图书的主题是"健康的生活方式"，那么其主要内容很可能会分成饮食、运动、睡眠、心理调适等子议题，分别进行阐述。因为这几个子议题对"健康的生活方式"来说，都是缺一不可的。比如要是"睡眠"不够好，那就谈不上健康。另外，这几个子议题之间是并列关系，不是递进关系，也不是从属关系。

这就像一幅拼图，每一个子议题就是其中一块拼图零片，将这些拼图零片严丝合缝地组合在一起，能构成一个整体，如下图所示。

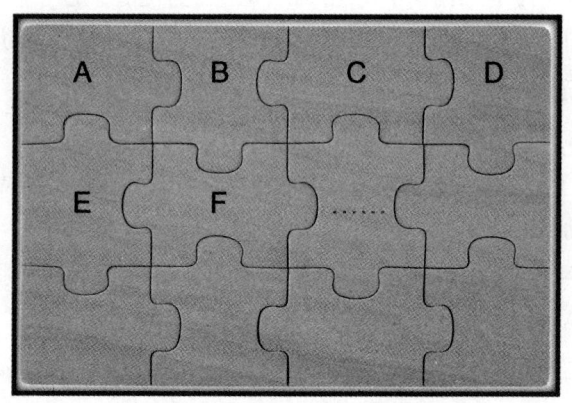

图1.6　总分型图书的结构示意图

总分型的图书结构是最常见的图书结构类型之一，因为它最符合多数人理解和拆分一个问题的思考习惯：把一个大的问题分解为若干个小的问题，再将这几个小的问题逐一分解。就像我们经常会用思维导图来思考和分析问题一样，总分型结构的图书也完全可以用这类图表进行表达。

既然这类图书非常多，那我就用在这类图书中特别有名的一本书来举例——史蒂芬·柯维的《高效能人士的七个习惯》。这是一本非常成功的畅销书,在世界各地都有很大的影响。若不是切实为读者带来了启发和帮助,它是不会有这样大的影响力的。从书名就可以看出它属于总分型。全书的主题便是"高效能",讲的是"一个人如何能够高效能地做事",而为了回答这个问题,作者提出了"七个习惯",其实也就是"七个方法"。我们可以想见,这七个习惯应该是并列的关系,就像七块拼图零片,合在一起就能达成"高效能"的目标。这本书里提出的七个习惯分别是:积极主动、以终为始、要事第一、双赢思维、知彼解己、统合综效、不断更新。我在这儿不对这七个习惯加以详细介绍或引申,你们可以自行去看原书。不过,我们不妨从结构的角度提出两个问题。

1.这七个习惯,如果减掉一个习惯,那还能不能成为"高效能人士"?换句话说,七块拼图零片,如果少了一块,那这幅拼图是否还完整呢?

2.有没有一种可能:除了这七个习惯,还有其他的习惯对"高效能人士"来说也是必备的?换句话说,我们能不能找到第八、第九块拼图零片,使得整个拼图更加完美呢?

我相信,史蒂芬·柯维在写这本书时已经对这两个问题进行过反复深入的思考。史蒂芬·柯维应该对这两个问题都有确信的答案——他认为用这七块拼图零片就能拼出一幅完整的拼图,成为一个高效能的人。不过,作为读者,我们可以有自己的看法,或许你会说我们不需要有七个习惯,能有三个习惯就不错了;或许你还会说你发现第八习惯对成为"高效能人士"也很重要。

我们在读书时,并不必盲从作者的观点。对作者来说,他的观点必须自洽,但对读者来讲,我们也不妨在阅读时"找茬"。

(五)层递型图书的结构

在层递型图书的结构中,A是B的基础,B是A的深化或展开,以此类推,B是C的基础,C是B的深化或展开。我们要想读懂B,就必须先充分理解A，全书也因此呈现出一种层层递进的结构。我们在阅读这类图书时，不要速读，也不要跳读。我们最好尽量放慢阅读速度，从第一章开始，慢慢去读。在阅读第一章的时候，我们如果觉得理解得不透彻，那么可以多阅读两遍，直到彻底理解，再继续阅读第二章。

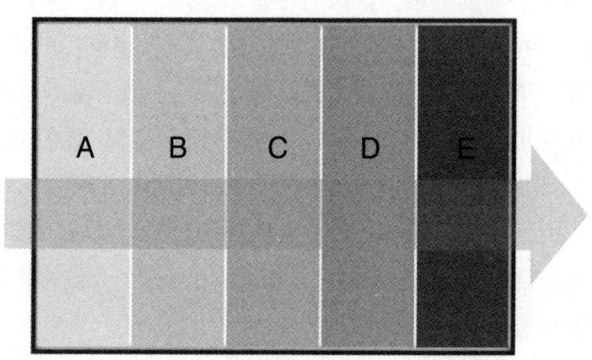

图1.7　层递型图书的结构示意图

绝大多数理工科教材的图书结构都属于层递型。这些书的第一章往往是在介绍基础概念、基本理论，是全书的基础内容。也许有人会问："如果我连第一章都读不懂，那该怎么办呢？"这个"读不懂"大致有两个原因：第一个原因是这本书的起点比较高。这本书不是一本入门书或普及书，而是一本进阶书或高层次的专业书。在这种情况下，你就得去找在这个领域内更基础的书阅读，在读完基础书以后再读这本书。第二个原因是这本书的作者没有写好。作者没有充分照顾到读者的知识背景和理解能力，对书中的基础概念解释得不充分，逻辑推演得不够详细，其语言表达上比较生涩……这些都可能导致这本书不易被读懂。面对这种情况，你可以去找同主题的其他书替换这本书。

读者看一本书看不懂，在多数情况下不是读者的原因，而是作者的原因。作者没能使用清晰、准确的语言，按照合乎逻辑的方式阐述内容，造成了读者理解书中内容的障碍。写一本图书结构为层递型的图书，就像搭建阶梯，供读者攀登一样。人的学习能力是非常强大的，理论上，一个人可以学会任何一种知识或者技能，只要我们有充足的时间以及合适的"阶梯"。即便要学的东西的难度很高，远远超过我们现在的能力水平，我们只要找到足够好的"阶梯"，拾级而上，每一步都脚踏实地，抬升一点点，我们最终就能攀到你想去的高处。

很多人学东西，会经历一个从"入门"到"放弃"的过程。其中，有一半原因要归咎于我们缺少坚韧不拔、不达目的不罢休的劲头，另一半原因要归咎于我们没有找到足够好的、适合攀爬的"阶梯"。有时候，读书是要啃硬骨头的，我们不要总是读那些容易理解的书、能快速读完的书。面对一本必须"慢读"的书，我们如果能读完、读懂，那么收获很可能要超过我们读一百本"快读"的书。同时，我们也不要畏惧大师级的作品，因为大师是极少数真正理解这个世界的人。通常，我们不需要先读某些"普及本""简易本"做铺垫，而是应该直接大胆去接触大师的作品。当你准备要学习数学、物理、生物、计算机等某一方面内容的时候，你的首选应该是读这个领域中的大师（往往是某个学科的奠基者）所写的书。我们不要以为大师写的书都很难懂，恰恰相反，难懂的是那些普通学者写的书。大师由于对这个领域研究得已经十分透彻，因而能够直击本质，从最基础、朴素的概念开始，把读者有序地引导到深邃的秘境中。例如，如果你要理解相对论，那么一个非常好的选择是阅读爱因斯坦和他的助手英费尔德合著的《物理学的进化》一书。爱因斯坦是相对论的创立者，他是最恰当的为读者介绍什么是相对论的人选。在这本书中，他既清晰透彻又渐进深入的阐述，是其他学者不能企及的。

（六）时序型图书的结构

时序型图书的结构就是以从前到后的时间顺序展开叙述的。绝大多数的历史类图书都属于此类。时序型图书的特点是作者在书中给出了清晰的脉络，帮助读者理解前后关联的事件，明白一件事情的前因后果，理解人物、事件、制度、文化等嬗变和演进的过程。

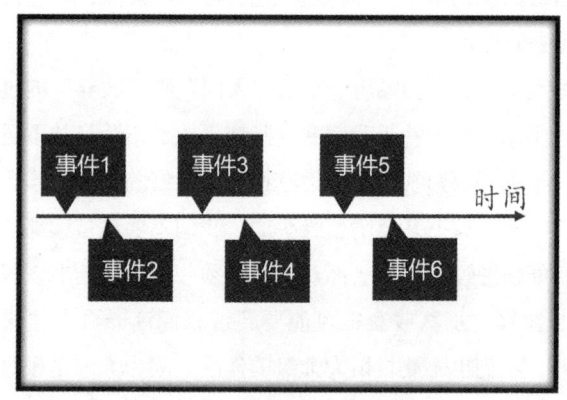

图1.8　时序型图书的结构示意图

我们如果想读历史类的图书，那就不要害怕读厚书，不要害怕读大部头。历史是很复杂的，它有很多维度、很多侧面，我们如果读一本记述非常简略的历史书，那么对历史中的人物、事件以及前因后果都只能留下粗浅、表面的印象，我们会感觉历史很抽象，更难以在头脑中形成一个具体的历史网络。但是，如果我们读的是一本叙述详尽、论述周全的书，那么我们就能在头脑中形成对某一段或某一种历史的栩栩如生、条理分明的图像，我们会感觉历史中的人物好像活过来了，他们是可以被感知、想象的，我们甚至是可以与他们共情的。我们这样阅读历史，才算是一种有效的阅读。

像我们中学的历史教材，其实就显得过于简略。如果我们再要求学生死记硬背，去机械记忆这种粗线条的、抽象的历史，那么很难形成一个清晰的历史图景，这也是为什么"历史"这门课在很多人心中留下的是一个枯燥乏味的印象。

如果在历史教材之外,我们能读一些内容更厚重、丰富的作品,如历史学家范文澜的《中国通史简编》(约六十万字),那我们对历史的学习会更容易,也更能激起我们对历史的兴趣。除了历史图书,传记作品大多也以时序组织内容。毕竟,传记也就是"个人史"。另外,"书信体"的书(如《傅雷家书》)大多也是按时序编排其往来信件的,信件中展现的也是某一侧面的"个人史"。

在时序型的图书中,我特别喜欢读的一类书是专题史类的。所谓专题史,就是围绕某一主题阐述其演进的历史,常见的有经济史、法律史、美术史等。专题史有多"专",其研究对象的"颗粒度"有多小,我们从一些图书中可以窥见一二,如季羡林写的《糖史》、沈从文写的《中国古代服饰研究》,其都是在一个细分领域内撰史且有开创性贡献的。我之所以喜欢读专题史,是因为这些书往往是了解一个领域的极佳的入门读物。例如,我们读了鲁迅的《中国小说史略》和郑午昌的《中国画学全史》,就能对中国的小说和绘画有一个清晰、系统的了解。

我们在阅读时序型的图书时,要注意一点:时间顺序并不能等同于事物发展的逻辑。假设,从时间上看,A事件出现在B事件之前,并不能表明A是B的起因,即它们之间不一定存在因果关系;也不能表明B比A更优越,即历史并不是一直在前进的,是有可能倒退的。换句话说,时间只是一个坐标,并不是对事实的一种解释。因而,当我们阅读一本时序型的图书时,不能只满足于时间、年代等表面信息,而是要更深入理解,去思考、提炼事物变化的内在因素,找出历史发展的内在驱动力,这样才能有更多的收获。

（七）叙事型图书的结构

叙事是一门非常古老的"手艺"。我们的祖先大概是喜欢在繁星当空的夜晚，一起围着篝火，听长辈讲过去的故事的。从古至今，我们喜欢听故事、讲故事、读故事、写故事，叙事早已深深融入我们的生活。叙事型的图书主要指小说，当然也包括现在比较流行的"非虚构写作"——借鉴小说的笔法去写现实世界中发生的事件。千百年来，经过小说家的实践，我们发现叙事是一个复杂且讲求技巧的工作，欧美国家甚至发展出了一个名为"叙事学"的学科。

小说创造了一个个虚构的世界，一旦进入了某个虚构的世界，你会发现其中的人、事、物是如此的真实。毕竟，小说具有双面性，既虚幻又真实，其在某种程度上甚至比现实更真实。现实中往往包含了很多谎言，小说则是把许多真相隐藏在虚构的世界里。许多人喜欢读小说，是因为他们能在小说中找到自己。

有一个作家说过：当你读到任何一个好的故事时，你就是在读自己的自传。如果没有故事，没有小说，我们只能生活在一个被物理规则、社会环境、家庭关系等牢牢限制住的现实空间中，这种生活是单一的，你甚至无法改变或再做选择。有了各种故事以后，你不仅拥有了此生，还会体验到各色各样的人生。普通读者读小说，主要关注情节发展和人物命运。小说家读小说，则会钻研、提炼更多的内容。

莫言在《超越故乡》一文中写道：

> 剥掉成千上万小说家和小说批评家们给小说披上的神秘的外衣，展现在我们面前的小说，就变成了几个很简单的要素：语言、故事、结构。语言由语法和字词构成，故事由人物的活动和人物的关系构成，结构则基本上是一种技术。无论多么高明的作家，无论多么伟大的小说，也是由这些要素构成，调动着这些要素操作。

第一章　书的结构

小说家毕飞宇在一次访谈中提到他早年是怎样阅读小说的：

> 我还做了一个工作，把海明威的东西拿过来，夜里没事干的时候，拿一张纸、一支笔，把他的小说整篇整篇地往下抄。我曾经打过一个比方，一片叶子，你说这个叶子是怎么长起来的呢？没有人知道，但是，这个叶子已经枯了，那你就拿在手上抖一抖，除了脉络，别的都掉光了。回过头再看叶子，简单了。

莫言提出的小说三要素（语言、故事、结构）中的第三个要素是"结构"。毕飞宇拿叶子打比方，点名要找出叶子的"脉络"，这说的也是"结构"。由此可见，优秀的小说家十分注重且擅长观察小说的结构。但在这儿，我觉得有必要区分一下故事的结构和叙事的结构。

故事的结构是指故事中的主人公按照时间顺序，从前往后的一连串经历，是一个自然的时序型结构。但叙事结构指的是小说家是怎么讲这个故事的。现代小说家很可能不会从最早的时间点开始讲起，而是从中间的某个时间点开始讲起，然后采用倒叙、闪回等方式，构筑一个复杂的时间线，这就是叙事的结构。因而故事的结构和叙事的结构往往并不相同。但在大部分童话里，故事的结构等同于叙事的结构，因为童话一般都是从"很久很久以前，有一个……"讲起的。

莫言所说的小说三个要素中，"故事"指的就是故事或情节的结构，而"结构"指的是叙事结构。所以，他说"结构基本上是一种技术"，因为现代小说的叙事是很讲究技巧的。当然，了解故事的结构是我们掌握叙事结构的基础。

美国小说家冯内古特曾做过一个演讲，分享了他总结出来的几种最常见的故事结构。首先，他画了两个坐标轴：横轴代表故事从开始到结束的时间顺序，纵轴代表主人公是好的命运还是坏的命运。他将人物命运的起伏变化绘制在从故事开始到故事结束的时间范围内，也就描绘出了一个故事的基本形状。在不计其数的故事中，有几个形状会反复出现，即最常见的故事类型。

有一种故事类型叫"掉进坑里的人"。在这类故事中，主人公原本有一个幸福美满的生活，在遇到了一个突然的变故后，陷入非常糟糕的境地中，就像掉到坑里一样。后来，他们通过努力，慢慢从坑里爬了出来，又迎来了幸福。

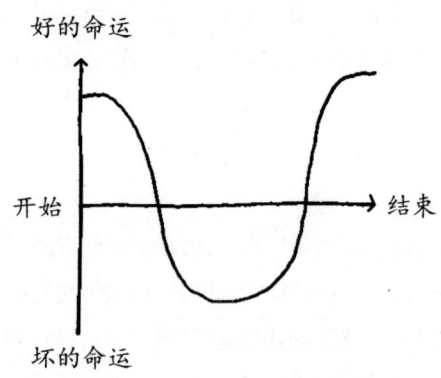

图1.9 故事类型之"掉进坑里的人"

还有一种故事类型叫"男孩遇见女孩"。在这类故事中，平凡的男孩或女孩遇到了命中注定的另一半，他们迅速走到了一起，但由于某种原因，他们被迫分开或找不到对方了，他们的人生落入低谷。后来，因为某个偶然或必然的事，他们又和好如初，走向了幸福。

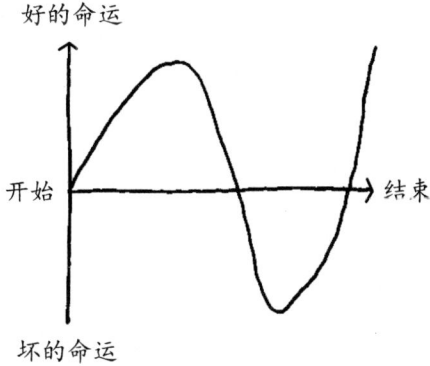

图1.10 故事类型之"男孩遇见女孩"

还有一种故事类型叫"辛德瑞拉"。"辛德瑞拉"是关于灰姑娘的故事，这类故事中的主人公原本的生活非常不幸，他们或贫穷或卑微，因为某些机缘，他们得以改变自身的命运，走上人生巅峰。但是，会发生一个突然的事件让他们跌入谷底，经过一段时间的蛰伏，他们得以重新走向成功。

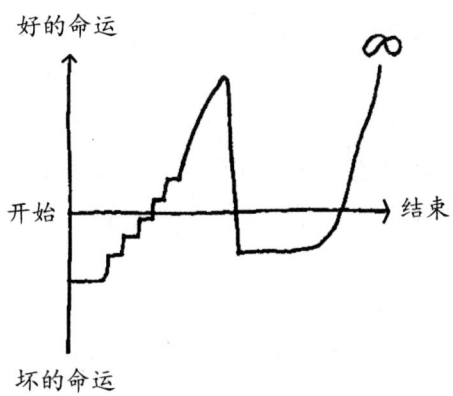

图1.11 故事类型之"辛德瑞拉"

还有一种故事类型名叫"卡夫卡"。这类故事的主人公和"辛德瑞拉"中的主人公一样不幸,更糟糕的是,他们并没有机会走上人生巅峰,反而滑向了更不幸的,甚至万劫不复的境地中。例如,卡夫卡的名作《变形记》中的主人公,他一觉醒来变成了一只硕大的甲虫,给周围人带来了惊吓,最后不得不在孤独、痛苦中死去。

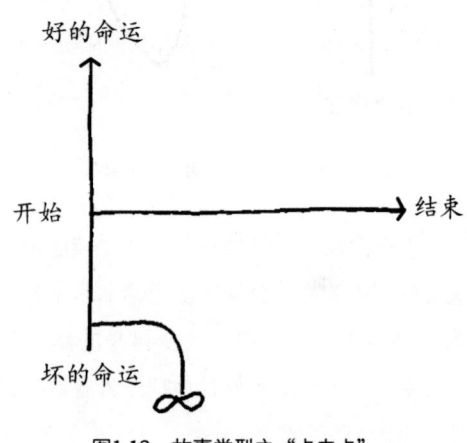

图1.12 故事类型之"卡夫卡"

(八)词典型图书的结构

词典型结构的书包括各种字典、词典、百科全书以及"仿词典型"的作品。虽然我们现在多用搜索引擎等网络搜索工具来查证资料,但是辞书依旧有很大的使用价值。毕竟,辞书具有权威性,其条目包含的信息更完整,其选用的语料更精彩。国外的辞书都是按照字母顺序排列的,我国现在的辞书一般是按照拼音字母的顺序来编排的。不过,我国古代的辞书是按照笔画、部首编排的,当代辞书中也有如《王力古汉语字典》遵循旧例,按部首编排,但同时也会加上拼音检字表。

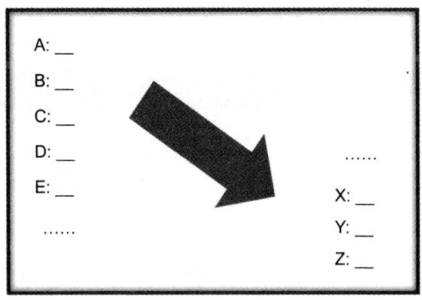

图1.13　按照英文字母顺序编排的图书示意图

现在的百科全书的品种很多，它起源于十八世纪法国思想家狄德罗主编的《百科全书》。狄德罗主编的《百科全书》邀请了当时法国一流的知识分子撰写条目。其中，每一个条目都被写成了一篇高水准且富有个性的科普文或议论文，在普及知识和启蒙思想方面有很大的功绩，取得了很大的成功。《百科全书》如同词典一样，是按照字母顺序编排的，只是它的意义已超出了解释字词本身，成了传播思想的载体。

除以上两类作品之外，还有一种是"仿词典型"的作品。塞尔维亚小说家米洛拉德·帕维奇开创了用词典的形式撰写小说的方式，他的《哈扎尔辞典》像一般词典一样撰写条目且按照字母顺序加以排列。在此影响下，我国作家韩少功创作的《马桥词典》也是一部词典体小说，小说由一个个词条组成，不过这些词条并没有按照字母顺序进行编排。此后，也有一些其他小说家创作的词典体小说出现。除了小说，科普读物有时候也会采用"仿词典型"的编排方式。如斯坦福大学教育学院院长丹尼尔 L.施瓦茨所著的《科学学习：斯坦福黄金学习法则》介绍了教育学、心理学中的二十六个学习法则，每个法则的首字母正好对应二十六个英文字母，而这些法则也按照字母顺序来排列。

表1.2 《科学学习：斯坦福黄金学习法则》中的部分学习法则内容

序号	条目	副标题
A	Analogy 归纳类比	发现蕴含的共通原理
B	Belonging 归属感	消除焦虑，融入集体
C	Contrasting Cases 对比组合	辨别关键信息
D	Deliberate Practice 精修勤练	专家的养成之路
E	Elaboration 详细阐释	让记忆更有意义
F	Feedback 反馈	自我提升的明镜
G	Generation 自我生成	创建持久的记忆
H	Hands On 实践体验	动用身体的智慧
……	……	……

我们从上表中能发现，这些原则的排布从逻辑上看是散乱的。例如，第一个条目"归纳类比"与第二个条目"归属感"没有关系。这是两个不同维度、层次上的概念，只是因为其首字母相邻的原因而排列在一起。这就是词典型图书的特征，即按字母排序。虽然表面上是一种有序的内容，但是从逻辑上看（如内容是否关联、衔接等）恰恰是无序的。辞书采用字母排序，是为了方便检索，利于我们"按需抽阅"。但是，如果要从头到尾地进行线性阅读，那么按字母排序就不是组织内容的最佳选择了。因此，像《科学学习：斯坦福黄金学习法则》这样的科普读物，如果改成多主题文集型、总分型或层递型的图书结构，可能对读者来说更加友好。

不过，正由于词典型图书这种表面有序、实则无序的特性，反倒催生出一种"随机阅读法"，即不按次序，随机翻开其中任何一页的方式进行阅读。对一本词典或者仿词典来说，无所谓开头，也无所谓结尾，你可以把其中的任何一页当成这本书的开头，也可随意跳转到其他任何一页进行阅读。

阿根廷文学家博尔赫斯就喜欢这种阅读方法,据他的朋友阿尔维托·曼古埃尔回忆,博尔赫斯的书架上摆放着许多百科全书和辞典,他常常随手拿起《大英百科全书》中的某一卷,随意翻到其中一页,津津有味地阅读映入其眼帘的词条。与博尔赫斯成为忘年交的阿尔维托·曼古埃尔在《和博尔赫斯在一起》一书中写道:

> 他是一位无序的阅读者,有时他只喜欢阅读故事梗概和百科全书的词条。而尽管他称自己没有读完《芬尼根的守灵夜》,却仍然可以滔滔不绝地讲述乔伊斯筑立的语言丰碑。他从不觉得读书就要读到最后一页。博尔赫斯的藏书(和其他读者一样,藏书也是个人的自传)体现了他对偶然和无序的深信不疑……

对大多数人来说,随机阅读法不能作为一种主要的阅读方法,因为经过有序组织的内容才更易于我们大脑吸收,在多数场合下,使用那些成体系的知识更便利。无论是随机阅读还是翻阅辞典、百科全书,都是我们阅读中的一种补充方法,其不能作为阅读的主要方法。

以上这八种图书的结构形式,可以覆盖绝大多数的图书,当然还有一些图书的结构形式比较特殊,无法归入这八种。但面对结构特殊的图书,我们可以采用结构化的眼光去分析,通过分析图书的结构,了解作者或编者的用意,思考用什么样的方式去阅读是更适合的。

在这八种结构中,我认为总分型、层递型、时序型和叙事型属于"强结构型",而另外四种类型属于"弱结构型"。"强结构型"的书中各部分内容关联度比较强,全书呈现出一个完整且自洽的体系,更适合我们完整、深入地阅读,给我们带来的收获也是较多的。不过,"弱结构型"的书也有好处,其比较适合我们休闲式地阅读,随意翻阅浏览,偶有所得,也是一种不错的体验。

第二章

阅读的规律

深度阅读的艺术

一、阅读的视线规律

现在的图书之所以有一定的印刷、开本尺寸等规定，在一定程度上是为了制作、运输等方便。如果，我们不考虑前面的便利性因素，那么我们也可以把一本书做成其他样式，例如：制作一条宽三厘米、长一千米的纸带，把一本书的文字从第一个字开始依次打印在这条纸带上，直到打印完最后一个字。无可置疑，这条长长的纸带也是一本书。

书就是一串线性排列的文字（如果书中有图片，图片也是插入到线性排列的文字中间，被线性阅读的）。我们若把一个字看作一个"点"，那么一本书就是一条长长的、由"点"组成的"线"。倘若真有这样的纸带书，我们在阅读时也不会有任何的障碍。

一般来说，一本书的篇幅通常比一篇文章的篇幅要长。我们如果把一本书的内容切割为章、节、段落、句子，那么也只是把一条很长的线切分成了若干条较短的线，其也是线性排列的。在线性阅读中，我们的目光总是会凝聚在某一个"点"上，又跳跃到下一个"点"上，我们的视线以这样的方式，按照文本顺序不断地向前推进，这便是阅读心理学的基本发现。阅读心理学是心理学中的一个分支，专门研究人在阅读过程中的认知加工过程。心理学家通过眼动仪来追踪阅读过程中人眼注视点的变化，他们发现所有的阅读都是由两种基本的眼球运动构成的。

第一种基本的眼球运动是注视，注视时眼球相对静止，以便于视网膜的中央凹处理注视范围内的信息。在阅读中文时，注视点落在单个汉字上，可根据需要，同时处理该字左侧一个汉字及右侧两三个汉字。阅读中的单次注视时间一般为二百至三百毫秒（一毫秒等于零点零零一秒）。

第二种基本的眼球运动是眼跳，指眼球在注视点之间的跳动，从一个注视点快速转移到下一个注视点。在眼跳进行过程中，眼睛是不处理信息的。单次眼跳的持续时间为三十至五十毫秒。简而言之，我们的眼睛就像一个聚光灯，只有在眼睛注视范围内的一小块区域内，我们的视觉才是清晰的。在清晰的视觉下，识读文字才成为可能。要让识读文字连续不停地继续下去的话，我们就需要逐次地跳转注视点。

下图是一个我们在阅读一句话时可能会发生的眼动轨迹的示例：

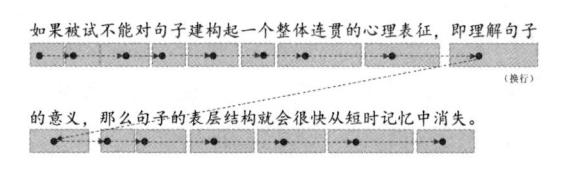

图2.1 眼动轨迹示例

我们要想理解这张图，关键是要理解"小圆点"和"长方块"的含义。

"小圆点"就是注视点，眼球的每一次注视都会落在某一个字上，而"长方块"则表示注视所引发的文字信息加工的区域。上图中，第一个注视点在"如"这个字上，而这个注视点让人脑提取、加工了"如果"这两个字；第二个注视点在"被"这个字上，此时

精 读

被加工的是"被试"两个字,以此类推。

如果一个人阅读的速度比较慢,那么一个"长方块"通常只覆盖一到两个字;如果阅读速度比较快,那么"长方块"常常会覆盖三到四个字;如果"长方块"覆盖的字数为五六个甚至更多,那么就接近于跳读了。

在跳读中,一个"长方块"覆盖的字并不能都被提取、加工,很可能会出现漏字的情况,例如,我们可能会把"我不想出去玩"看成了"我想出去玩",漏掉了其中的"不"字,其意思就完全相反了。

在阅读这件事上,我们如果一味追求读得快,那么得到的信息肯定是有减损的,这就是欲速则不达。(另外再补充一句:阅读时视线覆盖于文字字面之上,但是为了标注清晰,故在图2.1中把视线轨迹下移到了文字下方来表示,在实际情况中,"小圆点"和"长方块"是要把字盖住的。)

在阅读中,大多数的眼跳"向前"进行,跳入临近的待读文字,这类眼跳称为"向前眼跳"。但有时候也会出现"往回倒"的眼跳,跳回之前读过的内容,这类眼跳称为"回视"。你们会不会很好奇,什么时候会发生"回视"呢?其实,"回视"分为主动和被动两种。主动回视,是出于深度阅读、挖掘文意内涵的需要,主动选择回顾读过的内容,这种回视是有益的。被动回视是因为在阅读中遭遇了意料之外的障碍,我们没法读懂句子,只能返回到疑点前,重新读一遍。被动回视是阅读者不期望发生的——被动阅读会导致阅读中原本的流畅感被打断了。我们可以看下面这个例子。

经理同意照顾客的想法来设计产品。

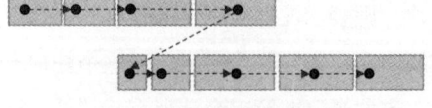

图2.2 注视点跳转路径示例

在上面的句子中，我们可能会把"照顾客"理解成"照顾／客"，接着读下去后，可能会感觉"照顾／客的／想法"无法读通，这时便会回视，把"照顾客"重新切分，读成"照／顾客"，再继续理解成"照／顾客的／想法"，此时便读通了。这说明，人在阅读时，有一个隐含且自动的认知活动，即"词切分"。人会根据自己的知识和经验自动地对视线下的文字进行切分，这种切分能帮助我们选定阅读中的下一个注视点。

当我们看到"风和日丽"时，我们便会自动地将其切分为"风和／日丽"，于是我们在第一个注视点看到"风和"，在第二个注视点看到"日丽"。在看到"大风起兮云飞扬"时，我们能自动将其切分为"大风／起兮／云飞扬"或"大风起兮／云飞扬"，如果是后者，那我们便会在第一个注视点看到"大风起兮"，在第二个注视点看到"云飞扬"。

但是，如果有些词对我们来说是陌生的，那么就无法自动对其进行词切分了，我们必须在有意识地思考之后才能将其切分，甚至我们有可能在思考以后也不知如何将其切分。例如，我们在看到药物名"沙美特罗替卡松粉吸入剂"时，如果不是医学工作者，我们是不知道怎样切分这个药物名的。我们在查询资料后知道，这个药物名的正确"词切分"是"沙美特罗／替卡松／粉吸入剂"。（我猜，有些人可能会凭感觉将其切分成"沙美特／罗替卡／松粉／吸入剂"。）这也说明，知识量越丰富的人，其阅读能力也越强，在阅读中遇到的障碍会越少。

"回视"的次数如果太多，那么我们读一本书的总时间就会被显著拖长。我们再回看前面的例子，前面讲到的让人被动回视的句子，其实只要加一个字就可以避免了。

①经理同意照顾客的想法来设计产品。
②经理同意按照顾客的想法来设计产品。

只要把①句改成②句，被动回视的概率就大大降低了。②句虽然比①句多了一个字，但读②句所用的时间更短。从作者的角度来说，要尽量写②类型的句子，而避免写①类型的句子，避免写那些容易引起疑惑、造成歧义的句子，这样才能让读者更流畅地阅读。

其实，避免写出①类型的句子，是有一个简单的方法的，那就是少用单字词。因为现代汉语中的词语是以双字词为主的，文言文是以单字词为主，如古代的"日"同我们现在叫的"太阳"，古代的"月"同我们现在叫的"月亮"，古代的"文"同我们现在叫的"文章"，古代的"鼠"同我们现在叫的"老鼠"……我们在读文言文的时候，常常一个字就要切分一下，但是在现代汉语中，单字切分的情况就比较少。我们现在写作用的都是现代汉语，所以，通常情况下少用单字词即可。当然，如果有些词本来就是常用的单字词，如"又""都""在""却"等，那还是按照习惯使用就好。我们不妨看一看下面这个例子：

①接新消息，那车黄金被偷走了。
②接到新消息，那车黄金被偷走了。

在①句中，前四个字的正确词切分是"接／新消息"，但是我们在第一次读的时候可能会自动地将其切分成"接新／消息"，意思便不通了。在②句中，前五个字的"词切分"是"接到／新消息"，这个切分是不容易搞错的。这样看来，我们读②句所用时间比读①句要少。两个句子的区别只是把"接"变成"接到"，仅多了一个字，可读起来却更顺畅了。

我们或许有过这种体会：有些书中的句子读起来特别通顺、流畅，理解起来也没什么障碍，但是有些书中的句子读起来会磕磕绊绊，那种感觉就像鞋子里钻进了小石粒，嚼蛏子的时候有泥沙一样。若从细节上来分析，后一种书的作者应该在选词上没有仔细斟酌，没有考虑到大众熟悉的语言习惯，严重一点说，他们在写作上还缺少基本的训练。

综上所述,阅读心理学中的眼动研究为我们揭示了阅读中的视线规律。阅读是一根长长的线,但这根线是"虚线"而不是"实线",因为注视点是跳跃的;同时这根线也不是不停地向前的,其会时不时地往回"拐",是在曲折中前进的。

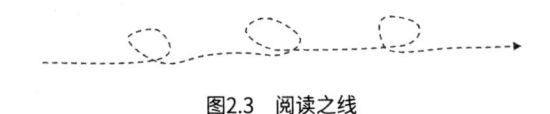

图2.3 阅读之线

二、阅读的速度规律

为什么有些人读书快,有些人读书慢?读书的快慢跟什么有关呢?其实,阅读行进的速度既取决于阅读者,也取决于所阅读的文本。阅读者因素可分为阅读能力和阅读风格。文本因素可分为文字流畅度和信息密度。

阅读是一种技能,技能是可以通过训练提高的,但这种技能也跟人的认知能力、知识储备有直接的关系。经常读书的人,阅读速度会快一些;平时不读书的人,拿起一本书看,也许一个小时只能看三页,可能还看得昏昏欲睡、哈欠连天。如果一个人的认知能力强、知识储备多,那么他的阅读能力肯定也不差。如果一个人书读得多,那么他的认知能力就不会弱、知识储备就不会少,因为阅读就是提高认知、积累知识的最好途径。但是,一个人有能力读得快不等于他一定会快速阅读,因为这还涉及个人阅读风格的问题。

习惯于快速阅读的人,喜欢"顺流而下"的感觉,极少停顿,也尽量不回视,即便遇到不太懂的地方,也是"不求甚解",不去探个究竟。习惯慢速阅读的人,则是喜欢沉浸其中的感觉,往往会读得非常细致,遇到不太懂的地方会力求弄懂,遇到特别精彩的地

精 读

方会反复玩味,因而他们在阅读时会频繁"回视",甚至不惜来回读好几遍精彩的章节、段落,在阅读一本书上用的时间远超过一般人。

我国古代有很多读书人推崇慢读法。南宋大儒朱熹就是其中的代表。朱熹的学生把朱熹对于读书方法的观点搜集整理编成了一本书,即《朱子读书法》。其中,类似下面的句子随处可见。

①读书之法,先要熟读。须是正看背看,左看右看。

②看文字,须要入在里面,猛滚一番。要透彻,方能得脱离。

③读书之法,读一遍了,又思量一遍;思量一遍,又读一遍。

④读书须是专一。读这一句,且理会这一句;读这一章,且理会这一章。

⑤然读十遍时,与读一遍时终别;读百遍时,与读十遍又自不同也。

⑥学者观书,病在只要向前,不肯退步看。愈向前,愈看得不分晓。不若退步,却看得审。

⑦看文字,须是如猛将用兵,直是鏖战一阵;如酷吏治狱,直是推勘到底,决是不恕他,方得。

⑧圣人言语,一重又一重,须入深去看。若只要皮肤,便有差错,须深沉方有得。

⑨学者初看文字,只见得个浑沦物事。久久看作三两片,以至于十数片,方是长进。如庖丁解牛,目视无全牛,是也。

以上九句话是我从《朱子读书法》中摘出的,此书是朱熹的学生听课时的记录,所以内容多为口语,我们读起来应该也不难读懂,我在这儿就不一一解释了。这些话的大意是说,读书(这里的"书",朱熹特指"四书五经"等儒家经典)需要反复读,读很多遍,读的时候要逐句地推敲,逐章领会,不能只看字面的意思,要反复揣摩字句背后的内涵和深意。其中,有一句话特别有意思,我们来一起赏玩一下。

> 看文字，须是如猛将用兵，直是鏖战一阵。如酷吏治狱，直是推勘到底，决是不恕他，方得。

朱熹在这儿用了两个出人意料的比喻，第一个比喻是把读书比作打仗，第二个比喻把读书比作断案，两个比喻所侧重的内容略有不同。

第一个比喻讲"猛将用兵""鏖战一阵"。"鏖战"就是竭力苦战，一要竭力，二要苦战。也就是说在看书的时候，我们要全神贯注，而且是长时间地专注，使尽所有的"气力"去苦读，特别是遇到比较难以理解的地方，我们也要死死咬住，不能退缩，不然就是逃兵了。

第二个比喻讲"酷吏治狱""推勘到底"。"推勘"就是审讯，引申为探查、勘测的意思。审讯是要我们打破砂锅问到底，勘测是要我们找出地下深处的宝矿。所以，"推勘"就是说我们在读书时，要提问，要深挖，要挖到底，直到挖出真材实料的东西才能罢休。如果没挖到、没审到，那就继续挖、继续审。

我们从这些话中可见朱熹的阅读风格，他真是一个极端的慢读主义者。我们现代人可以学习朱熹的这种钻研精神，但未必真要像他这样严苛。

影响阅读速度的阅读能力和阅读风格是读者自身的因素。除了这两点，影响阅读速度的还有图书本身的因素，即文本因素。文本因素中的文字流畅度指的是书中的文字内容是否做到了文通句顺。我们有时候读到一些翻译书，其翻译质量比较差，句子被拉得很长，用词特别拗口，内容逻辑也不清晰。为了弄懂这些不够流畅的文本，读者不得不常常"回视"，反复琢磨，那就必然会读得比较慢，甚至会弃读。除此之外，累赘的用词、结构复杂的长句、生僻字的使用、标点符号的误用等，都会降低文字流畅度。

精 读

我们可以试着读下面这句话。

我在近十年的田野工作的过程中,对数千个课堂的学生学习过程进行了基于证据的跟踪观察,全面收集、分析焦点学生学习过程的海量信息。

这个句子是我从国内的一本教育学图书中摘出的。(其实,这本书的内容相当不错,只是作者在遣词造句上存在一些瑕疵,这些瑕疵影响了这本书的文字流畅度,让我觉得颇有遗憾。)这个句子的问题主要在于"语言累赘"。我的具体分析如下:

"在近十年的田野工作的过程中"中的"过程"是一个多余的词,如果删掉"的过程"三个字,改成"在近十年的田野工作中",句意没变,信息也没有减少,句子还更精练、易读了。

"对数千个课堂的学生学习过程"中的"学生学习过程"是多余的,因为"课堂"一词不同于"教室","教室"是一个物理概念,而"课堂"是一个场景概念,场景中包含的人物和活动都是显而易见的。因而"数千个课堂的学生学习过程"缩减为"数千个课堂"即可。

"基于证据的跟踪观察"是有些累赘的,作者写"基于证据"是为了强调其所做的是"循证"研究,但是"田野工作"和"跟踪观察"都已体现了"循证"的特征,所以把"基于证据的跟踪观察"缩简为"跟踪观察"即可。

"焦点学生学习过程"中的"焦点学生"意指研究者着重关注并加以研究的学生。换句话说,"焦点学生"是研究者所选择的研究对象。而研究数据本来就是从研究对象中采集的,那么这儿若是提到"学生",那肯定是指"焦点学生",不可能是"非焦点学生",所以无须多此一提。可以删掉"焦点"一词。

"全面"和"海量信息"在表意上是重复的。因为"全面",所以信息收集得多,信息收集得多,体现了"全面",所以可以把

"全面"删掉。

综上所述，原句可精简为：我在近十年的田野工作中，对数千个课堂进行跟踪观察，收集、分析了学生学习过程的海量信息。

这个句子与原句相比，意思没变，但是句子简单多了，也好读多了。

影响阅读速度的因素还有一个，那便是文本的信息密度。有些图书中无效信息很多，同一个意思翻来覆去地说很多遍，或者举的例子又臭又长，这些都会导致图书中的信息密度很低，这样的书若是快速、潦草地读，也不会损失多少信息。有些图书中有效信息很多，一些作者的写作风格是浓缩式的，他们用精致的语言表达丰富的内涵，言简意深，微言大义，这样的书就不可能被快速阅读，阅读者必须反复"回视"，将前后对比，结合上下文，逐字逐句地理解。比如，《老子》全书不过五千余字，但是要读懂这本书显然是不可能在短时间内完成的。著名管理学家詹姆斯 G. 马奇常常用极为简略的文字表达复杂的信息，是典型的信息密度很高的文本。

下面请看詹姆斯 G. 马奇在《论领导力》一书中写的句子：

①如何成为、担任、对抗和评估领导者是领导力的根本议题，但并非领导力所独有，而与更广泛的生活世界中的根本议题相类似。

②从解决问题到人事政策再到意识形态的所有事情，领导需要在多样性和统一性、变异和整合、收敛与发散之间做出取舍。

③希腊神话中最早出现的伊甸园里的亚当和夏娃就是天生纯真的人，但遭到了聪明的机会主义者的迫害（狡猾的人、二手车销售员、部分知识分子或教授），这些人使他们失去了纯真（教导他们区分善恶，或将他们送到商学院去学习如何计算贴现值）。

詹姆斯 G. 马奇的写作特色是把多个句子浓缩在一个句子中。段落①中，"成为""担任""对抗""评估"四个联用的动词各指

精 读

一个不同的方面,实际上是四个句子的浓缩(如图2.4所示)。

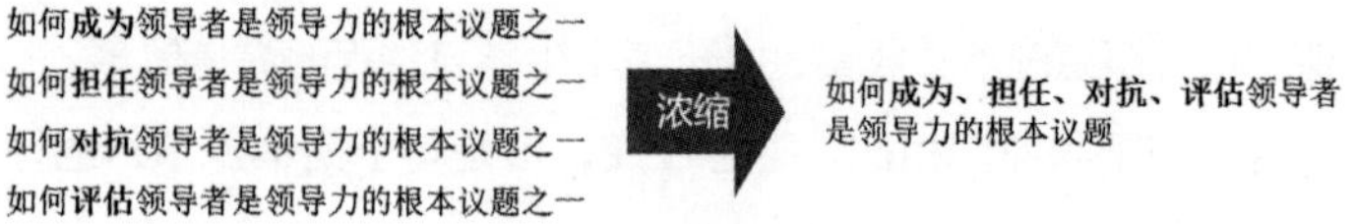

如何**成为**领导者是领导力的根本议题之一
如何**担任**领导者是领导力的根本议题之一　　浓缩　　如何**成为、担任、对抗、评估**领导者
如何**对抗**领导者是领导力的根本议题之一　　　　　　是领导力的根本议题
如何**评估**领导者是领导力的根本议题之一

图2.4　句子浓缩示例1

注意,这四个动词在这儿不是作为近义词的联用,如"相信、认可、欣赏这个孩子",也不表示一串连续的动作,如"推开门,走进屋子,坐在沙发上",两个例子虽然联用了动词,但都是单一句子的常见形式。詹姆斯 G. 马奇的句子与此不同。

段落②中,"领导需要在多样性和统一性、变异和整合、收敛与发散之间做出取舍"是三个句子的浓缩(如图2.5所示)。注意,千万不要把这个句子理解成"领导"在(被顿号隔开的)三个备选项中做出"取舍",不要理解错了。实际上,领导面临的是三种取舍,其中,每一种取舍涉及两个备选项。

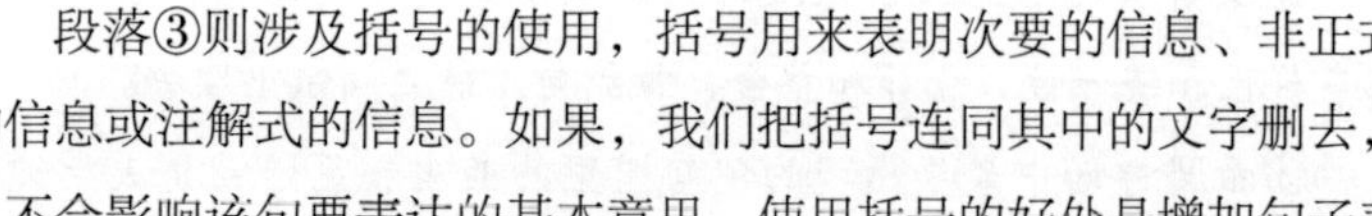

领导需要在**多样性和统一性**之间做出取舍
领导需要在**变异和整合**之间做出取舍　　浓缩　　领导需要在**多样性和统一性、变异和整合、收敛与发散**之间做出取舍
领导需要在**收敛与发散**之间做出取舍

图2.5　句子浓缩示例2

段落③则涉及括号的使用,括号用来表明次要的信息、非正式的信息或注解式的信息。如果,我们把括号连同其中的文字删去,也不会影响该句要表达的基本意思。使用括号的好处是增加句子表义的丰富性,使其更有层次感(括号外的文字是主干层,括号内的文字是旁支层)。

在段落③中,括号内的内容是用来举例的,但其不是列举事实,而是列举命题,这些命题极富詹姆斯 G. 马奇的个人色彩。其暗含着讽刺的口吻,命题之间互不关联,充分展现了詹姆斯 G. 马奇思维的广度和跳跃性。其中,"……机会主义者的迫害(狡猾的人、二手车销售员、部分知识分子或教授)"包含了三个独立的命题,"……失去了纯真(教导他们区分善恶,或将他们送到商学院去学习如何计算贴现值)"包含了两个独立的命题(如图2.6所示)。

狡猾的人是聪明的机会主义者
二手车销售员是聪明的机会主义者
部分知识分子或教授是聪明的机会主义者

浓缩 → 聪明的机会主义者(狡猾的人、二手车销售员、部分知识分子或教授)

天生纯真的人因为被教导区分善恶而失去了纯真
天生纯真的人因为被送到商学院去学习如何计算贴现值而失去了纯真

浓缩 → 天生纯真的人失去了纯真(教导他们区分善恶,或将他们送到商学院去学习如何计算贴现值)

图2.6　句子浓缩示例3

从上面三个例句,我们可以看出对于信息密度高的文本,是不可能快速阅读的,除非你根本不想真正理解这些文本内容。

于是我们可以得到如下这个表格,它清晰地列出了影响阅读速度的因素。

表2.1　影响阅读速度的因素

影响阅读速度的因素		影响阅读速度因素的取值	被影响的阅读速度
阅读者因素	阅读能力	高	更快
		低	更慢
	阅读风格	快风格	更快
		慢风格	更慢
文本因素	文字流畅度	高	更快
		低	更慢
	信息密度	高	更慢
		低	更快

精读

那么，阅读速度到底是快一点好还是慢一点好呢？在我看来，这不能一概而论，而是要视阅读情境和阅读目的而定。在一些情况下你需要读得慢，在有些情况下你需要读得快。

商业或法律工作从业者常需要在限定的时间内阅读大量的文本资料，并且快速抽取和总结出重要的信息内容，这就需要快速阅读，慢了是要误事的。在科学研究中，研究者需要及时追踪本领域的研究进展，因而需要阅读大量文献内容，你如果读得太慢，就会耽误科研工作的开展。

许多人在读长篇小说时有一个体验：我们一旦读进去了，就会越读越快，因为自身已经完全沉浸在小说营造的世界里面，会迫切地想知道后续情节的发展，这是一个不由自主地快速阅读的过程。

但是，在有些情况下，图书是需要慢慢读的。有时，我们为了学明白某一个学科，在头脑中搭建起有关这个学科的知识脉络，就必定要经历一个精深阅读的过程，浮光掠影、走马观花式的阅读是不可能达到目的的。有时，我们在阅读一部哲学类或文学类的经典作品时，如果不满足于对其粗浅、宽泛的了解，想要体会其深层次的意蕴和内涵，那么就需要我们慢慢读、反复读。

当代社会以快为荣，我们在读书时也会习惯性地期望快速和高效。有人以"快速阅读""超快速阅读"为卖点，兜售所谓的阅读技巧，实质上是让人误入歧途。或许有人会有疑惑：如果我读一本书读得很慢，花了很多时间，那么这些投入的时间到底值不值得呢？我们不妨先看一下下面这个表格。

表2.2　不同的阅读方式对应不同的阅读收获

阅读的方式	阅读后的收获
快速翻阅、选择性跳读	信息为主，如摘取关键词、了解故事梗概
通读一遍全书	知识为主，如理解重要的概念、开拓知识的视野
慢慢品读、反复阅读	技能为主，如培养多元化的思维方式、提升思辨能力

你读得越快，所得内容的层次就越浅；你读得越慢，所得内容的层次就越深。浮光掠影式地阅读，所得泛泛，我们的理解就会停留在表层。网络上有太多的浮于表面的知识和观点，我们如果只想收获这类知识内容，那就根本没有必要看书，在网上随便搜索一下就可以了，这样还很便捷。

我们在慢读时，视线的每一次返回或驻留都会帮助我们加深对文本的理解。虽然慢读需要的阅读时间较多，但我们的收获会更大。尤其是在提升我们的思维力方面，非慢读、深读不可。我还发现，如果一本书只需要半小时就可以读完，那我们根本没必要花时间去阅读。毕竟，可以快速读完的书，其讨论的问题层次一定不够深，要是这样的话，我们在网上找一篇同类的文章看一看的效果不是一样的吗？这样还省下了买书的钱呢！

真正值得我们阅读的书，恰恰是那些不容易读完的、需要静下心慢慢读的书。

三、阅读的精细度规律

往年尝请问东坡先生作文章之法，东坡云："但熟读《礼记·檀弓》，当得之。"既而取《檀弓》二篇，读数百过，然后知后世作文章不及古人之病，如观日月也。

——[北宋]黄庭坚《与王观复书》

北宋文学家、"苏门四学士"之一的黄庭坚有一次向苏轼请教写文章之法，东坡告诉他熟读《礼记》中的《檀弓》就可以了。于是，黄庭坚便取来《檀弓》的上、下两篇，读了几百遍。然后，他的写作功力大涨。后世文章不如古人文章（即《檀弓》）的地方，他都能看得一清二楚了。

我在这儿要做一下解释，《礼记》是一本文集，是孔子的弟子及再传弟子、三传弟子等集体创作而成,具体作者有哪些人、谁写了哪一篇较难确定。《礼记》成书于西汉,分为两个版本:第一个版本是由学者戴德编辑而成的,共八十五篇,被称为《大戴礼记》。第二个版本是戴德的侄子戴圣编辑的,共四十九篇,被称为《小戴礼记》。我们现在通行的《礼记》是《小戴礼记》,全书约九万字。

从书名上看,是《礼记》记述儒家中跟"礼"、礼仪方面有关的内容。实际上,《礼记》书中涉及的范围很广,可以说是包罗万象。例如,《礼记》中的《学记》一篇是世界上最早的论述教育学的文献,另一篇《乐记》是我国最早的体系完整的音乐理论作品。这两篇的内容都非常精彩。《礼记》中的《大学》《中庸》两篇曾被朱熹单独拎出来,成为"四书五经"中的"两书",这两篇的内容也因此成了科举考试中的必考科目。《礼记》中的《月令》一篇记述了四季更替、物候变化及人们与之相应的农业、祭祀等活动,其文笔简约、典雅、韵味无穷(这篇内容中的典型句子如"东风解冻,蛰虫始振,鱼上冰,獭祭鱼,鸿雁来"),连汪曾祺也十分推崇。

《礼记》所收录的作品,往往见解深刻,论述雄辩,文笔优美,非常值得阅读和学习。只是阅读文言文对许多人来说有一定门槛,我们需要下功夫去读而已。实际上,我们如果能读得进去,那么受益是很大的。

我在这儿再说一说《檀弓》。《檀弓》分为上、下两篇。其中,檀弓是战国时鲁人,相传他善于解说贵族礼制。《檀弓》中讲的多为生死攸关的内容,其中有一些涉及丧葬礼仪的故事和对话,提及了很多春秋战国时期的人物,包括孔子和他的弟子,而檀弓只是文章中第一个故事的主人公。

《檀弓》里讲了很多故事,其笔法简约、高古,对《檀弓》颇有研究的南宋文学家洪迈曾赞其"雄健精工"。影响力最大的古文选本《古文观止》从《檀弓》中选录了六则故事,可见《檀弓》的独特价值。《檀弓》两篇的总字数约一万两千字,其篇幅不算特别长，所以黄庭坚读了几百遍并非不现实的。假设我们每三天读一遍《檀弓》，一年下来，我们就能读一百多遍。

你会不会很好奇：对于同样一篇文章，读一两遍和读几百遍的区别是什么呢？其实，区别就在于精细度的不同。我们在前面已经分析过，根据眼动研究，通常我们在阅读时的视线是跳跃的，从一个注视点跳到另一个注视点。我们虽然能看到每个字词，但并非每个字词都能被"精细加工"。我们也许稍微读得快一点，就可能会漏掉一些字词。但是，我们如果反复阅读的话，那么文章中的每一个字都会被我们仔细地揣摩、分析了。而且，我们不仅会逐字逐句分析，还会去寻找字与字、词与词之间或明或暗的联系，思考一个句子前后可能存在的联系和呼应，分析整个故事中各个字、词、句之间的关系。这就是一种"颗粒度"非常细的精细阅读了。事实上，我国古代卓有成就的读书人都是这样读书的。

精细阅读的一个特殊方式是抄书。抄书是古人的一个基本功，特别是在宋代以前，当时的书大多是手抄的。那时的人要读书，得先向其他人借书，借来书后把全书抄下来，再把书还给人家，这样自己的手抄书就可以反复阅读了。到了北宋，印刷术渐渐普及，很多人为了省力便不抄书了，他们会买印刷的书阅读。苏轼对这个现象非常厌恶，他在《李氏山房藏书记》中写道：

> 余犹及见老儒先生，自言其少时，欲求《史记》《汉书》而不可得；幸而得之，皆手自书，日夜诵读，唯恐不及。近岁市人转相摹刻诸子百家之书，日传万纸，学者之于书，多且易致如此，其文辞学术，当倍蓰于昔人，而后生科举之士，皆束书不观，游谈无根，此又何也？

这段话的大意是说在他那个年代的老先生，年轻时都是勤奋抄书的，像《史记》《汉书》这样的大部头，老先生都会徒手抄下来，日夜诵读。如今，刻印的书开始流行，我们能轻易地得到诸子百家的书。按理说，书的资源丰富了，现在的年轻人的水平应该更高了才对。但实际上，这些年轻人根本没有认真、踏实地看书，他们言谈中空洞无物，一点功底都没有。

我们看完苏轼的这段话，有没有不自觉地想到了现在的我们呢？我们现在能轻易得到的书不止万册，我们从网上能看到的信息更是无穷无尽的。但是在内容资源无限丰富、获取便利的大环境下，我们反倒无法静下心来认认真真、踏踏实实地看完一本书了，这真是一件怪事啊！

在苏轼的很多文章中，我们能发现苏轼是一个喜欢抄书的人，抄书对他而言是一种重要的、不可缺少的读书方式。鲁迅也喜欢这种"笔头功夫"，他曾经抄写过很多古代的碑文。他购买、搜罗各种古碑的拓片和佛经，其中，魏晋南北朝时期的碑文是他的最爱，他曾彻夜抄录，不知疲倦。我想，鲁迅那种刚硬、遒劲、简实、厚重的独特文风，一定与他长期抄写碑文有很大的关系。

其实，抄书也是一种"颗粒度"很细的精细化阅读。在"看"书的时候，我们可能会漏字，可能会快速地"扫"过一些字词。但是抄书不行，抄书会迫使我们把文章中的每一个字一个接一个地抄下来，不能漏掉一个字，哪怕只是一个"的"或一个"了"。

你们可能会好奇：为什么"颗粒度"不同，对应的阅读效果就会很不一样呢？我在这儿用一个类比好了。假设，在你生活的城市里，你平时上下班都会开车经过同一条路，日复一日，你经过这条马路时都是开车的，你从来没有步行走过这条路。你开车经过这条路时，这条路给你留下的印象包括几幢高楼、几家招牌醒目的餐馆等等，你以为你对这条路很熟悉了。直到有一天，一个偶然的原因，你步行走在这条路上，你边走边向两边张望，你惊讶地发现这条路上有许多你从未注意到的店铺：这儿有好几家精品女装店，有一家人头攒动的面馆，有一家卖手办模型的玩具店，等等。当你走在这条曾无数次开车经过的路上时，你会感觉自己好像是第一次来到这儿。

这是为什么呢？其实，是因为你在步行的时候，空间展开的"颗粒度"是很细的，而你在开车的时候，空间展开的"颗粒度"是很粗的。还有一种居于中间的状态，就是你在骑自行车的时候，空间展开的"颗粒度"居于前两者之间。当然，还有一种更极端的状态，那就是当你在某个夜晚坐着飞机掠过一座陌生的城市上空时，你对这座城市的观感就只剩下灯火通明的一片华彩了。

对读书来说，也是如此。只要调整阅读"颗粒度"的粗细程度，我们就能从书中发现更多，获得更多意料之外的收获。

四、阅读的动力规律

启功老先生虽以书法名世，但他也是功力深厚的古典文学研究者。他曾提出：汉语中的句子，有一种普遍的"开合"现象。这里面的"开"指的是句子的展开，是表达的发起，是开始话题；"合"指的是句子的收束，是表达的收拢，是给话题打一个小结。"开"与"合"是相呼应的关系，"开"是前呼，"合"是后应。这就像我们呼吸一样，有吸必有呼，其形成了一个微小的循环。启功老先生曾举《易经》中的句子说明这种现象。

（开1）元者，（合1）善之长也。

（开2）亨者，（合2）嘉之会也。

（开3）利者，（合3）义之和也。

（开4）贞者，（合4）事之干也。

在以上对"元亨利贞"的解释中，每一个句子都呈现出一个明显的"开合结构"。如"元者"二字一出，即开始一个"讨论什么是'元'"的话题，而紧接下来的"善之长也"不出所望，正是对"元"的解释，刚好接住话题，形成一个闭环。所以，这句话虽然只有六个字，却显得非常完整。

有"开合"特征的句子不胜枚举。其中,我读过的感觉最强烈的开合句当属江淹的名篇《别赋》中的第一句话:

黯然销魂者,唯别而已矣。

开篇就如一道惊雷,让人陡然进入到伤感的气氛中。其中,"黯然销魂"的意思是说内心极度悲伤,像丢了魂似的。"黯然销魂者"这五个字就像提出了一个问题,即"是什么东西能让人到达黯然销魂的地步呢?",引发悬念,接下来的"唯别而已矣"则回答了这个问题:只有离别才会让人黯然销魂!这实在是大开大合的手笔,江淹不愧有文学家的称号。

如果说一句话就意味着一组"开合"。那么包含多个句子的一段话就是多组"开合"的组合了。如《庄子》的第一段内容:

北冥有鱼,其名为鲲。鲲之大,不知其几千里也。化而为鸟,其名为鹏。鹏之背,不知其几千里也。怒而飞,其翼若垂天之云。是鸟也,海运则将徙于南冥。南冥者,天池也。

我们用"开合结构"来分析:

(开1)北冥有鱼,(合1)其名为鲲。

(开2)鲲之大,(合2)不知其几千里也。

(开3)化而为鸟,(合3)其名为鹏。

(开4)鹏之背,(合4)不知其几千里也。

(开5)怒而飞,(合5)其翼若垂天之云。

(开6)是鸟也,(合6)海运则将徙于南冥。

(开7)南冥者,(合7)天池也。

这段话中出现了一个有趣的现象,即上一句的"合"可作为下一句的"开"。如第一句的"其名为鲲"是第一句的"合",到了第二句,"鲲"就成了第二句的"开",用来引出下文。类似的内容还有"合3"和"开4","合6"和"开7"。从修辞的角度来说,这种手法被称为"顶真"。因为这种修辞手法,我们读起来会觉得行文非常流畅,一气呵成,凝聚了作者的匠心。

精致的短句往往呈现出"开—合"的结构,但如果句子一长,这个结构就要更复杂些,我称其为"开—继—合"结构。我们来看《孙子兵法》的这句话:

兵者,国之大事,死生之地,存亡之道,不可不察也。

如果删去上面这句话的中间部分,那么句子就变成"兵者,不可不察也",改变后的句子虽然在结构上也能算是一个完整的句子,"兵者"为"开","不可不察也"为"合"。但是,如果加上"国之大事,死生之地,存亡之道"之后,便为后文铺垫了"不可不察也"的原因,会使整句话变得饱满而雄辩。所以,这句话的结构当为:

(开)兵者,(继1)国之大事,(继2)死生之地,(继3)存亡之道,(合)不可不察也。

我们再看一看《老子》中的这句话:

(开)是以圣人之治,(继1)虚其心,(继2)实其腹,(继3)弱其志,(继4)强其骨;(合1)恒使民无知无欲也,(合2)使夫知不敢、弗为而已……

写到这儿,或许有人会问:照这么说的话,岂不是所有句子都有"开合"结构了?

事实并非如此。我们一起来看一看下面几个句子:

①"你给我过来!"
②"欢迎光临。"
③一般来说,纯的有机物都有固定的熔点和沸点,熔点和沸点

精 读

是有机物非常重要的物理常数。

④溶解是一个复杂的过程,一般服从"相似相溶原理"规律。

①句是一个"有开无合"的结构。我们在读到这个句子时,脑海中形成了一个强烈的悬念——我们想知道为什么说话的人要让对方"过来",由于悬念没有解除,所以这个句子没有"合"的部分。当然,不是说这个句子没有"合"就不好,悬念被留到了后面,也会推动读者抱着更大的兴趣阅读下去。

②句是一个"有合无开"的结构。其作为惯用语,不需要悬念。这四个字已经把该表达的意思表达完了,即便对方不回应也没关系,毕竟这个句子只有"合"。

③句是一个"无开无合"的结构。因为"纯的有机物都有固定的熔点和沸点"是在陈述一个客观知识,这个描述并没有引发明显的悬念。后半句虽然是前半句的递进(从"有固定熔点沸点"递进到"重要的物理常数"),但由于前半句没有引发悬念,所以后半句也没有闭合悬念,整个句子给人一种波澜不惊的感觉。

④句是一个"开合不一"的结构。"溶解是一个复杂的过程"引起了悬念,你可能会想:"这有多复杂呢?具体是怎样的呢?"后半句提到溶解是服从某个规律的,按照一般逻辑来看,既然其能用规律概括了,那怎么能算是"复杂"呢?所以,这里后半句的"合"并没有回应前半句的"开","开"与"合"之间甚至还有点自相矛盾。

可见并不是所有的句子都具有"开合"结构,我们判断是否有"开合"结构要看这个句子是否引发并解除了悬念。

"黯然销魂者,唯别而已矣"中的前半句引发了悬念,后半句解除了悬念。我们要知道并非侦探小说中的"谁是杀人凶手"才是悬念,一个句子中的悬念虽然不如贯穿整个故事的"凶手悬念"那么强劲、持久,但也足以推动阅读的进程。

文本中的悬念正是我们阅读的动力。人都有好奇心，有使事物趋向于闭合的"完形心理"，正因为在阅读中时不时地发现的悬念，我们才会想看到悬念一次又一次被解除。在设计精巧的文本中，每一个悬念的解除都能引出新的悬念，悬念就这样推动我们连续不断、不知疲倦地阅读下去。

正如文学评论家苏珊·桑塔格所说："艺术是引诱。"在引人入胜的作品中，悬念必定是其重要的特质。所谓有开必有合，有始必有终。在这些作品中，句子内部孕育着悬念，句子之间连着悬念，一以贯之，一环套一环，就像九连环一样，让我们爱不释手、欲罢不能。一般的读者只会沉浸在这样的文本中，而深度阅读者在沉浸文本中的同时，还能洞悉这样的结构。

威廉·津瑟在他的《写作法宝》中，关于如何写开头的内容，是这样指导写作者的：

文章中最重要的句子是第一句。如果第一句不能吸引读者继续读到第二句，那么你的文章就死定了。而如果第二句不能吸引读者接着读到第三句，那也同样是死定了。句子如此排列，每一句都向前拖着读者，直到读者上钩……因此文章的开头首先必须立即抓住读者，迫使他继续阅读。它必须诱惑读者，给读者以新鲜感、新奇感、悖论、幽默、惊奇，或者与众不同的想法、有趣的事实、某个问题等。什么都行，只要它能激发读者的好奇心，拽住他的袖子。

一本书或者一篇文章的开头是非常重要的，因为这涉及第一个悬念的设置，悬念必须先声夺人。悬念可以是贯串始终的大悬念，也可以是即刻解除的小悬念。接着便是第二、第三句……都是同样的道理。如果说文字是一列不断往前行驶的火车，那么悬念就是隐含在文字背后的动力系统。

假设，我们是第一次读到"墙外有两株树，一株是枣树，还有一株也是枣树"这个句子，那么，在读到"墙外有两株树"的一瞬间，

精读

我们会自然而然形成对"是哪两株树"的期待和好奇,而接下去的行文也不出我们所望,交代了"一株是枣树,还有一株也是枣树。"

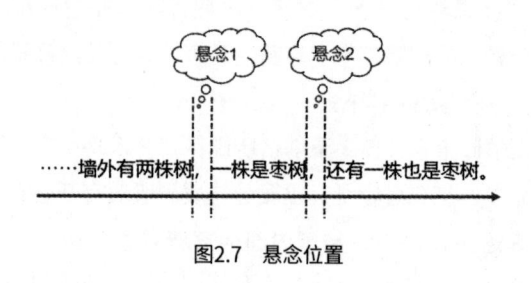

图2.7 悬念位置

这句看似简单的话,其实暗设了两个小悬念。第一个悬念在"墙外有两株树"与"一株是枣树"间的停顿里,我在上文中已经解释过。第二个悬念在"一株是枣树"与"还有一株也是枣树"间的停顿里。当我们读到"一株是枣树"的一瞬间,大概会产生"还有一株是什么树"的悬念(可能是无意识产生的),而接下来的文字也正好解答了这个悬念。

表2.3 不同停顿的句子中的悬念个数

例句	句中悬念的个数
墙外有两株树,一株是枣树,还有一株也是枣树。	2
墙外有两株树,都是枣树。	1
墙外有两株枣树。	0

一句没有任何悬念的话,我们在读起来时会感觉其平淡无味。一个优秀的作者,会尽力避免给读者带来这样的阅读感受。他们会为读者设置一个又一个的悬念,不断激发读者的好奇心。一个作者如果无法做到这一点,那么文本之中就会缺少悬念,我们或许能忍耐一段乏味的内容,继续阅读,但最终也会觉得内容过于无聊而放弃阅读。悬念才是阅读的驱动力。

第三章

文字的建筑

深度阅读的艺术

一、整句和散句

你们可能会有疑惑：我们为什么要读书呢？我用以下两个类比句来回答一下吧。

①书就像一个可能装着珠宝的盒子，我们通过读书，把盒子打开。这时有两种可能，一种是我们得到了盒子里的珠宝，还有一种是盒子里空无一物。通常我们把那些盒子里有珠宝的书称为"好书"。人们总会问：好书呢？好书在哪里？

②书就像一艘船，我们坐在船上，驶离此岸，并希冀着到达彼岸。彼岸是一个理想中的世界，那里有人声鼎沸的街市，有富丽堂皇的宫殿，有无边的花海春潮，有无尽的甘露琼浆。

以上两个类比句，都是把读书当成一种手段、方式、途径。通过在读书中的投入，我们最终能获得某些比读书更有价值的"东西"。可是这种对读书的期待，恰恰会使读书变得索然无味。这就像我们小时候在读完寓言故事后，老师会让我们用一句话来总结这个寓言故事说明了什么道理，当我们说出这个寓言故事中的道理后，我们就会突然感觉这个寓言故事没意思了。一旦我们想用故事来交换一个"高于"故事的东西，这个故事就消失了。

图书也是如此。古今中外的经典作品都是不能被压缩、无法被概括的，更是交换不来高于作品内容的东西。经典的这种特质，播撒在书中的每一段文字中。经典的一个醒目特征就是其形式与内容像齿轮一样紧密地咬合在一起。如果经典的文本被简化、被重述（就像那些已经缩水，被改写特别多的"青少年版"名著一样），那么其思想、情感的力量就会变得无处安放。我们如果抽空了思想、情感的内涵，那么这一堆文字也就成了干枯的木乃伊。

我们来看一下明代文学家张岱《西湖梦寻》一书中的第一句话：

> 余生不辰，阔别西湖二十八载，然西湖无日不入吾梦中，而梦中之西湖，实未尝一日别余也。

这句话可谓哀婉之至。我们如果把这句话写成"离开西湖二十八年，每一天我都想念它"，就不会有这么强烈的情感力量。我们要知道，这种力量是通过两个既互补又承递的否定句式来表现的。

①然西湖无日不入吾梦中。
②而梦中之西湖，实未尝一日别余也。

上面的两个句子所表达的情感，一句更比一句强烈，一句更比一句惊心。如果从结构上分析，①是"西湖入梦中"，②是"梦中之西湖"，两个句子构成了一个"回环"结构。

图3.1 《西湖梦寻》中的回环结构

我们再看一下清代文学家刘鹗在《老残游记》的序言中写的

精读

内容：

《离骚》为屈大夫之哭泣，《庄子》为蒙叟之哭泣，《史记》为太史公之哭泣，《草堂诗集》为杜工部之哭泣；李后主以词哭，八大山人以画哭；王实甫寄哭泣于《西厢》，曹雪芹寄哭泣于《红楼梦》。

我在这儿解释一下："屈大夫"即屈原，"蒙叟"即庄子，"太史公"即司马迁，"杜工部"即杜甫，"李后主"即南唐后主李煜，"八大山人"即明末画家朱耷。这段话的特殊之处在刘鹗以"哭泣"二字反复强化，在排比句式后接了两组对偶句式，兼具整齐和参差之美。

《离骚》为屈大夫之哭泣
《庄子》为蒙叟之哭泣　　　　李后主以词哭　　王实甫寄哭泣于《西厢》
《史记》为太史公之哭泣　→　八大山人以画哭　曹雪芹寄哭泣于《红楼梦》
《草堂诗集》为杜工部之哭泣

这段话分三部分阐述，各部分结构相同

图3.2　《老残游记》序言中的句子分析

我每每读到这些文字，就如同进入一座庄严巍峨的宫殿。文字如建筑，建筑有整齐之美、对称之美、回环之美、错落之美、映衬之美，这些都能在文字中找到。所以，本章的宗旨是分析、欣赏文字的建筑之美，我会以研究"结构"的眼光去看待文本，分析句子、句群的基本结构。如果说本书的第一章是对整书的结构做出宏观探究的话，那么本章则是对整书的组成单元——句子、句群，进行微观层面的分析。

在做出更具体的分析之前，我们先要了解两个基本概念——整句和散句。整句和散句是从句子结构是否整齐的角度划分的。整句指的是字数相同或相近，结构相似的一组句子。散句指的是字数参差不齐，不包含两个及两个以上相似结构的句子。

散句是自然而然生成的，符合人们日常使用语言的习惯，在使用现代汉语的作品中，通常散句所占的比重大于整句所占的比重。在使用古汉语的作品中，由于古人更注重文字的对称美，精于在形式上构筑美感，追求"文气"的连绵与贯通，所以使用整句的次数更为频繁，他们对整句的运用水准也达到了登峰造极的地步。从古至今，优秀作者都会兼顾整句和散句的使用，使两者默契配合，相得益彰。

南宋学者吕祖谦曾在《古文关键》中写道：

文字一篇之中，须有数行齐整处，须有数行不齐整处。

我们从写作的难度上看，整句虽然对结构有特定的要求，使用起来似乎更受掣肘，但是由于其有规律可循，我们若能下点功夫，实际上是较容易学会的。散句可以由作者自由写出，其句式变幻无定，难以找到内在的规律。虽然人人可写，但是要想写得好、写得精彩，却是需要长期的积累甚至较高的悟性。

现代作者写散句远多于整句，但因为无法把握、展现散句的美感，故许多现代作品的语言魅力是不及古代作品的。近几年来，我出于个人兴趣，读了很多古文内容。我陶醉于古汉语的美感中，我惊讶于古代经典在形式和内容上的高度统一，我体会到了不同整句形式在表词达意上的特殊魅力。所以，我有意做了一些分析、整理句子结构的工作。接下来，我会介绍几种在古文中常见的整句形式，并探讨一下这些整句形式的优点和功能。

二、四种常见的整句形式

我在这儿介绍四种常见的整句形式——对偶、排比、顶真、回环。

精读

（一）对偶

对偶是一种对称的句子形式，这种句子形式通常由两个相邻或平行的句子或短语组成，两者的长度相同、结构相似、意义相对。对偶也是一种常见的修辞手法。不过，对偶和对仗并不相同，对仗会要求上下两句中同位置的字词做到词性相同、平仄相对（我会在下一章介绍有关平仄的内容），并且上下两句中还不能重复出现相同的字词，也不能出现同义字。杜甫的"两个黄鹂鸣翠柳，一行白鹭上青天"就是经典的对仗句，其对仗工整，被人们广为传颂。

所以，对仗是要求更严格的对偶。对偶的范围比对仗大得多，形式也更多样、灵活。对仗句一定是对偶句，但对偶句不一定是对仗句。例如：

先天下之忧而忧，后天下之乐而乐。

——[北宋]范仲淹《岳阳楼记》

上面这句话是对偶句，但不是对仗句，因为对仗句是不允许上句中的字词在下句中重复出现的。

其实，除了过年时写春联，我们现在已经没有多少使用对仗句的场合了。不过，对偶句还是被广泛使用的，一些公文写作、广告文案中，就能经常看见对偶句。

与西方文字不同，我们的汉字是方块字，我们把方块字组织在一起时就像用积木搭一座房子或者搭一座桥。我们在日常生活中见到的房子和桥，往往都是整齐、对称的，这样的建筑也会让人感觉安全、坚固。所以，我们在阅读文字时，也会出现类似的心理期待，自然而然地希望其整齐、对称，形成一种形式上的美感。

同时，对偶句给人一种上下呼应的感觉，一组对偶句是一个天然的"开合"结构。上句是"开"，下句是"合"，一开一合，如阴阳两极，两者相辅相成，又同为一体。我们在读到上句时，就会瞬间期待起下句，我们在读到下句时又联想到上句，甚至忍不住

"回视"上句,再读一遍,似乎上下句之间有一种天然的呼应。

使用对偶句还有一个好处是增加文本的流畅度。因为在对偶中,上下句有着相同的结构。所以,我们读上句得到的"词切分"经验,能立马用在阅读下句中,使得我们对下句的"词切分"更加便利、迅速。所以,我们在阅读对偶句时会感觉有一种流畅感。

对称、整齐、呼应和流畅便是对偶的四个美学特征。简单的对偶只需要四个字,汉语中有许多对偶形式的成语,例如:山穷水尽、峰回路转、柳暗花明、珠联璧合、龙飞凤舞、金童玉女、风驰电掣、碧血丹心、风调雨顺、鹤发童颜、虎跃龙行、天长地久、狼吞虎咽、莺歌燕舞、心旷神怡、胆战心惊、蛛丝马迹、口是心非、天罗地网、风吹草动、鸟语花香、唇枪舌剑、眼疾手快、眉清目秀、瞠目结舌。

比成语更常见的对偶形式出现在大量的古诗词中。在唐代以前,对于诗的结构还没有严格地规定,对偶的样式没有被限制,而到了初唐时,律诗的形式固定下来,对于对偶有了更严格的规定,因此就演变成了对仗。我们可以欣赏一下唐代以前的对偶句,那时有许多非常优美的句子。例如:

青青子衿,悠悠我心。

——[先秦]《诗·郑风·子衿》

青青河畔草,郁郁园中柳。

——[东汉]《古诗十九首·青青河畔草》

悲歌可以当泣,远望可以当归。

——[东汉]《悲歌》

战城南,死郭北。

——[西汉]《战城南》

孤鸟西北飞,离兽东南下。

——[三国]阮籍《咏怀》

霜入幕,风度林。朱灯灭,朱颜寻。

——[南北朝]鲍照《代夜坐吟》

风微起,波微生。弦亦发,酒亦倾。

——[南北朝]鲍照《代春日行》

年年月月对君子,遥遥夜夜宿未央。

——[南北朝]鲍照《行路难》

以上这些诗句都是精彩的对偶句,形式与意境结合,堪称完美。从句子的字数来看,有三言、四言、五言、六言、七言不等。但它们都不是对仗句,我们从细节去分析的话,会发现这些诗句并不是平仄相对的,其中还出现了上下句用字重复的情况。

格律诗(或称为"近体诗")产生于南北朝时期,至唐代发展成熟,唐代对诗歌的形式有了比较严格的规定。格律诗常见的形式有一首共四句的绝句、一首共八句的律诗和一首十句以上的排律。当时人们对律诗的格式要求尤其严格。

一般律诗中的八句是两两组合的,第一、第二句合称"首联",第三、第四句合称"颔联",第五、第六句合称"颈联",最后两句是"尾联"。其中,"颔联"和"颈联"必须是对仗的。"首联"和"尾联"可以是对仗的也可以是不对仗的。(我要说明一点:古诗文中原本是没有标点符号的。传统唐诗中会将五言或七言称为一句,我们现在给古诗加上标点符号后,使得每两句后有一个句号——这只是现代的一种做法。严格来讲,现在图书中的唐诗,带一个句号的句子应该算作两句。)

唐代诗人中的杜甫,是被世人认为是写律诗最好的一位。杜甫的律诗不仅结构谨严、行文工整,内容还是灵动、活泼的。

蜀相

[唐]杜甫

①丞相祠堂何处寻,②锦官城外柏森森。

③映阶碧草自春色，④隔叶黄鹂空好音。
⑤三顾频烦天下计，⑥两朝开济老臣心。
⑦出师未捷身先死，⑧长使英雄泪满襟。

我们在这首《蜀相》中，可以看到它的第三、第四句是对仗的，第五、第六句是对仗的，但第一、第二、第七、第八句都不是对仗的。中小学生在背古诗的时候，若能留意到诗中的对仗句，记住了上句，就可以按照相同位置的对应关系，顺势想起下句，可以大大提升记忆效果。

我们在诗词之后再来讲一讲文章。古代的文章可大体分为骈文和散文。"骈"字有两马并驾一车的意思，我们通过这个字也能看出骈文是讲求上下两句对偶的，句子长度以四言、六言为多。散文与骈文相对，不要求句子必须是对偶句，散文的句子长短不一、错落有致。不过，散文的"不要求对偶"不等于"一定不对偶"。实际上，散文中对偶句也是频繁出现的。好的散文常常是骈散结合的，整齐的句子与错落的句子相得益彰，这种写法也一直传承到了现在。

著名的《与朱元思书》是吴均写给友人朱元思的一封信，这封信就是骈文。下面列举了其中的这几句，通过它们可见骈文是由一组紧接着一组的对偶句构成。

（对1上）泉水激石，泠泠作响；（对1下）好鸟相鸣，嘤嘤成韵。

（对2上）蝉则千转不穷，（对2下）猿则百叫无绝。

（对3上）鸢飞戾天者，望峰息心；（对3下）经纶世务者，窥谷忘反。①

---

① "对1"指第一组对偶句，"对1上"指第一组对偶句中的上句，以此类推。

精读

写骈文是很难的,我们平时很难能想出一组对偶句,更何况在一篇文章中要像串珠一样写出一连串的对偶句。虽说后世曾诟病骈文这种浮夸的写法,但不得不说,能写好骈文的人是极有才华的。另外,骈文由于其结构严密、文风庄严,因而在历代都被作为在重要场合使用的官方规范性文体。我们不可小视骈文。

我们再来看一看散文。我们熟知的"唐宋八大家"指的就是唐宋两代中倡导写散文,同时又能把散文写得最好的八位①。古代的"散文"跟现代的意思不一样,不是指与"小说"相对的"散文"(分别对应于虚构和非虚构),而是指与"骈文"相对的"散文"(其区别在于句式是否整齐)。

北宋文学家欧阳修的名篇《醉翁亭记》的开头几句是这样的:

环滁皆山也。其西南诸峰,林壑尤美。望之蔚然而深秀者,琅琊也。山行六七里,渐闻水声潺潺,而泻出于两峰之间者,酿泉也。峰回路转,有亭翼然临于泉上者,醉翁亭也。

我们通过上面的文字能发现,这几句话是没有对偶句的——这就是散文的特点。但是散文并不是排斥对偶句的,其中经常夹杂着对偶句。不信的话,我们可以看一看《醉翁亭记》的中间部分:

①若夫(对1上)日出而林霏开,(对1下)云归而岩穴暝,晦明变化者,山间之朝暮也。

②(对2上)野芳发而幽香,(对2下)佳木秀而繁阴,风霜高洁,水落而石出者,山间之四时也。

③(对3上)朝而往,(对3下)暮而归,四时之景不同,而乐亦无穷也。

---

① 即韩愈、柳宗元、欧阳修、王安石、苏洵、苏轼、苏辙、曾巩八位。

在上面的文字中，我们能找出三组对偶句。各组对偶句之间穿插着散句，能体现出其骈散结合的特点，散发着文字的建筑美。

我再来说一说对偶结构在说理中的作用。其实，古人早就发现：一个道理若以对偶的形式表达，会显得很有说服力。我们说理的力度也会因结构上的对称感而增强。通过对偶进行说理，至少能起到三种效果：第一种是前后对比，突出反差；第二种是前后互补，互相映衬；第三种是由此及彼，巧妙关联。

1.前后对比，突出反差

①积善之家，必有余庆；积不善之家，必有余殃。

——[先秦]《周易》

②往者不可谏，来者犹可追。

——[先秦]《论语》

③君子坦荡荡，小人长戚戚。

——[先秦]《论语》

④智者千虑，必有一失；愚者千虑，必有一得。

——[西汉]司马迁《史记》

以上各句的共通点是：上下句分别指向相反的状况。例如，①中的"积善之家"和"积不善之家"就是两个相反的状况，在这两个相反的状况下，会出现两个完全不同的结果，形成强烈的反差。

2.前后互补，互相映衬

①天行健，君子以自强不息；地势坤，君子以厚德载物。

——[先秦]《周易》

②不怨天，不尤人。

——[先秦]《论语》

③务言而缓行，虽辩必不听。多力而伐功，虽劳必不图。

——[先秦]《墨子》

读万卷书,行万里路。

——[明]董其昌《画旨》

以上各句的共通点是:上下句表达的意思是互补的。我们如果只看上句或只看下句,那么就只能分析出句子的一半意思。我们要是把上下句放在一起看,就能整合出句子的完整意思。例如,"不怨天,不尤人"的意思是"不抱怨天,也不责备人",这是孔子晚年的自述,如果只说"不怨天"或者只说"不尤人",都体现不出孔子的思想境界。

3.由此及彼,巧妙关联

①树德莫如滋,去疾莫如尽。

——[先秦]《左传》

②鸟之将死,其鸣也哀;人之将死,其言也善。

——[先秦]《论语》

③三军可夺帅也,匹夫不可夺志也。

——[先秦]《论语》

④操千曲而后晓声,观千剑而后识器。

——[南朝]刘勰《文心雕龙》

以上几个对偶句的特点是上下句陈述的是两个不同的对象,作者将这两个不同的对象关联在一起,使其表现出类比的关系——用上句中的现象去启发、类推下句中的现象,例如,②句中作者用"鸟之将死"去类比"人之将死"。

还有一种情况是,作者将上下句中提到的两个现象一起作为第三种现象的类比。我们可以分析一下,④句的作者用"操千曲而后晓声,观千剑而后识器"类比什么呢?其实,这句话的后一句是"故圆照之象,务先博观"。句子中的"圆照"是全面观察、认识的意思,"象"的意思是方法。作者要表达的意思就是我们要想对体裁风格各异的文学作品有全面的认识和观察，就必须先"博观"，广泛涉猎各种文学作品。因此，"操千曲"和"观千剑"都是用来类比隐而未现的"读千文"的。

（二）排比

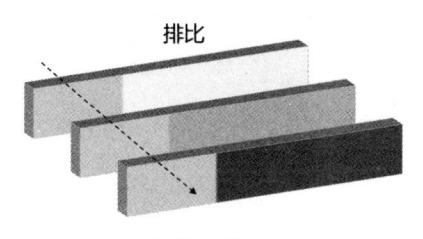

图3.3　排比

排比是三项及三项以上的平列结构，其中，平列的单位可以是句子或词组，也可以是一个词或一个字。我们一起来看下面几个句子：

①夫仁、义、礼、知、信，五常之道。

——[西汉]董仲舒《贤良策一》

②有匪君子，如切如磋，如琢如磨。

——[先秦]《诗经·卫风·淇奥》

③气忌盛，心忌满，才忌露。

——[明]吕坤《呻吟语》

④柔胜刚，讷止辩，让愧争，谦伏傲。是故退者得常倍，进者失常倍。

——[明]吕坤《呻吟语》

①句中就是单字的排比。这句中的"五常之道"指的是五个恒久之道。其中，"仁""义""礼""智""信"就是五项平列的单字排比。

精读

②句中的"切""磋""琢""磨"为四个单字的排比，不过，我们也可以将其看成四个双字的排比——"如切""如磋""如琢""如磨"。

同③、④句一样的三字排比也有很多。至于四字、五字以及更长的排比就更多了，我在这儿就不一一举例了。

排比中也存在"开合"关系，往往排比中的最后一项会起到"合"的作用，能够收束全句或者全段。我们来看下面几个句子：

①合抱之木，生于毫末；九层之台，起于累土；千里之行，始于足下。

——[先秦]《老子》

②井蛙不可以语于海者，拘于虚也；夏虫不可以语于冰者，笃于时也；曲士不可以语于道者，束于教也。

——[先秦]《庄子》

③兖州鲁藩烟火妙天下。烟火必张灯，鲁藩之灯，灯其殿、灯其壁、灯其楹柱、灯其屏、灯其座、灯其宫扇伞盖。

——[明]张岱《陶庵梦忆》

①句中，"始于足下"是这句话的落脚点，前两个类比内容都是为第三个类比内容服务的。在前两个类比内容的铺垫下，"始于足下"收束全句就会显得很自然。②句与①句类似，句子中的前两项都是类比内容，而第三个类比内容则是句子表达的重点。"曲士不可以语于道者，束于教也"是说那些孤陋寡闻的乡鄙之士会受制于他们受到的教育不足，"束于教也"有警醒之意。③句中包含了一个六项平列的排比结构，最后一项"灯其宫扇伞盖"与其他项相比，字数最多，其宛如一个托盘，托住了全句。

由此可见，在排比结构中，最后一个平列项往往是最重要的，如果最后一项的分量不够，那么就会给人一种排比尚未结束之感。

排比在美感上的作用大致分为：呈现句式整齐之美；增强语言

的气势，并以此感染读者。关于增强气势，贾谊的雄文《过秦论》是经典的范例，我们来看其中的一段：

当此之时，齐有孟尝，赵有平原，楚有春申，魏有信陵。此四君者，皆明智而忠信，宽厚而爱人，尊贤而重士，约从离衡，兼韩、魏、燕、楚、齐、赵、宋、卫、中山之众。

第一句中的"齐有孟尝，赵有平原，楚有春申，魏有信陵"是四项平列的排比结构，一字排开的内容很有气势。"明智而忠信，宽厚而爱人，尊贤而重士"为三项平列的排比结构，句子的气势得到增强。接着，作者铺陈"韩、魏、燕、楚、齐、赵、宋、卫、中山"以突出"众"，这也是排比的结构，进一步增强了反秦一方的气势。

排比结构对于句式整齐的表现力比对偶结构更胜一筹。因为对偶只能使两个句子整齐，排比则是让三项及以上的内容变得整齐。

另外，还有一种特殊的排比结构，我称其为"四排比"，这是一种更加凸显整齐感的结构。我们应该都读过《木兰诗》，但我不知道你们有没有注意过《木兰诗》中有一个很特别的排比句：

东市买骏马，西市买鞍鞯，南市买辔头，北市买长鞭。

这个句子是非常艺术化的，但其不是一个写实的句子。哪会有这么买东西的呢，分别在四个集市上买四种东西，而且四个集市正好分布在四个不同的方向。难道不能在一个地方都买齐东西吗？实际上，这就是这个句子写得好的地方——将东西南北四个方向都跑遍了，为了显示花木兰做了充分的准备。

这个排比，既不能多一项，也不能少一项，必须是四项，才显得完整、周全。因为在中国古代文化中，常用"四"来表示一个完整的"周期"。例如，时间的"周期"正好是"春夏秋冬"，空间的"周期"正好是"东南西北"，写作中讲求的"起承转合"也表示出了一个完整的"周期"。把"四"这个表示"周期"的数字跟排比结构相结合,就形成了"四排比",给人周全、完备的感觉,是一种非常周正的排比结构。

排比在说理中也能发挥重要的作用,主要体现在以下几个方面。

1.使论述周全缜密

① 天地有大美而不言,四时有明法而不议,万物有成理而不说。

——[先秦]《庄子》

② 无地而不学,无时而不学,无念而不学,不会其全,不诣其极不止,此之谓学者。

——[明]吕坤《呻吟语》

③ 小处不渗漏,暗处不欺隐,末路不怠荒,才是个真正英雄。

——[明]洪应明《菜根谭》

①句是《庄子》中富含哲理的一句话,这个排比句所指的"天地""四时""万物"三个讨论对象,是"自然宇宙"这一整体的三个侧面。"天地"之间有大美,但这是无须说的,它本就存在着;"四时"就是四季,四季的更替有明确的法则,这法则也是无须议论的;"万物"都有其存在的规律和法则,这也无须说明。如果从语言的表现力来说,一句"天地有大美而不言"就已经足够震撼人心,但是作者可能觉得只说"美"这个维度还不完整,必须提到"法"和"理",才算把观点表达得足够周全。

②句说的是什么样的人才能称得上"学者"。作者采用了一种特别的表达方式,即"双重否定"。"双重否定"表达的是肯定的意思,但其语气更强。我们细数的话,会发现这一句中包含了五个"双重否定",前面三个是明显的排比,意思是不管在任何地方、当时是什么时间,念头都只有学习,后面两项是"不会其全不止"

（不完全掌握就不停止）和"不诣其极不止"（不达到极度精通就不停止）。这句话对"学者"提出了五条认定标准，作者认为全部满足这五条认定标准的才算"学者"，文本内容严格、周密。

③句则是定义了什么是"英雄"。你们可能会问："有没有可能用一条标准来界定'英雄'呢？"这个问题很难回答，所以洪应明提出了三条标准，他认为同时满足这三条标准的才算真"英雄"。第一条标准"小处不渗漏"的意思是一个人应将细节做得很好，不出差错，必须心思缜密、事事上心；第二条标准"暗处不欺隐"的意思是一个人在无人撞见、无人监督时，也不偷鸡摸狗，始终依循着内心的道德法则，表里如一；第三条标准"末路不怠荒"的意思是一个人即使身处困境、窘境，也不懈怠、堕落，而是奋发进取。我们要做到以上三条标准中的任意一条都不容易。一个人若能三条皆备，自然算得上是真正的"英雄"，无人会质疑他。

2.体现事物的等级次序

①上兵伐谋，其次伐交，其次伐兵，其下攻城。

——[先秦]孙武《孙子兵法》

②一年之计，莫如树谷；十年之计，莫如树木；终身之计，莫如树人。

——[先秦]《管子》

这一类排比展现的是事物之间的递进关系，像走楼梯一样逐级向上或逐级向下。有人把"逐级向下"称为"递退"，与"递进"相对。其实，没必要这么区分，不管是向上还是向下，事物之间都是有层次的递进关系，我们可称之为"层递"。

从语意上看，①句是从上层往下层交代的，表示兵法中的上上策是使用谋略，下下策是攻城。②句是从下往上的递进，意思是：我们如果谋划一年内的事，那种粮食就好了；我们如果谋划十年内的事，那种树就好了；我们如果谋划一辈子的事，那就要培育人才了。(这句话我读来还是挺感动的,因为写书就是我的"终身之计"啊!)

3.反映事物随时序的变化

①吾十有五而志于学,三十而立,四十而不惑,五十而知天命,六十而耳顺,七十而从心所欲不逾矩。

——[先秦]《论语》

②少年读书,如隙中窥月;中年读书,如庭中望月;老年读书,如台上玩月。皆以阅历之浅深,为所得之浅深耳。

——[清]张潮《幽梦影》

①句是孔子的自述。不过,误解其内容的人很多,现代人很喜欢抽出其中一句自比现状。例如,抽出一句"三十而立",就来自嘲"我现在三十岁了,怎么还没'立'起来呢";抽出一句"四十不惑",就来感慨"我都四十了,怎么还在'惑'呢"。其实,这些都是断章取义,我们要把这个排比内容作为一个整体进行理解。句子开头的那一句很关键——"吾十有五而志于学",孔子从十五岁开始专注学业,然后才会有之后的"立""不惑"等。"志于学"是前提条件,孔子专注学习十五年,到三十岁的时候才可以"立"(立心与立身,不是买车买房)。他发奋学习二十五年,在四十岁的时候可以"不惑"了……如果一个人都没有"志于学"的开始,那么在到了三十岁、四十岁的时候,他自然不会"立",也不会"不惑"。

孔子这段话的重点在于先后顺序,讲的是自我进化的过程,不是在讲年龄的规则。每个人的人生都各不相同,更何况古代的社会生活状况与现今已完全不同,怎么还能用孔子说的年龄阶段与我们现在的年龄阶段相对照呢?但是,从"志于学"到"立"到"不惑"再到"从心所欲不逾矩"这样的发展顺序,是值得我们参考的。

②句表达的是人生阅历对读书的影响:我们在少年时,因为阅

历浅,所以读书时不能理解透彻,如"隙中窥月",只能看懂一点点。我们到中年时,阅历多了,胸中气象开阔了,读书时就看得比较透彻了,如"庭中望月";至于老年"台上玩月"的境界,我现在是无法想象的,不好强行解释,估计真的要等到我老了的时候才能体会。

4.展现事物的多样性或多面性

①我是个蒸不烂,煮不熟,捶不扁,炒不爆,响当当一粒铜豌豆。

——[元]关汉卿《[南吕]一枝花·不伏老》

②居山有四法:树无行次,石无位置,屋无宏肆,心无机事。

——[明]陈继儒《岩栖幽事》

①句很有名,句子中的四个"不"的排比内容很有气势,从多个方面描写了"铜豌豆"的特色,句子最后落脚在"响当当"三个字上,一语双关,真是妙笔。

②句讲的是人们隐居在山里面,有四个关键点。即树不需要排列整齐,石头不需要排布位置,房子不需要宏大铺张,心中闲适没有世俗的心机。(主张"没心没肺"地活着。)此句的落脚点是"心无机事",道出了隐居山林中的闲适、自在。前面的三项排比内容实则是"心无机事"的外化,若不说前面的三项排比内容,直接说"心无机事",句子就索然无味了。

(三)顶真

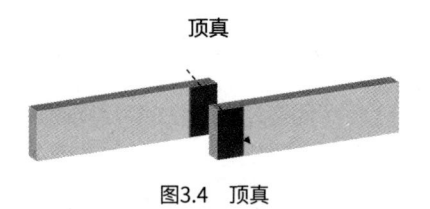

顶真

图3.4 顶真

精读

顶真的意思是前句（词组、分句）的尾字作后句（词组、分句）的首字，使前后句的文意衔接，给人以句意相连之感。这儿可以重复一两个字或更多。

顶真作为一种修辞手法，在古代作品中很是常见。但是，现在多数人可能都不知道有这种修辞手法，会使用这种修辞手法的就更少了。实际上，我们若能得当运用顶真，其在表情达意上的效果非常突出，无论是叙事还是说理，都能给人以深刻的印象。

我们可以通过分析例句中古人对顶真的运用将顶真的作用分为下列五类。

1.表现递推的关系

①人法地，地法天，天法道，道法自然。

——[先秦]《老子》

②知之者不如好之者，好之者不如乐之者。

——[先秦]《论语》

③天时不如地利，地利不如人和。

——[先秦]《孟子》

有人认为①句中的"法"字是"效法"的意思，有人认为其是"遵法"的意思。我更偏向"遵法"的意思，即人遵照地的法则（人们要根据土地的状态开展农业活动），地遵照天的法则（土地的状态取决于天气）……其中，"自然"的意思并不是现代意义上的大自然，而是指"道"自身天然本然的呈现。以顶真的形式把"人""地""天""道"四者的关系交代得很清楚。按照这个关系，"人""地""天"都服从于"道"。

②句、③句也呈现了类似的递推关系，两句都比较容易理解，我在这儿就不多解释了。

2.表现先后的次序

①古之欲明明德于天下者，先治其国。欲治其国者，先齐其

家。欲齐其家者，先修其身。欲修其身者，先正其心。欲正其心者，先诚其意。欲诚其意者，先致其知。致知在格物。

——《礼记·大学》

②物格而后知至，知至而后意诚，意诚而后心正，心正而后身修，身修而后家齐，家齐而后国治，国治而后天下平。

——《礼记·大学》

①句中反复出现"欲……先……"的结构，表明它呈现的是一串有先后顺序的内容。这个次序是倒推式的，我们从结果往前推，一步步推导过去，会让人感觉其逻辑非常地严谨。实际上，②句是①句的后续内容。从顺序上看，我们可以发现其内容是将①句按从后往前的顺序又推了回来的，呈"大回环"状。①句、②句是把同一个意思说了两遍，起到了郑重强调的效果。

3.表现动作的连续

日与其徒上高山，入深林，穷回溪；幽泉怪石，无远不到。到则披草而坐，倾壶而醉。醉则更相枕以卧。卧而梦，意有所极，梦亦同趣。觉而起，起而归。

——[唐]柳宗元《始得西山宴游记》

本句中，顶真的部分都是动词，表示的是一连串的动作。作者明明可以不用顶真，这样还能少写一些字数，显得文章更简洁，为什么在这部分偏偏要用顶真呢？

其实，用顶真来写连续的动作，会显得这种连续动作是必然会发生的。

"A则B，B则C"隐藏的含义是只要出现了A，那么接下来出现的一定就是B，只要出现了B，接下来出现的一定就是C。这形成了一定的行为模式。如果作者写成"A，接着B，然后C"，那这更像是一串偶然发生的动作。

我们回看这个例子。"日与其徒上高山"的意思是"我每天都和同伴们去爬高山",这是作者当时反复做的事情。所以,他接下来的动作都已形成一定的模式了。我们再思考一下:作者每天去爬山,每次都要喝醉、躺在草地上做梦,可见当时的他心里是多么痛苦、多么愤懑啊!由此可见,这段话展现了他的内心状态,而顶真的手法在其中是必不可缺的。

4.表现空间的转移

复前行,欲穷其林。林尽水源,便得一山,山有小口,仿佛若有光。便舍船,从口入。

——[东晋]陶渊明《桃花源记》

这句话出自《桃花源记》,其中顶真的作用很明显,是为了标示空间的转移。如果不用顶真当然也可以,但是顶真更像是一个个"路标",或者说行进途中留下的"记号"。那么我们想一下,我们越是去一个陌生的地方,越是去一个像迷宫一样绕来绕去的地方,就越需要这样的"记号"。所以在发现桃花源的过程中用顶真是再恰当不过了。这个例子再次说明,形式一定是为表达内容服务的。

5.表现叙述对象的交替

归来见天子,天子坐明堂。策勋十二转,赏赐百千强。

——[南北朝]《木兰诗》

句子中原本的叙述对象是木兰,但诗人通过使用顶真,将叙述对象无缝切换成"天子"。后两句的"策勋"和"赏赐"的主语自然也都是"天子"。

除了一般的顶真句式,还有一种形式特殊的顶真句式——句中顶真,即一个句子内部就出现了顶真形式。这种句式经常出现在诗句中,运用得当的话也能发挥其特殊的表现力。我们可以通过下面的例子欣赏一下。

①抽刀断水水更流,举杯消愁愁更愁。

——[唐]李白《宣州谢朓楼饯别校书叔云》

②眼见客愁愁不醒,无赖春色到江亭。

——[唐]杜甫《绝句漫兴九首·其一》

③感我此言良久立,却坐促弦弦转急。

——[唐]白居易《琵琶行》

综上可见,顶真在古代行文中被广泛使用,古人使用顶真句式的方法多样。现在的我们如果不知道继承、发扬极富特色的顶真,那实在是太遗憾了。我们在阅读中可以多多留意,体会顶真句式的魅力。

(四)回环

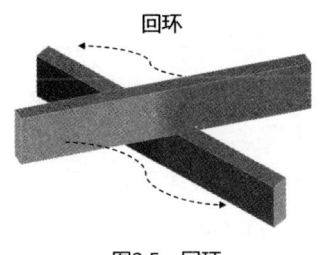

图3.5 回环

回环是一种特殊的句式结构,简单说是一种"AB—BA"式的句子。例如,屡战屡败,屡败屡战。其中,A、B不仅可以代表单个字,还可以代表两个或更多的字。另外,像"ACB—BCA"及"ACBD—BCAD"之类的句子也是构成回环句式的,即句子中不仅包含了回环结构(AB—BA),还包含不回环的结构。例如,"健儿须快马,快马须健儿"一句中,"健儿"和"快马"形成回环,

精读

"须"没有形成回环，这样的句子也是回环句。

我国古代先贤特别喜欢用回环句式进行说理，回环句式中的说理内容常常是将一件事情先正说一部分，再反说一部分，通过这样的句式把道理讲完整。如"学而不思则罔，思而不学则殆"中，作者先表达了"思"的重要性，又表达了"学"的重要性，两部分合在一起就能表明"学"与"思"缺一不可。

我们常说看问题不能只看一面，回环句式能让我们轻松看到问题的两面性。

《老子》中写道："信言不美，美言不信。"这句话的意思是：可信的话不一定是华美之词，华美之词也未必不可信。这句话里有意思的地方是："美言不信"是"信言不美"的逆否命题。

什么是逆否命题呢？这是逻辑学中的一个概念。假设原命题为："若a，则b"，则逆否命题为："若非b，则非a"。原命题和逆否命题为等价命题，如果原命题成立，那么其逆否命题也一定成立。

我们回看《老子》中的这句话。"信言不美"这个命题即为"若言信，则言不美"，它的逆否命题为"若言美，则言不信"，这正好就是"美言不信"的意思。所以《老子》中的这句话是非常符合逻辑学的，这个句子正好表达了句意逻辑的回环。

句子中除了有句意逻辑的回环，也会有时间上的回环。时间上的回环相当于周期。众所周知，《三国演义》第一回的起始句是"话说天下大势，分久必合，合久必分"。这句话表达了时间上的回环——"分久必合"之后，总是"合久必分"的——从事情发展周期来看，其形成了闭环，即有了时间上的回环。

除了上面两种，句子中还有视角的回环。我在这儿以《水浒传》第十三回为例，作者在这一回中将杨志和索超的比武场面写得非常精彩。

索超忿怒，轮手中大斧，拍马来战杨志。杨志逞威，拈手中神枪，来迎索超。

仔细看，我们可以在这两句话中发现这个场面就像有人拿着摄像机，先拍索超，然后同索超一起拍杨志，最后同杨志一起拍回索超。这样的回环内容，给我们一种电影中"正反打镜头"的那种感觉。（作者这样的笔法可称绝妙。）

由此可见，回环跟顶真一样，都是可灵活应用、适用性广泛的句式结构。对优秀的作者来说，这些句式结构都是他们手中的基本工具，只要在适当的时机使用，效果就会奇佳。

三、诸种句式结构的组合使用

对偶、排比、顶真、回环四者，可以在多数修辞学图书中找到其相应的介绍。但是，了解这些基本结构只是我们深度分析文本的开始。这四种句式结构和散句，就像乐高中的基本组件一样。优秀的作者能把这样的基本组件组合起来，组成更复杂的、富丽堂皇的结构。

我把句式结构间的组合分为两种：一种是"套"，一种是"连"。

所谓"套"是指嵌套关系。举个例子："A套B"指的是A这个大结构中套着B这个小结构。我们分析一下下面的句子：

狡兔死，良狗烹；高鸟尽，良弓藏；敌国破，谋臣亡。

——[西汉]司马迁《史记》

上面的句子中，大的句式结构是排比句式——由三项排比内容组成，也就是被分号分隔的三项；小的句式结构是对偶句式，如"狡兔死，良狗烹"是一组对偶，总共有三组对偶。所以这个句子就是"排比套对偶"。

所谓"连"是指"连接"关系，表现为两个部分先后相连。举个例子："A连B"就是A连着B，A在前，B在后。我们看一下下面的句子：

《诗》，可以兴，可以观，可以群，可以怨；迩之事父，远之事君；多识于鸟兽草木之名。

——[先秦]《论语》

这句中，先是一组排比（"可以兴，可以观，可以群，可以怨"），然后是一组对偶（"迩之事父，远之事君"）。其内容都是对《诗》的描述，意思是紧密连接在一起的。所以，我们可以认为这是两种句式结构的组合运用。

可以说，诸种句式结构的组合都是基于"套"或"连"这两种基本方式的。只不过有些文本中的组合关系更为复杂，句子中可能存在多重嵌套、多组相连甚至嵌套加相连等复杂的句式结构。我们在阅读中辨识这些形形色色的句式结构，也是一个饶有趣味的智力活动。

后文中只列举了几种常见的句式结构组合，仅供我们参考和欣赏。但句式结构的组合变化多样，无法穷尽，也没有必要穷尽，留白一些，我们还能自行探索，这也许更有意思。

（一）排比连排比

有地上之山水，有画上之山水，有梦中之山水，有胸中之山水。

地上者妙在丘壑深邃，画上者妙在笔墨淋漓，梦中者妙在景象变幻，胸中者妙在位置自如。

——[清]张潮《幽梦影》

这段话是很美、很妙的。两组排比内容紧密咬合，如第一组排比内容中的第一项（"有地上之山水"）对应第二组排比内容的第一项（"地上者妙在丘壑深邃"），以此类推。从功能上来说，第二组排比内容是在阐述、深化第一组排比内容。我们也可以说，第一组的排比内容是"开"，第二组的排比内容是"合"。

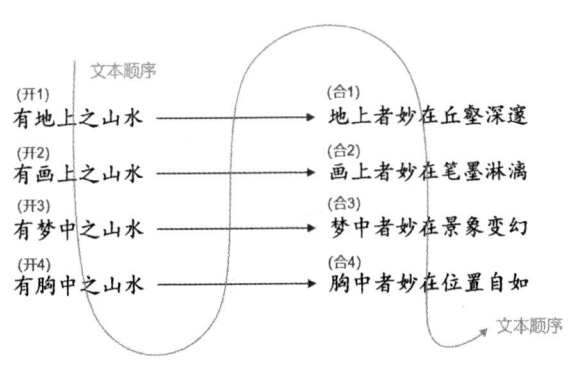

```
文本顺序
(开1)                    (合1)
有地上之山水 ——————→ 地上者妙在丘壑深邃
(开2)                    (合2)
有画上之山水 ——————→ 画上者妙在笔墨淋漓
(开3)                    (合3)
有梦中之山水 ——————→ 梦中者妙在景象变幻
(开4)                    (合4)
有胸中之山水 ——————→ 胸中者妙在位置自如
                                    文本顺序
```

图3.6　两组排比内容紧密咬合

我们从上图中可以感受到，这部分文本已经不仅仅是一条线了，其变成了一个平面，变成了一块织锦，变成了纸上的建筑。（我在这儿推荐《幽梦影》这本书，书中触目可及都是这般优美的句子，作者张潮是真雅士。）

（二）对偶连对偶

是故学然后知不足，教然后知困。知不足，然后能自反也；知困，然后能自强也。故曰：教学相长也。

——《礼记·学记》

《礼记》中的《学记》是一篇有关古代教育学论文，很值得一读。上面的一段话，正是"教学相长"这一教育原则的出处，我们现在常说的"教是最好的学"就是类似的意思。

这段话的大意是：只有先进行学习，才能知道自己的不足、哪些知识还没有学到。只有教过别人，才能知道自己为何所困、哪里还没理解透彻。我们只有知道自己的不足、困难点，才能反思、勉励自己继续进取，这就是教与学相互促进的道理了。

从结构上来看，第一组呈对偶的部分对应第二组呈对偶的部分。而最后的"故曰：教学相长也"是一个散句，起到收束作用，作为一段意思的总结。

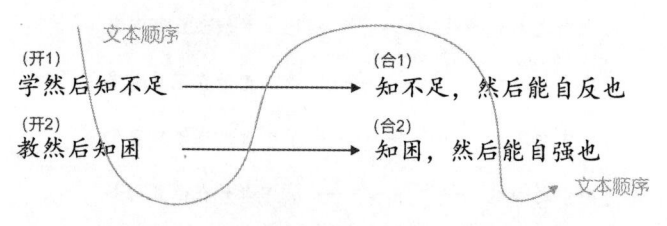

```
          文本顺序
(开1)                  (合1)
学然后知不足  ────→  知不足，然后能自反也
(开2)                  (合2)
教然后知困   ────→  知困，然后能自强也
                              文本顺序
```

图3.7　第一组呈对偶的部分对应第二组呈对偶的部分

（三）对偶连排比

善歌者，使人继其声。善教者，使人继其志。其言也，约而达，微而臧，罕譬而喻，可谓继志矣。

——《礼记·学记》

这段话中的对偶内容呈类比形式，作者用"善歌者"类比"善教者"，所以，后面的一组排比（"约而达，微而臧，罕譬而喻"）就是对"善教者"言语特征的描述，其特征是简洁而透彻、精微含蓄但中肯恰当，虽然比喻不多，但能把问题讲明白，让人能够通晓其中的道理，所以学生能继承其志向。此处的排比内容是对对偶内容中的下句的进一步阐释。

善歌者，使人继其声
善教者，使人继其志 → 其言也 → 约而达
　　　　　　　　　　　　　　微而臧
　　　　　　　　　　　　　　罕譬而喻

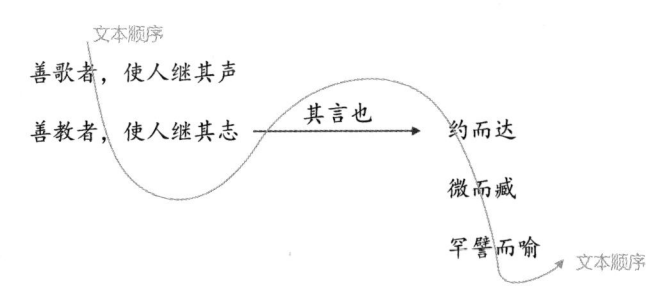

图3.8　对偶内容呈类比形式

（四）排比套对偶

曲则全，枉则直。洼则盈，敝则新。少则得，多则惑。

——[先秦]《老子》

这段话中的大的句式结构是排比，句子中包含了并列的三项内容。小的句式结构是对偶，即每一个并列项都呈对偶形式。其大意是：曲折反能保全，枉屈反能伸直，低洼反能充盈，破旧反能生新，少取反能多得，贪多反而会迷惑。

曲则全	洼则盈	少则得
枉则直	敝则新	多则惑

图3.9　并列项呈对偶形式

（五）对偶套排比

善读书者，无之而非书：山水亦书也，棋酒亦书也，花月亦书也；善游山水者，无之而非山水：书史亦山水也，诗酒亦山水也，花月亦山水也。

——[清]张潮《幽梦影》

这段话中大的句式结构是对偶,上下句中各包含一个散句和一个排比内容,两者相映成趣。

这句话的内涵值得我们品味:善于读书的人,在他眼里没有什么不是书的,山水、酒棋、花月都是书,关键在他有一种"阅读"的眼光,有一种"品读"的智慧,因而他能从万物所呈现的样子中获得思考和启发。善游山水的人有一种"审美"的眼光,有一种"悠游"的智慧,因而书史、诗酒、花月在他眼中都是山水,都是他可以游览和玩味的。

善读书者,无之而非书:
| 山水亦书也 | 酒棋亦书也 | 花月亦书也 |

善游山水者,无之而非山水:
| 书史亦山水也 | 诗酒亦山水也 | 花月亦山水也 |

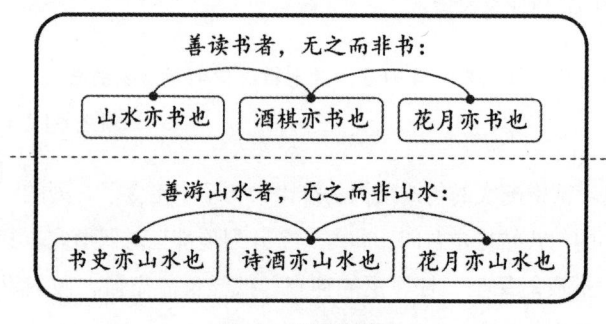

图3.10 对偶套排比

(六)对偶套回环

爱人者,人恒爱之;敬人者,人恒敬之。

——[先秦]《孟子》

这个句子中的大句式结构是对偶,对偶中还包含两个"AB—BA"式的回环结构。作者通过句子,告诉我们一个简单但深刻的道理:人与人之间的爱和尊敬是互相给予的。这个句子因为对偶套回环的句式结构,使其看上去无懈可击,更让人信服了。

（七）对偶套顶真

味摩诘[①]之诗，诗中有画；观摩诘之画，画中有诗。

——[北宋]苏轼《题摩诘〈蓝田烟雨图〉》

这个句子中大的句式结构是对偶，对偶中还包含两个顶真结构。

作为王维的知音，作者苏轼在这儿表达的是对王维才华的赞叹，他表示不但能从王维的诗中能看到画，还从他的画中能看到诗。

四、比喻与诸种句式结构组合使用

比喻是最常见也是最重要的修辞手法。一个高超的作者一定是极富创造力的比喻家。普通的比喻是"一本体 + 一喻体"的简单形式，但比喻的形式实则灵活多样，可以具有复杂的结构。复杂的比喻能表达出多层次、多侧面的精彩寓意，这是普通比喻所不能及的。

接下来，我将展示比喻与各种句式组合使用的效果。当然，像拟人、夸张等其他修辞手法也可以跟不同的句式组合，这些就留给我们在独自阅读时进行观察和分析了。

（一）对偶套比喻

江河之水，非一源之水也；千镒之裘，非一狐之白也。

——[先秦]《墨子》

[①] "摩诘"指的是唐代诗人王维，王维号摩诘居士。他不仅是大诗人，还是大画家。

上面这句话出自《墨子》中的《亲士》一篇,全文主旨是劝诫君王礼贤下士、任人唯贤,以宽容之心广纳人才。在这句话中,作者在一个对偶句中用了两个借喻说明君王广纳人才的必要性,强调君王必须以开放的心态、宽大的胸襟广纳贤才,才能建设好国家。这种以对偶形式呈现的比喻,在修辞学上被称为"对喻"。

(二)排比套比喻

这种形式即在一组排比中,每一个并列项中都含有一个比喻内容。这个比喻形式在修辞学上被称为"博喻"。我们可以看一下下面的句子:

①诗者:根情,苗言,华声,实义。

——[唐]白居易《与元九书》

②且古之为文,非有心于文也,若风之于水,适相遭而文生也;故鼓之而为涛,含之而为漪,蹙之而为縠,澄之而为练,激之而为珠玑。

——[元]朱夏《答程伯大论文》

①句只有十个字,但包含了四个比喻内容,本体、喻体全部齐全,其语言精炼的程度让人叹为观止。这个句子把诗当成树来看,作者用树的根比喻诗的情感,用树的苗叶比喻诗的语言,用树的花朵比喻诗的音韵,用树的果实比喻诗的思想内涵。

②句也很精彩,其表达的观点是:写作是自然生发出来的,不是能刻意为之的,文章就像"风行水上"自然形成的波纹一样。当大风吹到水面时,就形成了波涛;当微风轻拂水面时,就产生了涟漪;当水面被逼迫时,就涌起了细纹;当水面清澈静止时,就会宛如白练;当水面受到冲击时,就会飞溅起珍珠般的水滴——这五种状态都是自然而然形成的,没有人为的痕迹,不同风格的文章也是这样产生的。

(三) 回环套比喻

文章是案头之山水,山水是地上之文章。

——[清]张潮《幽梦影》

这一句中含有回环结构,上句中的本体是文章,喻体是山水。下句中的本体、喻体颠倒,山水是本体,文章是喻体。这说明文章和山水是可以相互设喻的,你看起来像我,我看起来像你,这种比喻形式被称为"互喻"。

(四) 比喻套顶真

射之道,中者矢也,矢由弦,弦由手,手由心,用工当在心,不在矢;御之道,用者衔也,衔由辔,辔由手,手由心,用工当在心,不在衔。

——[明]吕坤《呻吟语》

这个例子中大的句式结构是对偶,对偶中包含两个比喻内容,每一个比喻中又包含着顶真的修辞手法。这段内容的本意是指个人修为的提升、良知的培育,都是要在"心"上下功夫的,所以作者在此处用了两个类比:一个是射箭,另一个是骑马。作者在喻体的展开中混用了顶真,由果溯因,一步步倒推出来,推到最根本的原点——练心。射箭,要练心,骑马也要练心,个人德行的修炼更要练心了。

我们在写作中,要写出一个恰如其分的比喻是不容易的,更何况还要连用比喻、在比喻中混用顶真……我们不要小看这段话,这可能是作者花了很多时间,反复打磨出的一段文字。

(五) 复杂的比喻嵌套

书易读,亦难读。知书之难读,而先读难读书,则书亦易读。

以书为易读，只读易读书，则书愈读愈难。如人能不畏难以登彼高山，则到了平地，自然健步如飞；如只喜求轻松流畅易读之书而读之，先习于顺水行舟，不肯费力，则将来在平地上行长路，亦将如登山之难。然遇难读书，不畏难而奋力以登山，犹易；既惯读难书，乃身轻如燕，能登山如履平地，尤难。登山如履平地，易，而再到平地读易读之书，仍如狮子之搏兔用全力，不以轻心遇之，难。

——唐君毅《论读书之难与易》

作为中国哲学家，现代新儒学代表人物，唐君毅在《论读书之难与易》一文中论述了读书方法。《论读书之难与易》的内容几乎全部由"读书之难"与"读书之易"对比而成。我在这儿节选出的一段，其讲的是我们应该是读"难书"还是读"易书"。唐君毅用了一组基本的比喻形式，把读"难书"比作登高山，把读"易书"比作走平地。从表面上看，登高山确是难的，可是高山登多了以后，再到平地上时，我们就会感觉很轻松。我们如果先读"易书"的话，那么结果就是相反的。唐君毅还用了比喻嵌套比喻的手法，如"能登山如履平地"中的"登山"本来就是一个喻体，而在这儿却成了本体，喻体成了"履平地"，以此展现"惯读难书"的成效，即读难书如同读易书。接下来，唐君毅说在平地上走就像"狮子之搏兔用全力"，又以比喻嵌套比喻，以此来形容读易书就像读难书。所以，这段话里的句式结构很复杂，作者对比喻的使用令我们眼花缭乱，但其中表达的思想却是发人深省的，对我们来说，是很有启发意义的。

在这一章中，我展示了不同的句式结构对内容表达的作用。我们能看到一些经典图书是如何将形式与内容完美达成统一的。我们在阅读中，可以着意留意文本的句式结构，探究其形式上的特色，这对我们理解文本深层的内涵是大有好处的。

第四章

文字的音乐

深度阅读的艺术

一、押韵

天净沙·秋思
[元]马致远

枯藤老树昏鸦①，小桥流水人家，古道西风瘦马。夕阳西下，断肠人在天涯。

这首脍炙人口、无人不知的小令②，意味无穷。我们可以反复读之，深入分析其美感来自哪儿。其实，这种美感一来自视觉，二来自听觉。

从视觉来看，这首小令铺排了一系列的景物："枯藤""老树""昏鸦"等。尤其是前三句③中全为名词，没有一个动词，作者好像将种种景物置于我们眼前，令我们目不暇接，这种修辞方法被称为"列锦"。

我们再来说一说听觉。这首小令句句押韵，共有五个韵脚：

---

① 下方加点的字为韵脚。
② 篇幅短小的词，一般字数在五十八字以内。
③ 从标点符号判断，本首分为两句，但是标点是现代人所加，按照古诗词传统，"枯藤老树昏鸦"即为一句，"小桥流水人家"即为一句，以此类推，后文中对"句"的划分皆按传统方式。

"鸦""家""马""下""涯"。从声母来看，前四个韵脚"鸦""家""马""下"的声母均不同，但最后一个韵脚"涯"又与第一个韵脚"鸦"构成了同声母的韵脚，可谓首尾呼应，给人回环往复、余味无穷的音乐美感。

文字有发音、字形、意义三个维度。毕竟原始人类也是先有口头语言，再有书面文字。人与人最早的交流就是通过语音来实现的。因此，我们在阅读中不能忽视声音的力量。

古人在语言交流中渐渐摸索出有韵律、有节奏的发声方式，后逐渐有了歌谣。歌谣易于传诵，适合抒发个人的情感，后来就有了诗歌。我国最早的诗歌总集《诗经》让我们得以欣赏千年前的诗句内容。其实，"诗"与"歌词"不可分，《诗经》中内容都可以算是"歌词"，都是可以配上音乐进行演唱的。汉代的乐府诗也可以算是"歌词"。

古代的"诗"和"歌词"都讲求押韵，但是现代诗常常并不严格讲求押韵。不过，现在的流行歌曲的歌词仍旧讲求押韵。可以说，现在的流行歌曲的歌词更好地保存了古代"诗"和"歌词"的传统。

押韵是《诗经》中的一大特色，《诗经》中句子的押韵次数很多。实际上，一些古文字学者正是通过《诗经》中的押韵关系倒推出很多古代文字的发音的。我在这儿举一个例子，我们一起研究一下《诗经》中是如何押韵的。

邶风·柏舟

泛彼柏舟，亦泛其流。
耿耿不寐，如有隐忧。
微我无酒，以敖以游。

我心匪鉴，不可以茹。
亦有兄弟，不可以据。

精读

薄言往愬，逢彼之怒。

我心匪石，不可转也。
我心匪席，不可卷也。
威仪棣棣，不可选也。

忧心悄悄，愠于群小。
觏闵既多，受侮不少。
静言思之，寤辟有摽！

日居月诸，胡迭而微？
心之忧矣，如匪浣衣。
静言思之，不能奋飞。

上面诗歌的结构很工整，我们可以将其分为五段，每段六句，每四字为一句。其中，每一段的内容都是押韵的，但是其押的韵脚各不相同。我们可以通过下面的表格清楚地看清其内容。

表4.1 《邶风·柏舟》押韵情况具体分析

节段	带韵脚的句子	韵脚	韵脚的韵母	押韵频率
第一段	1, 2, 4, 5, 6	舟，流，忧，酒，游	ou	句句押韵和隔句押韵
第二段	2, 4, 5, 6	茹，据，愬（sù），怒	u	隔句押韵和句句押韵
第三段	2, 4, 6	转，卷，选	an	隔句押韵
第四段	1, 2, 4, 6	悄，小，少，摽（biào）	ao	句句押韵和隔句押韵
第五段	2, 4, 6	微，衣，飞	i	隔句押韵

通过上表我们可以看到，每一段的押韵方式都是有所差异的。

其差异表现为：一是押韵的韵脚不同，二是押韵的频率不同——存在很多变化。例如，第一段里的"泛彼柏舟，亦泛其流"是句句押韵，或者说是连续押韵的；"耿耿不寐，如有隐忧"则是隔一句才押一句（第三、五段都是隔句押韵）。其中，第三段押韵的字都不在句子的最后一个字上，而是在倒数第二个字上——这是因为"也"字是一个虚字，只是语气词，在这种情况下，押韵的字放在倒数第二个字上也是可以的。

对于古诗词的押韵分析，我还得附加五点解释。

第一点，古代汉字的发音，在不同地域、不同历史时代都是不尽相同的。

这个问题非常复杂，是一个非常深奥的学术领域。我们普通人没必要深究某个字在古代到底发什么音，一般就以普通话为标准就可以了。但是，我们要明白现在某个的发音可能只是与古音相似，故而我对上面例子内容的押韵情况的分析，也只是一种观察，难免有些许偏颇。

第二点，汉语拼音是一种现代发明。

我在这儿用拼音来表示某个"韵"，其体现的是现代视角。在古代，韵用"韵部"表示，一个韵部用某个字来代表，比如"微、衣、飞"的韵部是"微部"，"舟、流、忧、酒、游"的韵部是"幽部"。韵部的划分与现在的拼音韵母并非完全对应的关系，这是汉字读音在历史中不断演变的结果。这件事细说起来非常复杂，我们化繁就简，分析古诗词的韵律按照普通话读音为标准，以汉语拼音为工具就可以了。

第三点，两个字是否押韵，不考虑"介音"。

介音又叫韵头，存在复韵母中，是复韵母中的第一个音素，如"tian"中的"i"，"duan"中的"u"等，都是介音。两个字押韵与否，与介音无关。下面以李白的《早发白帝城》为例进行说明。

早发白帝城

[唐]李白

朝辞白帝彩云间,千里江陵一日还。
两岸猿声啼不住,轻舟已过万重山。

上面的韵脚为"间"(jiān)"还"(huán)"山"(shān),忽略作为介音的"i"和"u",其都押"an"韵。

第四点,在拼音中,"ui"是"uei"的省略写法,且"uei"中的"u"是介音。

所以,如"催"(cuī)和"飞"(fēi)都押"ei"韵;"iu"为"iou"的省略写法,但"iou"中的"i"是介音,所以,如"流"(liú)和"游"(yóu)都押"ou"韵。

第五点,古代诗歌在押韵时,还会注意押同声调的韵。

比如要么都押平声字的韵,要么都押仄声字的韵等。但是也有些情况是不讲声调,只看韵母的。这随不同时代、不同文体而异。

我们在阅读古诗词时,关于押韵,简单来讲要问三个问题:

1.是句句押韵还是隔句押韵?

2.是一韵到底还是有换韵?

3.所押的韵是哪种声调?

如果要深究的话,我们还可以研究得更深,比如韵脚的平仄。但是我们一般弄明白前两个问题就够了。

有人可能会说:"我又不写诗,我又不要成为诗人,我为什么要研究古代诗歌是怎么押韵的啊?"我们不妨想一想:我们以前读书的时候,学校里为什么要叫我们跑圈、跳绳、扔铅球呢?我们也大概率不会做运动员,但是这些体育运动,是我们强健身体的基础。而了解文字的韵律,也是我们学会深度阅读的基本功,是必须要了解的基础知识和必须掌握的分析视角。

另外,我们虽然现在使用的是现代汉语,但是现代汉语的历史很短暂，只有几百年的历史，而古代汉语的文字则有更久远的历史。现代汉语与古代汉语是一脉相承的关系，现代汉语要继承古代汉语的营养和精华，才会有生机勃勃的活力。我们以古诗词为桥梁来了解汉语的音韵特点，特别是搞清楚汉语的音韵美感是如何形成的，并不是为了复古，而是为了帮助我们更好地理解、欣赏现代汉语的佳作。

接下来，我们继续以古代诗歌为例讲解押韵。

赠王粲
[三国]曹植

端坐苦愁思，揽衣起西游。
树木发春华，清池激长流。
中有孤鸳鸯，哀鸣求匹俦。
我愿执此鸟，惜哉无轻舟。
欲归忘故道，顾望但怀愁。
悲风鸣我侧，羲和逝不留。
重阴润万物，何惧泽不周？
谁令君多念，自使怀百忧。

王粲是三国时期著名的文学家，他在"建安七子"里文名最高，当时受曹操的重用，曹丕、曹植都跟他关系很好。这首诗是曹植写给王粲的劝解、安慰之诗，其中的感情真挚、自然。

表4.2 《赠王粲》押韵情况具体分析

题名	作者	体裁	单韵或换韵	韵部	押韵频率
赠王粲	曹植	古体诗	单韵	ou（平声）	隔句押韵

这首诗在押韵上的特点是一韵到底（单韵）、隔句押韵，非常地整齐。韵脚为"游""流""俦""舟""愁""留""周"

"忧",这几个字用拼音表示的话,有些字的韵母为"ou",有些字的韵母为"iu",但其尾部的发音基本都是类似的——押"ou"韵。同时,这些韵脚都是平声字,押的是平声的"ou"韵。

我们来看下一个例子。

善哉行

[三国]曹丕

有美一人,婉如清扬。
妍姿巧笑,和媚心肠。
知音识曲,善为乐方。
哀弦微妙,清气含芳。
流郑激楚,度宫中商。
感心动耳,绮丽难忘。
离鸟夕宿,在彼中洲。
延颈鼓翼,悲鸣相求。
眷然顾之,使我心愁。
嗟尔昔人,何以忘忧?

曹丕的这首诗与上一首曹植的诗相比,相似之处在于都是隔句押韵;不同之处是,它不是一韵到底的,而是换了韵。前面六个韵脚("扬""肠""方""芳""商""忘")押的是"ang"韵,后面四个韵脚("洲""求""愁""忧")押的是"ou"韵。同时,这两个韵都是平声韵。其中,有个疑点是"忘"字,其现代读音是"wàng",但是在古代发音中,"忘"既有读"wàng"的也有读"wáng"的,这首诗中的"忘"应该读"wáng",因而这里所有韵脚都读平声是没问题的。

表4.3 《善哉行》押韵情况具体分析

题名	作者	体裁	单韵或换韵	韵部	押韵频率
善哉行	曹丕	乐府诗	换韵	ang（平声） ou（平声）	隔句押韵

我们再看一个例子。

小园赋（节选）
[北周]庾信

一寸二寸之鱼，三竿两竿之竹。云气荫于丛蓍（shī），金精养于秋菊。枣酸梨酢，桃榹（sì）李薁（yù）。落叶半床，狂花满屋。名为野人之家，是谓愚公之谷。

试偃息于茂林，乃久羡于抽簪。虽无门而长闭，实无水而恒沉。三春负锄相识，五月披裘见寻。问葛洪之药性，访京房之卜林。草无忘忧之意，花无长乐之心。鸟何事而逐酒？鱼何情而听琴？

在分析具体内容之前，我们先来了解一下有关"赋"的内容。"赋"是我国古代一种特有的文体，它介于"诗"与"文"之间，既像诗又像文。说它像"诗"，是因为它是押韵的，而且还强调对偶；说它像"文"，是因为它的句子可长可短，长短错落，比"诗"更灵活，而且内容重铺排，可写成长篇，比"诗"的容量更大。

我们回看例子，分析一下文学家庾信的名作《小园赋》中的一部分内容。

相邻的两段文字中，是每一段押一种韵的，即换韵。这篇作品的其他段落也用了换韵这种押韵形式。

我们可以看出，第一段的韵脚是"鱼""竹""菊""薁""屋""谷"。据叶嘉莹的《迦陵讲赋》中的分析，这几个字在当时的读音与现在的读音多有不同，它们都押入声的"u"韵。（"入

> 精读

声"是古代四声之一,属于仄声,但是在现今汉语发音中已经弃用。关于入声的知识,我会在后面的章节中介绍。)

第二段的韵脚是"林""簪""沉""寻""心""琴",押的是平声的"en"韵,这个韵部在古代也被称为"侵部"。(我在这儿解释一下:"簪"字现在的读音是"zān",但在古代常读成"zēn"。)另外,这几个韵脚从拼音上看,有些韵脚的韵母是"in"("林""心""琴"),有些韵脚的韵母是"en"("簪""沉"),还有一个是"un"("寻")。

问题来了,上面的一些"发音不同"的韵母为什么会属于同一韵部呢?其实,从实际的发音来看,in = ien,un = uen。

我们可以试着念出来,注意放慢速度,感觉一下是不是这样?

"en""ien""uen"这三者,由于"i"和"u"都是介音,因而它们都押"en"韵。在古代权威韵书《平水韵》中的"下平十二侵"这个韵部中,包括的常用韵字就包括侵、寻、浔、临、林、霖、针、箴、斟、沈、心、琴、禽、擒、衾、钦、吟、今、襟、金、音、阴、岑、簪、壬、任、歆、森等。

分析了上面这些疑点后,我们便可做出下面这个表格。

表4.4 《小园赋(节选)》押韵情况具体分析

题名	作者	体裁	单韵或换韵	韵部	押韵频率
小园赋	庾信	赋	换韵	u(入声) en(平声)等	隔句押韵为主

再参考我们现今的《中华通韵》[①],根据其标准,同一韵部下可包含多种韵母,我们前面的分析跟这个标准是一致的。

---

① 由国家语委语言文字规范标准审定委员会于二〇一九年审定通过的标准。

表4.5 《中华通韵》韵部表

韵部名称	对应汉语拼音韵母	韵部名称	对应汉语拼音韵母
一啊	a, ia, ua	九熬	ao, iao
二喔	o, uo	十欧	ou, iu
三鹅	e, ie, üe	十一安	an, ian, uan, üan
四衣	i	十二恩	en, in, un, ün
五乌	u	十三昂	ang, iang, uang
六迂	ü	十四英	eng, ing, ueng
七哀	ai, uai	十五雍	ong, iong
八欸	ei, ui	附 儿	er

以上这些押韵的知识,看上去有些枯燥,实际上是很实用的。且不说其长远的影响,我觉得至少有两个能直接起效的功能。

1.现在流行歌曲的歌词,通常是押韵的,那么哪些歌词中的押韵押得好,哪些歌词中的押韵押得不好,甚至押错了韵脚,我们在听歌的时候就能发现——这是一件很有趣的事。

2.中小学生在学习古诗词时,有时候会发现该押韵的地方没有押韵,他们会产生疑惑。在对音韵知识了解多了以后,这种疑惑就会解除。另外,中小学生在解除疑惑的同时也加深了理解,能更好地欣赏这些作品了。

对于这一点,我用上一章说过的一首诗进行深入说明。

蜀相

[唐]杜甫

丞相祠堂何处寻,锦官城外柏森森。
映阶碧草自春色,隔叶黄鹂空好音。
三顾频烦天下计,两朝开济老臣心。
出师未捷身先死,长使英雄泪满襟。

精读

  这首诗是被收入语文教材的一首经典名作。我不知道学生在学这首诗的时候会不会产生一丝疑惑:"森"这个字好像和后面的"音""心""襟"不押韵啊?难道是杜甫疏忽了吗?答案当然不是杜甫疏忽了,按照我们刚才的分析,"in"这个音其实等同于"ien",因而同"en"是同押"en"韵的。因此,第一句的"寻"字也是韵脚,因为"un"即为"uen"。

  具体内容请见下表:

表4.6 《蜀相》押韵情况具体分析

韵脚	韵母	韵母的等效发音	韵部
寻	un	uen	en(平声)《中华通韵》"十二恩"
森	en	en	
音	in	ien	
心	in	ien	
襟	in	ien	

  我再列举两首语文教材中收录的诗,并进行同样的分析。

舟夜书所见
[清]查慎行
月黑见渔灯,孤光一点萤。
微微风簇浪,散作满河星。

表4.7 《舟夜书所见》押韵情况具体分析

韵脚	韵母	韵母的等效发音	韵部
灯	eng	eng	eng(平声)《中华通韵》"十四英"
萤	ing	ieng	
星	ing	ieng	

第四章 | 文字的音乐

小儿垂钓

[唐]胡令能

蓬头稚子学垂纶，侧坐莓苔草映身。
路人借问遥招手，怕得鱼惊不应人。

表4.8 《小儿垂钓》押韵情况具体分析

韵脚	韵母	韵母的等效发音	韵部
纶	un	uen	en（平声）《中华通韵》"十二恩"
身	en	en	
人	en	en	

我们再来看一看流行歌曲的歌词是怎么押韵的。

山丘（节选）

词/曲：李宗盛

原唱：李宗盛

因为不安而频频回首
无知地索求 羞耻于求救
不知疲倦地翻越 每一个山丘
越过山丘 虽然已白了头
喋喋不休 时不我予的哀愁
还未如愿见着不朽 就把自己先搞丢
越过山丘 才发现无人等候
喋喋不休 再也唤不回温柔
为何记不得上一次是谁给的拥抱
在什么时候

这里选了李宗盛《山丘》的一部分歌词，我们可以看到这部分都押了"ou"韵，而且韵脚出现次数很多，里面的句子几乎是句句

103

押韵的。具体分析见下表：

表4.9 《山丘》押韵情况具体分析

韵脚	韵母	韵母的等效发音	韵部
首	ou	ou	
求	iu	iou	
救	iu	iou	
丘	iu	iou	
头	ou	ou	
休	iu	iou	ou（平声、仄声）《中华通韵》"十欧"
愁	ou	ou	
朽	iu	iou	
丢	iu	iou	
候	ou	ou	
柔	ou	ou	

　　古诗词的押韵通常会分平仄，要么统一押平声韵，要么统一押仄声韵，其中大部分情况是押平声韵的。但是，现代的流行歌曲的歌词在押韵方面则会更宽松、灵活，像这首《山丘》是平仄通押的。另外，《山丘》并非一韵到底，就全歌来说，其中的一部分歌词是押了"an"韵的。所以说，换韵也是流行歌曲在押韵方面比较灵活的体现。

　　从古至今，有很多种划定韵部分类的韵书，现代按照普通话标准读音分类的也有若干种不同的韵书。每种韵书的韵部划分都不尽相同，这就引发了很多学术争论，这种争论到今天都没有停止。其实，押韵的作用是通过音素的复现构成回环往复的美感，这种感觉是很主观的，因而哪些音应该属于同一音部，也很难获得所有人都认可的定论。例如，虽然《平水韵》是古代比较权威的韵书，但是明清时期在北方曲艺中广泛使用的标准是"十三辙"（"辙"即

"韵")。《中华通韵》虽然是当下的标准,但是还有一些学者持有不同意见,如有人认为"eng"和"ong"应该划归为同一韵部,理由是这两个音虽然发音不同,但非常接近,而且在古诗词中经常是可以通押的,就像李白的《清平调》一样。

清平调(其一)

[唐]李白

云想衣裳花想容,春风拂槛露华浓。
若非群玉山头见,会向瑶台月下逢。

本诗中的韵脚"容""浓""逢"在《平水韵》中都属于"上平二冬"韵部。但是按现在的拼音,"容""浓"的韵母是"ong","逢"的韵母是"eng"。依《中华通韵》,这分属于两个不同的韵部。另外,"十三辙"中的"中东辙"是把韵母为"ong"的字和韵母为"eng"的字归入同一韵部的("中东辙"包含的韵母有"eng""ing""ueng""ong""iong")。所以,有学者认为我们还是应该依照古例,让"eng"和"ong"这两个本来就相近的韵音可以通押,才是更合理的。

实际上,当代的歌词作品中也经常是这样通押的,如李宗盛作词的《野风》。

野风(节选)

词/曲:李宗盛

原唱:林忆莲

野地里风吹得凶　无视于人的苦痛
仿佛把一切要全掏空
往事虽已尘封　然而那旧日烟花
恍如今夜霓虹
也许在某个时空　某一个陨落的梦

105

精读

　　几世暗暗留在了心中
　　等一次心念转动
　　等一次情潮翻涌
　　隔世　与你相逢

在上面的歌词中，"凶""痛""空""虹""中""动""涌"这几个韵脚的韵母为"ong"，而"封""梦""逢"这几个韵脚的韵母为"eng"，但是它们都被当作同一个韵使用。

另外，根据韵书，前鼻音和后鼻音不在同一个韵部，如"en"和"eng"不在同一个韵部，"in"和"ing"不在同一个韵部，所以，前鼻音和后鼻音不能混着押。但是在有些歌词中，却出现了前鼻音和后鼻音的通押，而且有些歌还被广泛传唱，深受人们喜爱。由此可见，押韵到底是否合适，韵书固然是重要的参考，但也不必拘泥于此，还是要看其实际效果，就像毛不易的那首《像我这样的人》一样。

　　　　像我这样的人（节选）
　　　　词/曲：毛不易
　　　　原唱：毛不易
　　　像我这样优秀的人
　　　本该灿烂过一生
　　　怎么二十多年到头来
　　　还在人海里浮沉
　　　像我这样聪明的人
　　　早就告别了单纯
　　　怎么还是用了一段情
　　　去换一身伤痕
　　　像我这样迷茫的人
　　　像我这样寻找的人

>   像我这样碌碌无为的人
>   你还见过多少人

上面的歌词里,"人""沉""纯""痕"这几个韵脚押"en"韵,而"生"押"eng"韵,这是前后鼻音通押了。当然,若是让追求严谨的学者来评价,会认为这样押韵是错误的。

我们现在说一下格律诗是怎么押韵的。

在解释格律诗是怎么押韵的之前,我先说一下什么是"格律诗"。

"格律"的"律",意近"法律"的"律",即一套作诗的规则。如果你要写格律诗,就必须守这套规则,不然写出来的就不叫格律诗。唐代科举考试,以诗赋取仕,考生作诗就要按照格律来,不然就不可能考上,只不过科举中的格律形式包含特殊规定,要求更高。格律诗的规则分为押韵、平仄、对仗三大部分。对仗在上一章中有简单介绍,平仄在后面讲,这里只讲押韵。

格律诗是初唐时形成的一种诗体,又称"近体诗"。"近体诗"这个名称是与"古诗"或"古体诗"相对的。唐代以前没有"近体诗",唐代以后才有了各种诗体的创作。我们现代人所说的"古诗"概念泛指中国古代的诗歌,同时包括了"近体诗"和"古体诗"在内。

格律诗一般分为律诗和绝句两种。其中,以律诗为更正式的诗体。律诗一般由八句组成,更长的也有,称为排律。绝句由四句组成,原本叫"截句"——把律诗拦腰一截,取其一半,就是绝句了。律诗和绝句按照每个句子的字数,都可分五言和七言两种。律诗和绝句的押韵规则是一致的,一般如下:

1.偶数句必须押韵。

2.第一句可押可不押。

3.除第一句外的单数句不能押韵。

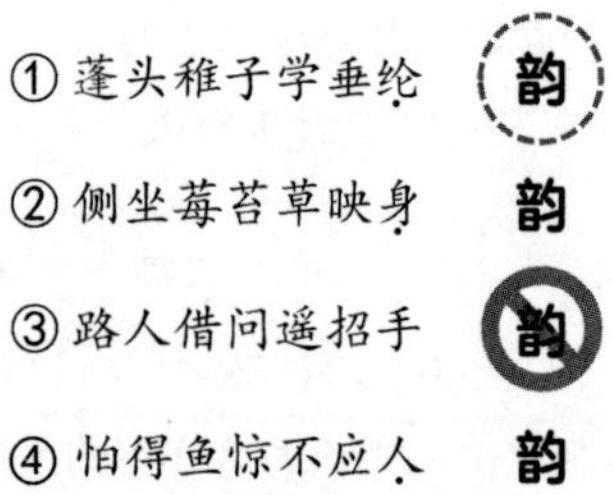

精 读

① 蓬头稚子学垂纶　韵
② 侧坐莓苔草映身　韵
③ 路人借问遥招手　韵(否)
④ 怕得鱼惊不应人　韵

图4.1　格律诗押韵范例

　　按照这个规则，绝句中的第三句绝对不能押韵，律诗中的第三、五、七句绝对不能押韵，这个是格律诗里面最基本的规则。

　　现在有些人连这个规则都不知道，却还附庸风雅，写出来的"仿格律诗"把第三句也押了韵，犯了低级错误。

　　其实，格律诗的用韵还有三条规则：

　　1.必须一韵到底，只用一种韵，不能换韵。

　　2.通常情况下押平声韵，不押仄声韵。（但也有少数押仄声韵的作品，多见于五言绝句，如孟浩然的《春晓》，"春眠不觉晓，处处闻啼鸟。夜来风雨声，花落知多少"，即押仄声韵。）

　　3.同一首诗中，押韵的字不能重复使用。

　　这六条规则加在一起，就构成了格律诗对于押韵方面的基本要求。由于缺少对应的语言环境和足够多的阅读积累，我们现代人要写格律诗就十分困难了，别说写得好了，我们想达到及格线以上都很困难。如果勉强为之，差不多就会落得个东施效颦、邯郸学步的境地。虽然我们写不好，但并不妨碍我们阅读、欣赏、感悟古人的这些佳作，并从中吸取智慧和力量。

　　我在这儿还要补充一句，虽说格律诗是唐诗中的主旋律，但是唐诗不等于格律诗。唐代很多优秀的诗人，喜欢挑战各种不同的诗体，留下了很多文体、风格各异的佳作。许多名篇大作，如张若虚的《春江花月夜》，李白的《蜀道难》《将进酒》，杜甫的"三吏""三别"，白居易的《长恨歌》都不是格律诗，而是古体诗，或称其为乐府诗。

唐诗之后是宋词。宋词是歌词，即每一首词都要按照特定的词牌来写，词牌规定了韵律格式。所以，词的格律更为复杂，有多少种词牌就有多少种格律。相较于近体诗，词的押韵方式更多样、更灵活，再加上词的句式长短不一，更接近于现代汉语中的常用句式，因而宋词对现代文的阅读和写作也颇有借鉴价值。

在押韵方式上，格律诗一般押平声韵，但是宋词中很多词牌是可以押仄声韵的；格律诗要求一韵到底，而宋词中很多词牌是可以换韵的；格律诗为隔句押韵为主，即两句押一个韵，但是宋词中既有隔句押韵，也有句句押韵，也有三句押一个韵，方式很多样。

当我们对各种诗文的押韵方式有了一个总览的了解，对古今韵部的划分有了一个大致的印象后，我们再去仔细阅读现代作品，推敲现代作品的音韵特征，就会发现现代作品也常常存在用了押韵的句子或段落。对现代作家来说，押韵是作为一种能自觉使用的写作技巧。

话说回来了，那时我们有梦，关于文学，关于爱情，关于穿越世界的旅行。如今我们深夜饮酒，杯子碰到一起，都是梦破碎的声音。

——北岛《波兰来客》

北岛的这段话如今在网络上经常被人引用。许多人搞错了，以为它是北岛的诗句，其实这并不是诗，而是散文中的一段。这篇散文的题目是《波兰来客》，收录于散文集《蓝房子》一书。没读过这本书的人，以讹传讹，掐掉这段话开头的"话说回来了"，再敲几个回车键，就真的把它当成一首诗了。

《波兰来客》里的故事讲的是在波兰开饭馆的老刘，飞到美国旧金山看望阔别了多年的老朋友北岛。同是天涯沦落人，两个久居异国他乡的中国人，再重逢，五味杂陈；回忆过往，又唤起无限感伤。

这段话中，"我们有梦"的"那时"指的是二十世纪七十年代,先锋诗发轫的年代,他们两个年轻人都热情地投身于文学。"如今"指的是一九九七年,两个饱经风霜的半百之人,在经历了时代和个人的巨变后,在异国重逢的时间。所谓"梦碎",并不是夸饰之词,而是直白的吐露。

不了解这个故事背景的读者,也会被这段话给深深感动,引发共鸣,可以说,其文字音韵带来的感染力功不可没。仔细看,这段话是暗藏了押韵的。

在第一句话里,以逗号为分界,有三个分句的尾字,"梦"(eng)、"情"(ing)、"行"(ing),其韵母都属于《中华通韵》中的"十四英"韵部。

在第二句话里,句首第二字"今"字和最后一个字"音"都是"in",如果我们把这句话多读几遍,便能感受到一种首尾呼应的效果。"今"字虽然不处在分句的尾字上,但是古诗中有"停身韵"[①]的技法,即在句子内的特定位置押韵,以增加音韵重复的力度,北岛此句效果与此类似。

另外,"ing"和"in"虽属于不同韵部,但是发音近似,也有"半押韵"的效果。

表4.10 北岛《波兰来客》节选文字押韵情况具体分析

韵字	韵母	韵母的等效发音	韵部
梦	eng	eng	eng(仄声、平声)《中华通韵》"十四英"
情	ing	ieng	
行	ing	ieng	
今	in	ien	en(平声)《中华通韵》"十二恩"
音	in	ien	

---

① 此处可以参见刘大白《旧诗新话》一书中的《〈毛诗〉以后的停身韵》一文。

但是，平心而论，这段话的音乐性，还有赖于一种比押韵更"高级"的技巧。我们看，"梦破碎"是抽象的，而酒杯的碰撞是具体的。在这段话中，北岛把"玻璃的碰撞声"赋予"梦的破碎"，使抽象的东西变得具象了，使梦的破碎有了"现场声"。这便是文字的魔法，在读者的头脑中创造出了不经意的声音效果。有了这两种富有音乐性的处理，这段话被人们误认为是诗也就情有可原了。

我们再来看一下更经典的文本：

今天晚上，很好的月光。

——鲁迅《狂人日记》

这句话是鲁迅的小说《狂人日记》中的篇首第一句。第一句中两个分句的尾字，韵母都是"ang"，是无意间的巧合吗？我想，这一定不是巧合，伟大的作家写东西，都是字斟句酌的，哪会这么巧呢？

在《狂人日记》里，我还找出了其他存在明显押韵的句子：

- 你看女人"咬你几口"的话，和一伙青面獠牙人的笑，和前天佃户的话，明明是暗号。我看出他话中全是毒，笑中全是刀。
- 我也不动，研究他们如何摆布我；知道他们一定不肯放松。
- 不要乱想，静静的养！养肥了，他们是自然可以多吃……
- 我晓得他们的方法，直捷杀了，是不肯的，而且也不敢，怕有祸祟。所以他们大家连络，布满了罗网，逼我自戕。
- 我诅咒吃人的人，先从他起头；要劝转吃人的人，也先从他下手。
- "从来如此，便对么？"

"我不同你讲这些道理；总之你不该说，你说便是你错！"

在以上这些包含了押韵关系的句子里，大致存在两种类型。

精 读

　　一种类型是相邻两个分句的尾字押韵，两个韵脚距离很近，如"不要乱想，静静的养"，如"布满了罗网，逼我自戕"，如"总之你不该说，你说便是你错"等。这种形式有点像诗中的"句句押韵"。这类句子我们可以反复读几遍，去体会一下，会感觉读起来很"顺口"，好像一辆卡车在冰面上滑了过去，很流畅，同时也很有力量。

　　另一种类型是每隔一两句或在临近不同句子间押韵，韵脚之间的距离略微远一点，这有点像诗中的"隔句押韵"，如上面例子中的"……明明是暗号……笑中全是刀""……先从他起头……也先从他下手"等。这种押韵的效果主要不是带来流畅感，而是带来前后呼应或者首尾呼应的感觉，有强化语气、增加语势的效果。

　　但是小说或者散文毕竟不是诗。其中虽然有押韵的句子，但是占比不多，《狂人日记》全文约四千五百字，其中含押韵的句子的总字数粗略估计有二百五十字左右，那就相当于5%~6%的比例。如果小说或散文押韵太多，就可能让读者感觉到刻意、造作，好像并不是自然流淌出来的文字，就会起到适得其反的效果。

　　在小说或者散文中使用押韵，追求的是"不经意"的那种感觉，要"隐"而不是"显"。在适当的位置特别是某些关键位置，暗暗地加入一点押韵的手段，来增强文句的流畅感、力量感，才是明智的选择。对比来看，诗中的押韵是"明牌"，小说、散文中的押韵是"暗棋"，看得出暗棋，才说明你是深度阅读者。

　　另外，押韵并不是增强文字音乐性的唯一手段。《狂人日记》中"反复"的手法用得比"押韵"更频繁，"反复"就是让某些词或词组重复出现的修辞手法。如"似乎怕我，似乎想害我"这句话中，"似乎"和"我"都反复出现；同时，这句话本身也是一模一样出现了两次。反复这种形式本身就包含了押韵的效果，当句尾的字反复出现（如上句中的"我"字），那么也就意味着同样的音韵在重复。

在鲁迅的散文、杂文作品中，我也发现，鲁迅很善于把"押韵"和"反复"这两种手法综合在一起使用。如他的散文《秋夜》中的一段：

后窗的玻璃上丁丁地响，还有许多小飞虫乱撞。不多久，几个进来了，许是从窗纸的破孔进来的。他们一进来，又在玻璃的灯罩上撞得丁丁地响。一个从上面撞进去了，他于是遇到火，而且我以为这火是真的。两三个却休息在灯的纸罩上喘气。那罩是昨晚新换的罩，雪白的纸，折出波浪纹的叠痕，一角还画出一枝猩红色的栀子。

我们从音乐性的角度分析这段话。首先，"丁丁"是一个拟声词，这就直接提供了音感。其次，"丁丁地响"中的"响"和"乱撞"的"撞"是押韵的，而"丁丁地响"在后面"反复"，又出现了一次，这样第二个"响"字又和前面的韵脚形成了呼应。最后，"气""纸""子"三个字又押了"i"韵（不过按某几种韵书，"气"和"纸""子"属不同韵部）。所以，如果我们反复去品读，那这段话还是挺"悦耳动听"的。

再分析一下史铁生的名篇《我与地坛》中的第一段话：

我在好几篇小说中都提到过一座废弃的古园，实际上就是地坛。许多年前旅游业还没有开展，园子荒芜冷落得如同一片野地，很少被人记起。

这段话中的各个尾字都是押韵的，其中"园""坛""展"都是"an"韵的韵脚，而接下来的"地""起"都是"i"韵的韵脚。一篇文章的开头必须先声夺人，引发阅读的兴趣，有让人反复咀嚼的"嚼劲"。我试着把这几个韵脚中的一个替换成别的不押韵的字，发现只要一替换别的字，句子就不是原来的味道了。果然，押韵在散文中所能起到的作用是很大的。

二、四声

普通话中的四声指的是四种声调,分别为阴平、阳平、上声、去声,也称为第一声、第二声、第三声、第四声。但是古代的四声与此不同。古代的四声为"平""上""去""入"。其中,现代四声中的"阴平"和"阳平"都归属于古代四声中的"平"。而古代四声中的"入声",指的是一种短而急促的音调,并以[-k]、[-t]、[-p]等音收尾,在普通话中已经不存在,但是仍旧保存在许多方言(主要是长江以南地区)的发音中。原来属于入声的字,在普通话标准方案中,被分别并入其他声调的发音。不过,去入声的方案并不是现代才有的做法,早在几百年前,元代周德清写的《中原音韵》一书中就整理概括了北方话的语音系统,把入声字并入了其他声调中。①

关于平仄的划分,在古代四声中,"上""去""入"都属于"仄声";在现代四声中,"上""去"是"仄声"。在某些方言中,音调变化更多,不止四声,可多达九到十声,而这些声调也都可以归入"平声"或"仄声"两类。②

不同声调的本质是音高的不同。音高表示的是声波的振动频率。我们一般人认为,四声只反映声音的变动走向,比如第一声是"平"的,第二声是"向上走"的,这种理解是不完整,或者说是不准确的。第一声的特点不仅是"平",而且是"高",即处在相对高音的位置,因而也称为"高平调"。第一声所处的音高位置,就是第二声"往上走"的终点位置,同时也是第四声"往下走"的起始位置,而第三声则始终没有到达第一声的音高位置。

---

① 参见唐作藩的《汉语音韵学常识》。
② 参见启功的《诗文声律论稿》。

表4.11 古代汉语和现代汉语平仄划分

平仄划分	平		仄		
古代四声	平		上	去	入
现代四声	第一声	第二声	第三声	第四声	（无）
	阴平	阳平	上声	去声	
	高平调	中升调	降升调	全降调	

语言学家赵元任创立了"五度标记法"，把声调的相对音高分为五度，把四种声调用五度来标注，既精确也直观。

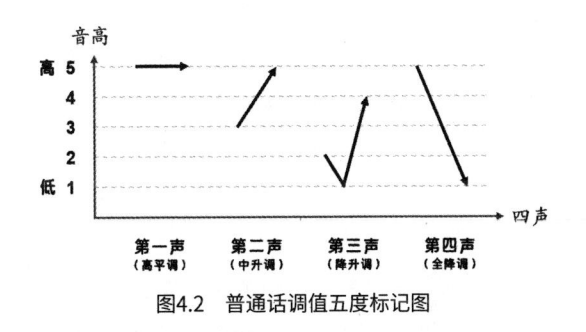

图4.2 普通话调值五度标记图

从上图可知，"平声"主要在高音区，"仄声"主要在低音区。音乐简单讲就是高音和低音的交替变化。因而，古人重视诗中的平仄关系，本质上就是有意识地构建了文字的音乐性。

唐代的格律诗，对诗句中的平仄关系有明确的要求：同一句中平仄交替，对句中平仄相对。

所谓平仄交替，是以"双叠"（"平平"或"仄仄"）的形式进行交替，如：平平仄仄平平仄仄平平仄仄平平……但是，格律诗一般都是五言或七言，字数均为奇数，所以句末尾字肯定不在"双叠"的范围内，因而就会形成下面的句式：

（七言）平平仄仄平平仄、仄仄平平仄仄平……

（五言）平平仄仄平、仄仄平平仄……

平　平　仄　仄　平　平　仄
沉　舟　侧　畔　千　帆　过

仄　仄　平　平　仄　仄　平
病　树　前　头　万　木　春

图4.3　格律诗平仄示例

所谓平仄相对，是指在一个联句中，上下句相同位置的字的平仄要相反。如果上句的平仄是"仄仄平平仄"，那么下句的平仄一般就是"平平仄仄平"。如果上句的平仄是"平平仄仄平平仄"看，那么下句的平仄就是"仄仄平平仄仄平"。

但以上只是最简单的说法，具体的平仄使用还涉及更复杂的规定。如在五言格律诗中，第一个字通常可平可仄，比较灵活；七言格律诗中的第一、第三个字可平可仄，某些诗句便会因此出现前三个字连平或前三个字连仄的情况。另外，由于格律诗一般在偶数句押韵且押平声韵，所以偶数句的尾字一般为平声，相对应的奇数句的尾字就要是仄声了。

我们一般人，没有必要把格律诗的这些规定细节搞这么清楚，这里就不细说了，但如果感兴趣，想要深入了解，可以参看王力的《诗词格律》等书。

相比于格律诗，宋词中的情况就非常复杂，因为每一种词牌都有不同的格律规定，所以各种各样的情况都有。宋词中的联句，既有平仄相对的，也有上、下句平仄相同的，如陆游《钗头凤》中的"红酥手，黄縢酒"，从平仄看是"平平仄，平平仄"。有兴趣的朋友可以专门研究各种词牌中的平仄以及押韵格式，应该也是很有意思的课题，具体可参见龙榆生的《唐宋词格律》等书。

骈文以对仗为特色，因而是很讲究平仄相对的。我们现在还广泛使用的楹联也是如此，如西湖边上有一副楹联是：

面面有情，环水抱山山抱水；

心心相印，因人传地地传人。

从平仄看是：

仄仄仄平，平仄仄平平仄仄；
平平平仄，平平平仄仄平平。

这个联可谓非常工整。上下联均由一个四字句和一个七字句组成。七字句的首字"环"和"因"是"平"对"平"，是没有问题的，因为对联中有一个"一三五不论，二四六分明"的原则，也就是偶数字必须平仄相对，而奇数字若平仄不对通常是允许的。而这里说的偶数字，实质上指的是双字词的第二个字。因而"一三五不论，二四六分明"也可表述为"双字词首字不论，第二字分明"，这个规则在骈文中也适用。

落霞与孤鹜齐飞，秋水共长天一色。

——[唐]王勃《滕王阁序》

《滕王阁序》是一篇骈文，对仗十分工整。上面的联句平仄相对，对于美感的形成也是功不可没。注意其结构，上句中"落霞""孤鹜""齐飞"都是双字词，而"与"是单字词，双字词的第二个字必须平仄相对，而第一个字可以不论。所以它的平仄是：仄平仄平仄平平，平仄仄平平平仄。

平仄问题终归是一个很复杂的课题，不必深入探讨下去。我们大多数人不需要了解得很详细，我们只需要了解下面两个最基本的经验法则即可。

1.在一个句子内，要注意平仄交错。
2.在对偶句式中，要注意平仄相对。

应用这两个经验法则，便有可能给文字带来一种音乐的美感。
汪曾祺的《语言是艺术》里有这么一段话：

声音美是语言美的很重要的因素。一个有文学修养的人，对文字训练有素的人，是会直接从字上"看"出它的声音的。中国语言因为有"调"，即四声，所以特别富于音乐性。一个搞文字的人，不能不讲一点声音之道。"前有浮声，则后有切响"，沈约把语言声音的规律概括得很扼要。简单地说，就是平仄声要交错使用。一句话都是平声或都是仄声，一顺边，是很难听的。京剧《智取威虎山》里有一句唱词，原来是"迎来春天换人间"，毛主席给改了一个字，把"天"字改成"色"字。有一点旧诗词训练的人都会知道，除了"色"字更具体之外，全句声音上要好听得多。原来全句六个平声字，声音太飘，改一个声音沉重的"色"字，一下子就扳过来了。写小说不比写诗词，不能有那样严的格律，但不能不追求语言的声音美，要训练自己的耳朵。一个写小说的人，如果学写一点旧诗、曲艺、戏曲的唱词，是有好处的。

汪曾祺还说自己曾经在电车上听到一个小孩子念了一首儿歌，这首儿歌是这样的：

山上有个洞，
洞里有个碗，
碗里有块肉，
你吃了，我尝了，
我的故事讲完了！

汪曾祺觉得这首儿歌的音节很美，他还琢磨了一下。这首儿歌的音节美在哪里呢？原来末尾两句中的"尝""完"虽然并不押韵，但都是第二声，"放在一起，产生一种很好玩的音乐感"。汪曾祺把这种形式称为"押调"，意思是既然"押韵"是同韵母的重复，那么"押调"就是同声调重复。

我们从这个例子可以看出，一个优秀的作家对文字的音乐美有着怎样敏锐的洞察力。他们比一般的读者更敏感，像一个侦探一样，能探查出文字背后的各种隐秘的联系，洞悉其背后的模式。

这样的阅读方式，实在是乐趣无穷的。我在这一章里，啰唆了这么多汉语音韵的知识，好像并没有太实际的用处。但是，如果你想学会深度阅读，那么不论是押韵也好、平仄也好，都是我们认识和赏读文字作品的一种视角、一种眼光、一种方法、一种工具……当然，这也并不会成为限制我们思维的镣铐。

我们期望以敏锐的眼光，去洞悉文字背后的音韵美感，便能更好地赏析作品，也能更深入地领会作者的匠心。但与此同时，我们也不必画地为牢，把古代的某些法则视作不可越雷池一步的铁律。一个伟大的作者，应该既能继承传统，从昔日的经典中吸取养料，又能开拓创新，书写富有创造力和独特性的文本。我们作为阅读者，要善于发现作者的这种继承与开拓之功，这既是一种有趣的智力挑战，也是一种对于自己心灵的愉悦滋养。

三、双声、叠韵、叠字

（一）双声词、叠韵词

"双声"指的是双字词中的两个字的声母相同，如"仿佛"这个词，"仿"和"佛"的声母都是"f"，这个词即为双声词。"叠韵"指的是双字词中的两个字的韵母相同，但韵头不论，如"彷徨"这个词，"彷"和"徨"的韵母是"ang"和"uang"，去掉韵头，则都是"ang"，所以"彷徨"是叠韵词。

特别有意思的是中国的两条母亲河："长江"是叠韵词，"黄河"是双声词，真是无巧不成书。

跟双声和叠韵相关的还有一个概念叫"联绵词"（一说"连绵词"）。联绵词是不可拆分的双字词，如果这个词的两个字被拆开来，那么独立出来的字要么无法表达任何意思，要么表达的意思与原来的词义无关。如"仿佛"就是联绵词,这个词是不能拆的,"彷徨"也是联绵词,也是不能拆的,如果拆成两个字,那么原来的词义就不存在了。联绵词只能作为一个整体而存在。

联绵词的特点一般要么是双声词,要么是叠韵词,但也有一些既非双声词又非叠韵词的联绵词,如蝴蝶、鹦鹉、芙蓉等。联绵词的历史非常悠久,在先秦的经典文献中广泛存在,是上古汉语的一种遗留物。其绵延至今,在现代汉语中仍被人们使用。

以下是一些常见的双声联绵词:

鸳鸯 伶俐 蹊跷 坎坷 参差 忐忑 含糊 澎湃 斑驳 踟蹰 仓促 憔悴 恍惚 参差 慷慨 玲珑 流连

以下是一些常见的叠韵联绵词:

骆驼 徘徊 逍遥 混沌 霹雳 苗条 蹉跎 朦胧 辗辘 迷离 窈窕 须臾 玫瑰 彷徨 徜徉 苍茫 仓皇

还有极少数的既双声又叠韵的联绵词,例如:

辗转

还有一种近现代才出现的特殊的联绵词——从外语翻译过来的音译词,有些也形成了联绵词。例如"沙发"这个词是"sofa"的音译,这个词不能拆分,只能作为整体存在,且它又是叠韵的,类似的还有可乐、芝士等。

我再解释一点,联绵词里有双声词和叠韵词,但是,双声词或叠韵词并不一定是联绵词。如"优秀"中的"优""秀",其韵母是"ou"和"iu"(等同iou),所以"优秀"是叠韵词,但不是联绵词,因为"优"作为单字也有"优秀"的意思,"优秀"是可以被拆分的。

（二）叠字词

我再来说一说叠字。"叠字"指的是一个双字词里面的字为同一个字，如"亭亭"就是叠字词。叠字形成复沓的美感，常作为描写、修饰语使用，它的形式独特、表意优美，无法被其他词所替代。

例如，"莘莘学子"中的"莘莘"就是叠字，其起到了特殊的修饰效果，并且也没办法被别的词代替。

我们一起看一下下面的例子。

穿花蛱蝶深深见，点水蜻蜓款款飞。

——[唐]杜甫《典江（其二）》

杜甫写的这两句诗中，用了两组出人意料的叠字，读来美妙至极。

如果两个字相同，那么其声母、韵母也相同，因而从声音特点上看，叠字词也可被看成"既双声又叠韵"的词。

双声、叠韵、叠字这些特殊的形式，自古就和诗歌、对仗等内容有很大的关系。《诗经》中就经常出现双声、叠韵、叠字等词，这是非常令人瞩目的现象。

现举《诗经》中一些有代表性的例子（双声用＿表示，叠韵用⌒表示，叠字用＿表示，下同）：

关关雎鸠[①]，在河之洲，窈窕淑女，君子好逑。

——[先秦]《诗经·周南·关雎》

[①] "雎鸠"音"jū jiū"，指一种水鸟，具体有鱼鹰、水凫等多种解释。

精读

陟彼崔嵬①,我马虺隤②。

——[先秦]《诗经·周南·卷耳》

桃之夭夭,灼灼其华。

——[先秦]《诗经·周南·桃夭》

爱而不见,搔首踟蹰。

——[先秦]《诗经·邶风·静女》

东汉时的诗歌经典《古诗十九首》中,也能看到许多这样的例子:

青青河畔草,郁郁园中柳。盈盈楼上女,皎皎当窗牖。娥娥红粉妆,纤纤出素手。

——[东汉]《古诗十九首·青青河畔草》

清商随风发,中曲正徘徊。一弹再三叹,慷慨有余哀。不惜歌者苦,但伤知音稀。愿为双鸿鹄,奋翅起高飞。

——[东汉]《古诗十九首·西北有高楼》

音响一何悲!弦急知柱促。驰情整中带,沉吟聊踯躅。

——[东汉]《古诗十九首·东城高且长》

文彩双鸳鸯,裁为合欢被。

——[东汉]《古诗十九首·客从远方来》

明月何皎皎,照我罗床帏。忧愁不能寐,揽衣起徘徊。客行虽云乐,不如早旋归。出户独彷徨,愁思当告谁?引领还入房,泪下沾裳衣。

——[东汉]《古诗十九首·明月何皎皎》

品读以上的诗句,我发现一个大致的规律:诗人在对事物做外

---

① "崔嵬"音"cuī wéi",意为高耸之貌,"ei、ui"为同一韵部。
② "虺隤"音"huī tuí",意为累病之貌。

部形态的描写时常用叠字，如"青青""皎皎""郁郁"等；在描写人物的内心活动时，则用双声、叠韵等词为多，如"徘徊""彷徨""踟蹰"等。

不得不说，一个词在声音上的特点跟它表达的内容有着深层次的联结。如"徘徊"这个词，本义是来回往复地踱步，引申义是内心中反反复复的纠结。但其作为叠韵词，两个韵母的重复正好与其意义相对应，都是对于"来回往复"在不同形式上的表达。另外，其在字形上也是有相同部首的（双人旁）。所以，其实现了音、形、义的高度契合。怪不得"徘徊"这个词频频出现在古诗词中。

孔雀东南飞，五里一徘徊。

——[汉]《孔雀东南飞》

我歌月徘徊，我舞影零乱。

——[唐]李白《月下独酌》

揽衣推枕起徘徊，珠箔银屏迤逦开。

——[唐]白居易《长恨歌》

无可奈何花落去，似曾相识燕归来。小园香径独徘徊。

——[北宋]晏殊《浣溪沙·一曲新词酒一杯》

起舞徘徊风露下，今夕不知何夕。

——[北宋]苏轼《念奴娇·中秋》

念去来、岁月如流，徘徊久、叹息愁思盈。

——[北宋]周邦彦《绮寮怨·上马人扶残醉》

王国维曾在《人间词话》中写道：

余谓苟于词之荡漾处用叠韵，促节处用双声，则其铿锵可诵必有过于前人者。

这句话写出了在作品中使用双声和叠韵的作用，叠韵的效果是"荡漾"，可增加回环之美，让人回味、琢磨，而双声的效果是

"促节"，促进节奏感，有增强文势的效果。

我又思索一番，发现"荡漾"这个词本身就是叠韵词，察觉到情感的荡漾往往凝聚在叠韵词中。我们来看下面这首诗。

春题湖上
[唐]白居易

湖上春来似画图，乱峰围绕水平铺。
松排山面千重翠，月点波心一颗珠。
碧毯线头抽早稻，青罗裙带展新蒲。
未能抛得杭州去，一半勾留是此湖。

这是一首描绘杭州西湖的诗，诗中的景色可谓令人赏心悦目。其中，让我眼前一亮的词就是"勾留"。这个词就像一个"钩子"，深深勾住了我的思绪。"勾留"是叠韵词，其中，"勾""留"都是音调比较高的平声，两个字组合在一起，既勾且留，真是让人舍不得走。全诗的"文眼"就在这个词。这个词无法为其他词所替代。

我们都知道"推敲"的典故吧。"鸟宿池中树，僧×月下门"中，"×"处用"推"好还是"敲"好，引来无数争论，我认为这正说明"推"和"敲"都好，都可以用。

但是在上面的例子中，哪个词能平替"勾留"或者比其更好，"挽留""逗留""勾住"，还是"留恋"呢？我们可以试着把"勾留"这个词挖掉，把上面几个词一一填进诗里，再读一读。我们会发现换词后的诗句都不是原来的味道，给我们的感觉都很别扭。只有"勾留"放在这儿刚刚好，"勾留"是最绝妙的首选词。

我再展开说一说叠字词的作用。叠字词的长项是"描写"，是浓墨重彩的"描绘"，像电影中的特写镜头一样，让我们注意和看清某个事物的某种特点，能给我们留下特别深的印象。

下面这个句子中叠字词起到的作用就是非常关键的。

庭有枇杷树，吾妻死之年所手植也，今已<u>亭亭</u>如盖矣。

——[明]归有光《项脊轩志》

作者并没有用文字过多地铺排其对亡妻的思念，而是用极简的笔触，将最深的情感浓缩在"亭亭如盖"这四个字里，让人读完为之落泪。我们试想一下，如果这个句子里不用"亭亭"，那么可以用什么词进行代替呢，是"繁茂如盖"，还是"茂密如盖"？换了词就不是这个味道了。

（三）双声、叠韵、叠字的组合使用

我在前面介绍了双声、叠韵、叠字等词的特点，接下来再说一说更复杂的情况，即组合使用这些技巧的。

我们之前反复讲过对偶、对仗，那么双声、叠韵和叠字也可以在上下两句中对应使用，如"远在天边，近在眼前"一句，"天边"是叠韵词，"眼前"也是叠韵词，这便是叠韵对叠韵。

像唐代格律诗讲求对仗，就出现了一些在上、下句相同位置对位使用双声、叠韵或叠字的诗句。这里主要以杜甫的诗举例，因为杜甫的格律诗既对仗工整，又清新灵动，其技巧已然登峰造极，双声和叠韵也常常在杜诗中出现，为其作品增色不少。

1.双声对双声

数回<u>细写</u>愁仍破，万颗<u>匀圆</u>讶许同。

——[唐]杜甫《野人送朱樱》

上面的诗句为七律《野人送朱樱》中的颔联。"野人"指的是乡野之人，"朱樱"指的是樱桃，"细写"指的是细心地移放，"匀圆"是指樱桃的外形是均匀圆润的。"细写"为双声词，"匀圆"也是双声词，诗人精心将其所处的位置都放在句子的第三、第

125

四字，故为"双声对双声"，着实巧妙。

2.叠韵对叠韵

<u>怅望</u>千秋一洒泪，<u>萧条</u>异代不同时。

——[唐]杜甫《咏怀古迹五首（其二）》

上面的诗句为《咏怀古迹》中第二首的颔联。原诗是为缅怀战国时期著名辞赋家宋玉而写的，此联中写到"怅望""洒泪""萧条"等词，可见作者心中的伤感——这泪既是为宋玉所洒，也是为他自己而洒。"怅望"和"萧条"都是叠韵词且都位于句首两字，便可确定作者在此处设计的是"叠韵对叠韵"的内容。

3.叠韵对双声

一去紫台连<u>朔漠</u>，独留青冢向<u>黄昏</u>。

——[唐]杜甫《咏怀古迹五首（其三）》

诗句中描绘的是王昭君告别故土，远赴大漠，嫁到匈奴时无尽的悲情。其中，以叠韵的"朔漠"对双声的"黄昏"，极尽哀婉。这便是一种"叠韵对双声"的组合使用。

4.双声对叠韵

风尘<u>荏苒</u>音书绝，关塞<u>萧条</u>行路难。
已忍<u>伶俜</u>十年事，强移<u>栖息</u>一枝安。

——[唐]杜甫《宿府》

此处引的是这首七律中的第三、第四联，诗句中写的是作者寄居他人府邸，与故乡音讯不通，无法归家之痛，以及诗人对其漂泊在外十年，勉强栖居苟安的叹息。其中，"荏苒"是双声词，"萧条"是叠韵词，是"双声对叠韵"的组合使用；"伶俜"是叠韵词，"栖息"也是叠韵词，是"叠韵对叠韵"的组合使用。由此内容可见诗人对双声词、叠韵词的偏爱。

5.叠字对叠字

无边落木<u>萧萧</u>下，不尽长江<u>滚滚</u>来。

——[唐]杜甫《登高》

《登高》是杜甫非常著名的作品，这句诗也是千古传诵的名句。诗人以景写情：这"萧萧"而下的岂止是落叶，那是"我"惆怅的心绪；这"滚滚"而来的又岂止是江水，那是"我"一生中所历之事。其中，"萧萧"是叠字词，"滚滚"也是叠字词，这是"叠字对叠字"的组合使用。

唐代诗人中，杜甫是特别善于使用双声词、叠韵词和叠字词的诗人，到了宋代，柳永在这方面首屈一指。且看他的《雨霖铃》：

雨霖铃
[北宋]柳永

<u>寒蝉凄切</u>，对长亭晚，骤雨初歇。
都门帐饮无绪，留恋处，兰舟催发。
执手相看泪眼，竟无语凝噎。
念<u>去去</u>，千里烟波，暮霭<u>沉沉</u>楚天阔。

多情自古伤离别，更那堪，<u>冷落</u> <u>清秋</u>节！
今宵酒醒何处？杨柳岸，晓风残月。
此去经年，应是良辰好景虚设。
便纵有千种风情，更与何人说？

在这首著名的词中，如果你细心观察，会发现其中包含了叠韵词和双声词、双声词和双声词的连用。

6.叠韵连双声

柳永《雨霖铃》的上阕开头"寒蝉凄切"中的"寒蝉"是叠韵词，"凄切"是双声词。作者在叠韵词后直接用了一个双声词。

7.双声连双声

下阕"冷落清秋节"中的"冷落"是双声词,"清秋"也是双声词。这便是是"双声连双声"。

除了上面讲的这几种组合用法的范例,我们在大家十分熟悉的著名宋词——苏轼的《水调歌头》中,也发现了多处叠韵词的使用。

水调歌头
[北宋]苏轼

明月几时有?把酒问青天。不知天上宫阙,今夕是何年。

我欲乘风归去,又恐琼楼玉宇,高处不胜寒。

起舞弄清影,何似在人间。

转朱阁,低绮户,照无眠。不应有恨,何事长向别时圆?

人有悲欢离合,月有阴晴圆缺,此事古难全。

但愿人长久,千里共婵娟。

其中,"玉宇""清影""此事""难全""但愿""婵娟"都是叠韵词。在最后三句中,叠韵词被更加频繁使用。可以说,叠韵词的使用对这首词的脍炙人口、广为传颂起到了重要的作用。

四、音韵技巧在现代文中的应用

我在这儿以木心的散文《晚祷》(节选)为例,分析音韵技巧在现代文中起到的作用。

生命是一个骚乱的实体,越臻高级的生命越骚乱,因为其能量强旺,质素繁富,运转剧烈。所以说,少年维特的烦恼不是十九世纪一代的精神表征,而是每个时代的每一代少年必经的人生阶段。少年而没有烦恼,成长起来不是圣人倒是庸人。但少年而无能对付料理其烦恼,就会断送在一波未平一波又起的烦恼里。删除了胡闹、任性、喧嚣……青春就不是青春了。托尔斯泰曾为青春作如是辩护,他自己却深知青春不可一味胡闹任性喧嚣,否则也没有他这部丰髯,这许多杰作了。直白些点明主题的是歌德的那句口号"回到内心",这是他自我教育的良方,每当他深陷于爱与欲的人事牵绊之中,就听到一个声音,召唤他回到内心,也许他迟疑过,推宕过,然则每次总是应命归返,用他自己的说法是:为所爱的人做了一尊雕像,于是告别——托尔斯泰,歌德,是大人物,大人物都有憨憨的一面,那么<u>优雅</u><u>伶俐</u>的当然是芸芸众生,仓皇四出求爱乞怜、胡闹、任性、喧嚣……卒至切齿哀号恸哭了。

"死",不是退路,"死"是不归路,不归,就不是路,人的退路是"回到内心"。受苦者回到内心之后,"苦"会徐徐显出<u>意义</u>来,甚至忽然闪出<u>光亮</u>来,所以幸福者也只有回到内心,才能辨知幸福的滋味。

这个"内心",便是"宁静海",人工的宁静海,谁都可以得而<u>恣意</u><u>徜徉</u>,眼看不到,手摸不着,却是万顷<u>碧波</u>,一片汪洋。

唯有这海是你所独占的,别人,即使他是你最宠幸的人,也只能算作海滨的游客。

分析:

"能量强旺,质素繁富"中,"强旺"是叠韵词,"繁富"是双声词,由于在相同位置,所以其是"叠韵对双声"。

"优雅伶俐"中,"优雅"是双声词,"伶俐"是双声词,所以其是"双声连双声"。

"'苦'会徐徐显出意义来,甚至忽然闪出光亮来"一句中,"意义"是叠韵词,"光亮"是叠韵词,所以其是"叠韵对叠韵"。

"恣意徜徉"中的"恣意"是叠韵词,"徜徉"是叠韵词,所以其是"叠韵连叠韵"。

"万顷碧波,一片汪洋"中的"碧波"是双声词,"汪洋"是叠韵词,所以其是"双声对叠韵"。

"这个'内心',便是'宁静海',人工的宁静海,谁都可以得而恣意徜徉,眼看不到,手摸不着,却是万顷碧波,一片汪洋"一句中,两个"海"字既为反复,也为同字押韵,"徉"与"洋"、"到"与"着"都为押韵。

与古诗词不同的是,现代作品中的双声、叠韵、押韵以及平仄和谐等技巧都是在暗处使用的。如果我们对这部分的知识内容不了解或没有专门去留心过,那么就不可能发现其中的奥妙,我们只会停留在一种模糊的感觉上:隐约能感觉到这些文字很流畅、富有韵律,但又说不出个所以然。

希望经过本章的介绍,我们能够对文本的音韵特点有了更深入的认识,学会欣赏文字的音乐美,体会到作者更多的匠心和更深的用意。

第五章

阅读中的想象力

深度阅读的艺术

一、想象的作用

《世说新语》里有这样一则故事：

顾长康从会稽还，人问山川之美，顾云："千岩竞秀，万壑争流，草木蒙笼其上，若云兴霞蔚。"

讲的是东晋大画家顾恺之从会稽（今属浙江）归来，有人问他会稽的山水有多美，顾恺之告诉他们会稽那儿群峰竞相争秀，无数条溪水争先奔流，茂密的草木笼罩其上，有如彩云兴起、彩霞汇聚，绚烂多彩。

顾恺之的回答，语言非常优美，虽然我们都没能目睹东晋时会稽山水的盛景，但是凭这句话就可想象、感受一番了。这便是文字的功能和本质：文字是一种符号。符号携带并且指向某种信息。当某人问顾恺之会稽的山水时，顾恺之把他在会稽游览时留下的直观的视觉印象"编码"成了句子，而提问者虽然没能亲自去会稽游览，但是他根据句子再进行"解码"，即从句子中的文字出发而生出头脑中的想象，比如想象"云兴霞蔚"的画面，由此来推知会稽草木繁盛之景。

所以，写作就是作者把自己的所见、所闻、所知、所思、所感"编码"成文字的过程，而阅读就是阅读者把文字"解码"，还原其所见、所闻、所知、所思、所感的过程。

我们在阅读时，也就是在解码过程中，无时无刻不需要想象力的参与，我们需要想象出某种画面、某种景象、某种动作、某种语言、某种思想，使我们阅读的文字内容变得历历可见，如浮现于眼前一般。

王维的"大漠孤烟直，长河落日圆"中，"直"与"圆"两个字就如王维拿起画笔所绘一样，让我们一下就想象出边陲大漠之中有一缕孤烟直上云霄，巨大浑圆的落日沉沉而下的震撼景象。我们要知道，王维不仅是一位顶尖的诗人，也是一位绘画技术登峰造极的画家，还是一位优秀的音乐家，怪不得苏轼曾这样赞美他："味摩诘之诗，诗中有画；观摩诘之画，画中有诗。"

当我们读到王维的这句诗并想象出生动的画面时，对这句诗的阅读才初告完成。注意，这并不止于"理解"，尤其是不止于字面意义的"理解"。

如果只是字面意义的理解，那么我们只需要知道"大漠"是什么意思、"孤烟"是什么意思、"直"是什么意思等等。我们如果有不太明白的还可以查字典、查资料，但是，这仅局限于理解字词的意义，我们只能知道王维说了什么，却无法得知王维为什么要说这些。只有当我们在脑海中想象出"在边陲大漠之中孤烟直上云霄，有无尽的黄河之上巨大浑圆的落日沉沉而下"的景象，甚至想象自己置身其境时，我们才能越来越明晰地感受到王维真正想表达的东西：一种浑然而生的苍凉感和孤寂感。（在这种想象中，我不禁又打了一个冷战。）

这种头脑中的想象，在心理学中有一个专门的概念来指代——"心理表征"。心理学家早就发现，心理表征是人的认知活动中非常重要的一个组成部分。在心理表征的帮助下，我们能完成各种复杂的认知活动。

一位高超的棋手，可以闭上眼睛，与想象中的对手对弈，因为他的脑海中早已"安置"了一副棋盘。一位娴熟的出租车司机，可以在不需要导航的情况下，在多条路线中选择一条最快的行驶路线，将客人安全送达，因为他的脑海中就好像预装了一张城市地图，他可以基于这张地图推演各种可能的行驶路线。同样，一位高超的阅读者，能够随时基于书本上的文字在头脑中建立心理表征，将文字解码，力图还原作者当时的亲历和所见，并获得全方位的、立体而深入的阅读感受。

（一）李白的奇思妙想

李白的《静夜思》，不到三十个字，就能为读者营造出一个生动的画面。我们或许都见过这样的插图：李白躺卧在床上，看着地面上反射的月光，抬头看了看天上的明月，又低下头，思念他那遥远的故乡。

1. 李白的"床"

这首诗中存在一个尚有争论的问题——对"床"这个字的理解。如果，我们把它简单理解成像现在一样睡觉的床，那么我们自然会想象出如上文中的画面。不过，有专家学者指出这个"床"字表示的是其他东西，目前大概有三种说法：

① "床"通"窗"，诗中的床指的是窗户。

② "床"指井栏，即围着井的栏杆。

③ "床"指胡床，类似于一种小马扎、小板凳，可以放在院子里乘凉用。

我们对"床"不同的解读，就会形成不同的想象，构建不同的心理表征。

假设我们认同"床"指的是胡床，那么我们就可以想象：李白坐在院子里的一个小板凳上，看着地面上反射的月光，抬头看了看天上的明月，又低下头，思念他遥远的故乡。

我们可以想象一下，如果李白是躺在卧室里的床上，那么能有有多少月光洒进卧室内呢？又为什么会像霜呢？这个暂且存疑。我们再想象一下，如果月光照在院子里，院子的地上可能有一点积水，那么月光照下来经过水面反射就像霜了，似乎这样更合理。当然，如果人站在井栏边上（古代院子里一般有井），地上更可能有积水。所以，"井栏说"似乎也合理。

我们在对字、词意义的解读有疑惑、有分歧的情况下，如果能施加想象，构建心理表征，那么这种想象大概会帮助我们解除这些疑惑、分歧。

2. 李白的"动作"

在对《静夜思》的想象中，我们能在脑海中想象出李白的动作：他先"举头"再"低头"。这便揭示出心理表征的一个特性——其不仅可以是静态的画面，也可以是动态的画面。为了想象李白举头又低头这两个连贯的动作，我们能在脑海中"画"出一张类似GIF（一种图像文件格式）的动态图片或"拍摄"出一段几秒钟的短视频。而这些心理表征的建立，对我们来说几乎是毫不费力的。当然，我们若没有接受过专门的训练，就不太能轻松地创造出更复杂、更耗时的动态场面。毕竟，我们的大脑也是有"算力"限制的。

优秀的作家是直观的写作者。他们不拐弯抹角，也不堆砌辞藻，他们用直接的观察来取材，再用直接的表达来再现，目的是让读者能够更容易地感知、想象，尽可能多地去掉"编码—解码"过程中的中间环节，方便我们构建尽量清晰和生动的心理表征。

（二）鲁迅巧妙用字

我们来看一看鲁迅在《孔乙己》中写的内容：

他从破衣袋里摸出四文大钱，放在我手里，见他满手是泥，原来他便用这手走来的。

我认为,"摸"和"走"这两个动词都被用得很巧妙。

我们先看一下"摸"。

我们可以用其他的近义词与其做一番对比,如"拿""取"等。假设,我们此刻要依据"拿"或"取"字想象画面,可能这时脑海中的画面会比较模糊,不够清晰。我们会疑惑:"拿"到底是怎么"拿"的?"取"到底是怎么"取"的?因为"拿""取"的方式太多样了,所以我们会意识到这两个字都有点"抽象"。但是,"摸"就不一样,一个"摸"字就可以让我们想象出孔乙己的具体动作——我们能想象他伸出一只手,四指并拢,伸进口袋里,还摸索了一番(他的口袋里应该还有其他的零碎东西),然后手哆嗦着、贴着衣服把钱币取了出来。所以,鲁迅仅用一个"摸"字,就让读者有机会创造出一个动态的心理表征。

我们再看一下"走"。

在上面的句子里,常规的写法应该是用"爬"字的,不过"爬"也会导致"满手是泥"。鲁迅别出心裁地用了"走"字,用手"走",这看着十分新奇。要体会"走"的妙处,我们也需要开展想象。我们可以想象一下"爬"是一幅什么样的场景:当一个人在地上爬的时候,他是四肢着地、手脚并用的,手在发力,腿脚也在发力。

"走"的意思是两脚着地,而不是四肢着地;那么如果"用手走"呢,就是用双手替代双脚,一个武术家或者杂技演员或许能真的做到"用手走"——倒立着、脚朝天、手着地式地往前走。但孔乙己显然是不可能做出这个动作的,他肯定是四肢着地的。由于他的腿已经被打折了,他的腿是无法用力的,他只能靠手来用力,严格来讲,他就不能"爬",因为"爬"是要腿脚参与发力的。所以,鲁迅在此处没有用"爬"字,而是用了"走"字,正好凸显了孔乙己的腿已经折了、没法用力的状态,可见这个"走"字用得多精确、狠辣。

(三)阿城的独特想象

1. 老鹰与"移"

汪曾祺曾讲过一个例子,小说家阿城的作品里有一句话是"老鹰在天上移来移去"。

按照常规,"移"字处应该用"飞"字才对,阿城怎么会用"移"呢?可汪曾祺评价说这个"移"字用得非常准确。他为什么会这么说呢?我们此时可以展开想象,在脑海中构建画面。

这个画面里有一个观察者,观察者站在地面上,抬头仰望天空,在天空中看到一只老鹰。老鹰飞得很高,因而我们能看到的顶多是老鹰模糊的轮廓,看不到老鹰翅膀挥动这样的细节。那么,从观察者的视角出发,我们看高空中老鹰的样子,应该就是"移来移去"的。当然,此处若是用"飞"字,也是没有任何错误的,只不过其区别在于:"移"是一种基于观察的客观描摹,是具象的;"飞"是一种基于推理之后的主观判断。相比于主观判断,客观描摹更能帮助我们形成想象中的画面。

2.《棋王》与"屁股"

既然说到阿城,我再举一个阿城小说中的例子。他的名作《棋王》开篇部分中描写的是二十世纪六十年代,在一个火车站的站台,下乡的知青在车厢中准备出发的场景,里面有这样一句话:

车厢里靠站台一面的窗子已经挤满各校的知青,都探出身去说笑哭泣。另一面的窗子朝南,冬日的阳光斜射进来,冷清清地照在北边儿众多的屁股上。

句子中"众多的屁股"是非常让人意外的一个表达。我们也许会感觉"屁股"这个词略有些不雅,多出现在口语,书面语中不常见这个词。但正因如此,"屁股"一旦出现就特别"吸睛"。

我在这儿提出的问题是:为什么会出现"火车车厢里,阳光照屁股"这么一个奇特的景象呢?这个问题的答案就需要我们想象一下这句话对应的画面了。

　　首先，我们要想象出火车的一节车厢。这个车厢不是现在的高铁车厢，而是老式的绿皮火车的车厢。（高铁车厢的窗户是不能打开的，而绿皮火车的窗户是可以打开的。）

　　其次，我们要想象有关方位的内容。这个车厢的两侧都有窗子，我们可以根据"另一面的窗子朝南"这个信息，推断"靠站台一面的窗子"是朝北的。

　　最后，我们要想象为什么阳光只照到了屁股，乘客的上半身没有被阳光照到吗？其实，句子里已经交代了，那些知青"都探出身去说笑哭泣"，他们应该是在跟亲人告别吧。我们可以想象他们当时的姿态：都弓着腰，上半身已经探在车厢的外面，头朝北，屁股则朝南，于是南面的阳光照进来，就照在了"众多的屁股"上。

　　我相信，若不是阿城亲眼所见、亲身经历过这样的场景，他是断然写不出这样直观且生动的句子的。

二、美景、美貌

　　在阅读中，我们需要基于文本，结合个人经验来展开想象，完成阅读。其中，阅读以下两类文本特别需要想象的参与，即描写美景和美貌的文本。美景和美貌都属于视觉感受，都无法通过文字符号来"直接呈现"，其必须依托我们的想象，将文字"解码"出来，才能还原和再现文本内容。

　　"枯藤老树昏鸦，小桥流水人家"，马致远的这首《天净沙·秋思》可以说无人不知。这首小令将若干表示景物的名词并列呈现，在修辞上叫作"列锦"，在感觉上像一幅速写画，头脑中快速闪过句中的景物，有目不暇接之感。在直觉上，我感觉这幅画是黑白画，各景物有灰度的不同，而无须色彩，且不说"昏鸦"是乌鸦，本就是黑的，看"枯藤"和"老树"，估计也长不出什么红花、绿叶来了，多半是灰色的；至于"小桥流水人家"，可以想象那砖石筑成的古桥，那白墙黑瓦的老房，也是黑白色调，流水倒可能是绿的，不过要是碰上刮大风的阴天，水面便也灰了；至于"古道西风瘦马"，更是一片灰蒙蒙的萧条景象。最后一句点出作者主旨，原来是为了写"断肠"，那么前面的景致如此，便也不足为怪了。

《天净沙·秋思》呈现的是一幅黑白画，因为本意就是不是为了写美景，而是为了写内心中的愁绪，但是如果要写美景，多半是要敷以色彩的。好在人的心理表征能力足够强大，可以想象出五彩缤纷的画面，与作者的精心描摹相配合。

马致远还有一首小令叫《夜行船·秋思》，里面有这样的句子：

爱秋来时那些：和露摘黄花，带霜烹紫蟹，煮酒烧红叶，想人生有限杯，浑几个重阳节？

这三个带有颜色的词被铺排在一起，形成了一种无法言说的美感。"黄花""紫蟹""红叶"本来都是自然之物，散曲作家马致远把它们一一带回家中——将整个秋天带回了家中。不言自明，作者喜欢的秋天是可以摘黄花、烹紫蟹、烧红叶的秋天，是可以享受当下、忘记烦忧的秋天。人生苦短，我们喝酒也只能喝"有限杯"，等我们到了年老时更是过不了几个"重阳节"，我们还不如做一点可心的事，尽享自得的快乐吧！

马致远这两首作品，都以"秋思"为名，但是其情感基调已然不同，前一首的内容写满了惆怅，这一首内容则多了许多快意，其间的区别，受句子中色彩点染的影响不小。

比色彩更绝的是用文字描绘光影。

唐代温庭筠的"小山重叠金明灭"写的是闺房中的屏风上绣的小山重叠的图案，在窗外阳光的照射下呈现出或明或暗、闪烁迷离的金光，给人如梦似幻之感。

杜甫的"造化钟神秀，阴阳割昏晓"写的是泰山向阳和背阴两侧的明暗截然不同，由于其高入云霄，故把天空分割成晨昏两半，展现出泰山的巍峨与气势。

王维的"返景入深林，复照青苔上"中，"景"字通"影"，"返影"指的是落日的余晖。这句话的意思是落日的余晖射入深林，穿过重重枝叶，照在岩石表面的青苔之上。此等静谧无声的梦幻光影，传递出了难以言说的禅境。

以上这些光影之象，我们只有展开想象，构筑出心中之景，才能细细体会。

写景的最高境界是写出大自然的内在神韵，是写出山水、花鸟、虫鱼等的和谐、默契与从容。如我国的当代诗人、作家雷平阳《筑路记》中开篇的景色描写，堪称一绝。

每年冬天，黑颈鹤从北方飞来，翅膀一收，就落到了昭通市的大山包乡。那儿有一汪碧水、一片草滩和绵绵不绝的圆形山冈。雪花大如手，黑颈鹤在草滩上散步，状若几千个王昭君；天空如碧玉，山冈红似火，黑颈鹤御风而飞，或戏水，或追云，或什么都不做，只是飞，想飞或不想飞，都飞着，那样子，多像一阵风。这些风，却不朝着鲁甸县的方向飞，那儿有一条峡谷，横在昭通和鲁甸之间，站在山头朝下看，下面奔跑着的牛栏江，细得像绣花针，细微的白光，藏不下一滴水珠。

这段内容并不是一幅静态的画，而是一段有关大自然的风光纪录片，是用高清广角镜头拍摄的影像。我固然可以从句法、修辞、音韵等多个角度去分析这段内容的妙处，但是都不如我们直接在头脑中构建一段"短视频"更赏心悦目。

我们可以看到，文字是最精简、最经济的信息表达。文学是所有艺术中极简主义的代表。通常一张照片的文件大小是几兆字节，一段十秒钟的视频是几十兆字节。二百字的一段话只有四百字节，而一首唐诗的大小通常不大于一百五十字节。

好的作品，常常把巨大的信息压缩在数量有限的符号中，因而对读者来说，运用想象去解码这些符号便是阅读中极具挑战性的认知活动。

我们再来说一说美貌。

一说到人的美貌，我们常会用"太美了""好漂亮""好好看""颜值高"等表达，但实际上这些表达都是同义词或者同义句，在意义上几乎没有区别，把这些话说来说去，不过都是同义反复。它们都很"抽象"，并无法帮助我们形成头脑中的画面，虽然我们知道他/她美，却不知道到底美在哪里。

《世说新语》里有很多对于美貌的描写，就远比以上这些表达有意思。

时人目夏侯太初朗朗如日月之入怀，李安国颓唐如玉山之将崩。

——[南朝宋]刘义庆《世说新语·容止第十四》

夏侯太初名夏侯玄，李安国名李丰，他们两人都是三国时魏国的名士，同时也是名噪一时的美男子。《世说新语》将两人放在一起，各自拿一个比喻进行对比，夏侯玄是"朗朗如日月之入怀"，即就像日月在他怀中一样，明亮耀眼、光芒四射，而李丰呢，则是"颓唐如玉山之将崩"，像美玉堆成的山快要崩塌了一样。这两个新奇而又夸张的比喻，喻的不是两人的长相，而是两人的神韵，或者说气质，把夏侯玄的明朗之美和李丰的颓唐之美都"视觉化"了，如两幅人像画历历呈现在眼前。

比喻是描写外貌最常用的手法，既然直接描绘一个人的貌美很难，那么就拿别的东西进行类比吧。可是比喻最忌俗套，都说，第一个把花比作美人的人是天才，第二个人再这么用就是蠢材了，因

精读

而好的比喻是需要创造力的,既要新奇又要出彩,像上面的例子就是范本。

《世说新语》里关于外貌的故事真不少,还有一则也很有意思。

> 潘岳妙有姿容,好神情。少时挟弹出洛阳道,妇人遇者,莫不连手共萦之。左太冲绝丑,亦复效岳游遨,于是群妪齐共乱唾之,委顿而返。
>
> ——[南朝宋]刘义庆《世说新语·容止第十四》

这一则也是拿两人进行对比,潘岳指的就是潘安,历史上有名的美男子,因而有个成语叫"貌赛潘安";左太冲是左思,西晋著名文学家,善写文赋,"洛阳纸贵"写的就是他的事情。潘安很美,左思很丑,他们在出门后的待遇很不相同。潘岳在大街上闲逛,女子们见到他,竟然手牵着手把他围了起来,一起围观。左思本来想效仿潘岳的轰动效果,没想到事与愿违,竟然被阿姨们一起吐唾沫,只能狼狈逃走。

这则故事好玩的地方在其不止有"画面感",还很有"戏剧性"。每当我在头脑中想象左思狼狈不堪的样子,都会忍不住笑出声来。这真的很像某些搞笑片里面的桥段,而《世说新语》可是写于约一千六百年前,那些影视剧可要拜《世说新语》为祖师爷了。

除了比喻,展现外貌还有一个常见的手法就是烘托,像上面这则故事里,作者用"妇人遇者,莫不连手共萦之"来烘托潘安的美貌,又用"群妪齐共乱唾之"来烘托左思的丑颜,再两相对比,实在让人叫绝。

对于美貌的描绘,可以用欣赏美貌的人来烘托,也可以用景物来烘托。

明代文学家冒襄的《影梅庵忆语》一书如实叙写了他和董小宛凄婉动人的爱情故事。他与董小宛共同生活了九年,直至董小宛不幸病逝。九年里,他们一起读书、写字、饮茶、焚香、种花,其中的点点滴滴都被冒襄用细腻动人的笔触记录了下来。其中，对于董小宛的美，冒襄更是不吝笔墨大加描绘和渲染，并深得以物托人的精髓。我们来欣赏一下下面这一部分内容：

> 秋来犹耽晚菊，即去秋病中，客贻我"剪桃红"，花繁而厚，叶碧如染，浓条婀娜，枝枝具云罨风斜之态。姬扶病三月，犹半梳洗，见之甚爱，遂留榻右，每晚高烧翠蜡，以白团回六曲，围三面，设小座于花间，位置菊影，极其参横妙丽。始以身入，人在菊中，菊与人俱在影中。回视屏上，顾余曰："菊之意态尽矣，其如人瘦何？"至今思之，澹秀如画。

若把这段话翻译成现代文，大意是秋天到来时，她特别喜爱晚开的菊花。去年秋天她生病期间，一位客人送给"我"几盆"剪桃红"。花开得繁盛厚实，叶子碧绿得像染过一样，而枝条的姿态，如同被轻云覆盖又被风吹斜了一样。小宛当时已病了三个月，仍旧起身勉强梳洗打扮。她看到"剪桃红"时非常喜爱，便将其留在卧榻旁。每天晚上她都会燃起香烛，把白色屏风摆出六道弯折，并围成三面，摆一张小椅子在花间，各家具摆放的位置和菊影搭配出参差巧妙的绝美布景，这时她才进入景中。此刻，人在菊中，菊和人都在光影中，她回视屏风，又看着我说："菊的意态已尽显了，那么我与花谁更瘦呢？"如今回想起来，真是淡秀如画一般的景象。

这段用菊花、屏风、光影来烘托美人的描写，写得如梦如幻，实为罕见的妙笔。除了比喻、烘托，还有一种描写外貌的手法是特征组合——分别描写外貌中的若干个特征，读者需要应用想象把这些特征组合起来，"拼凑"出一个整体的样貌。

关于特征组合，我做一个不太恰当的类比，我们知道在刑事侦查中，有一种描绘犯罪嫌疑人样貌的方法，就是让目击者用语言来描绘该人的各种面部特征，与此同时专业画像师要基于目击者的陈述展开视觉想象，再一笔一画构拟出嫌疑人的肖像，这样的方法通常也能将犯罪嫌疑人的样貌画出个八九不离十。这说明,基于特征组合的文字陈述,我们是有可能在头脑中想象出一个贴近创作者原意的人物长相的。

《红楼梦》中就用到了特征组合。例如,林黛玉在初见贾宝玉时,对贾宝玉"美颜"的描写是这样的:

面若中秋之月,色如春晓之花,鬓若刀裁,眉如墨画,面如桃瓣,目若秋波。虽怒时而若笑,即瞋视而有情。项上金螭璎珞,又有一根五色丝绦,系着一块美玉。

而此时贾宝玉眼中的林黛玉则是:

两弯似蹙非蹙罥烟眉,一双似泣非泣含露目。态生两靥之愁,娇袭一身之病。泪光点点,娇喘微微。闲静时如姣花照水,行动处似弱柳扶风。心较比干多一窍,病如西子胜三分。

木心的散文《草色》中,对美貌的描写也是特别出彩:

男人也有嘉年华,我十五六岁时,至今犹不能不承认当时的善于钟情,我钟情于一对夫妇,男的是军官,女的是闺秀,男的肤色微黝而润泽,躯体遒健,脸是罗马武士的所谓刀削似的风情。他的眉眼就是战争,他的笑靥就是战后的和平。女的恰好是颀长白皙,莹润如玉,目大而藏神,眉淡而入鬓,全城人都不住地惊叹她的柔嫩,我知道历史上有过美子被众人看死的事,真恨这么多的人不罢不休地谈论她,她要被谈死的。

以上内容综合使用了比喻、烘托和特征组合等多种手法,来形容一对绝美的夫妻。作者在形容丈夫时,说他的"脸是罗马武士的所谓刀削似的风情",这个比喻已经足够传神,但这还不够,后面又紧跟一联比喻构成的成分对偶的句子,"他的眉眼就是战争,他的笑靥就是战后的和平",以大写意的笔法勾勒出丈夫的气质和神韵；作者在形容妻子时，主要用的是特征组合和烘托的手法，说她"颀长白皙，莹润如玉，目大而藏神，眉淡而入鬓"，从身材、肤色、眼睛、眉毛四个特征去描绘，然后又烘托，说"全城人都不住地惊叹她的柔嫩……真恨这么多的人不罢不休地谈论她，她要被谈死的"，用狠狠的"被谈死"三个字极言妻子的貌美。除此之外，两个人的美又是不同风格、气场、神韵，丈夫的肤色是"微黝"，妻子的肤色是"白皙"，丈夫的体格是"遒健"，妻子的体格是"柔嫩"，夫妻俩的这种对比和反差不仅不显违和，反倒显得他们是如此互补、般配的佳偶。

三、超越日常经验的想象

如果说对于美景、美貌和美味的想象还没有脱离我们的日常，尚可以用我们自己的经验去填补和比拟的话，那么还有一些事物则是超越了我们的日常经验，为了理解这些事物，我们不得不调用不同寻常的、超凡的想象力，才有可能真正地读懂它们。我在这儿举两类事物为例：第一类是对不存在于现实世界中的奇观描写——常见于科幻小说中；第二类是抽象、深奥的科学概念——在阅读科普图书时我们可能会遇到的难题。

刘慈欣《三体》中的三体人探测器"水滴"堪称第一类事物的代表。他对"水滴"的描写是分成几步完成的，每一步描写都伴随着小说中丁仪等人类科学代表对"水滴"认识的渐次深入。对水滴的第一阶段描写，显示了人类运用已有经验去认识未知事物的思维惯性，发挥人类自古有之的类比思维，他们把这个东西称作"水滴"。

探测器的大小与预想的差不多，长三点五米，丁仪看到它时，产生了与其他人一样的印象：一滴水银。探测器呈完美的水滴形状，头部浑圆，尾部很尖，表面是极其光滑的全反射镜面，银河系在它的表面映成一片流畅的光纹，使得这滴水银看上去纯洁而唯美。它的液滴外形是那么栩栩如生，以至于观察者有时真以为它就是液态的，根本不可能有内部机械结构。

这一段描写只是对"水滴"的初步认识，只涉及大小、外形等表面特征，根据"长三点五米""头部浑圆，尾部很尖""表面是极其光滑的全反射镜面"这三个特征信息，我们已经能在脑海中想象出"水滴"的大致样子。

然后看刘慈欣对"水滴"的第二次描写：

这东西真的是太美了，它的形状虽然简洁，但造型精妙绝伦，曲面上的每一个点都恰到好处，使这滴水银充满了飘逸的动感，仿佛每时每刻都在宇宙之夜中没有尽头地滴落着。它给人一种感觉：即使人类艺术家把一个封闭曲面的所有可能形态平滑地全部试完，也找不出这样一个造型。它在所有的可能之外，即使柏拉图的理想国中也没有这样完美的形状，它是比直线更直的线，是比正圆更圆的圆，是梦之海中跃出的一只镜面海豚，是宇宙间所有爱的结晶……

对水滴的第二段描写是赞颂"水滴"造型的优美，"水滴"显示了人类喜欢将自己的审美、爱憎和主观臆断投射到它物之上的思维习惯。又由于"水滴"是地球上不存在的东西，所以作者屡屡以"它不是什么"的方式来界定"水滴"："水滴"不是人类可以创造出来的任何一种曲面，"水滴"不是地球上可以找到的任何一种形状，"水滴"不是直线但胜过直线，"水滴"不是正圆但胜过正圆。"水滴"的完美导致了人类的臆想，说其"是梦之海中跃出的一只镜面海豚，是宇宙间所有爱的结晶"。

等看到下文之后，我们就意识到以上的联想都是不准确的，

"水滴"不仅不是"爱的结晶",而且还是死神降临。因而,这段描写实际上显示了人类认知能力的局限性,也表明仅有审美思维并不能帮助我们认识客观现实。

对"水滴"第二阶段的描写,已然超出了我们的日常经验。换句话说,它已经突破了我们经验的边界。我们既相信又疑惑,既兴奋又恐惧,我们不知道这到底是什么,我们只能竭尽所能去想象。

我们再来看一看第三阶段的描写:

"调到十万倍。"中校说。

他们看到的仍是光滑镜面。

"一百万倍。"

光滑镜面。

"一千万倍!"

在这个放大倍数下,已经可以看到大分子了,但屏幕上显示的仍是光滑镜面,看不到一点粗糙的迹象,其光洁度与周围没有被放大的表面毫无区别。

在这一阶段,人类对"水滴"的认识,已经进入科学观察阶段。科学方法是认识客观事物的工具,是揭示真相的必经道路。通过不断调大显微镜的放大倍数,丁仪们发现了一个令人震惊的事实,即"水滴"的表面,不论放大多少倍,仍然是完全光滑的。虽然这个发现也与我们日常的经验相违背,但是我们也可以在内心中构建某种不太准确的"模拟"来帮助我们理解,如想象它是一块光滑的镜子,它可以被无限延展,而在延展的过程中我们想象它的表面属性没有发生任何变化,它只是在不断变大而已。

我们再看一看对"水滴"的第四阶段描写。

丁仪发出一阵冷笑,听起来有种令人胆寒的凄厉,三位军官也同样知道这冷笑的含义:水滴不像眼泪那样脆弱,相反,它的强度

> 精读

比太阳系中最坚固的物质还要高百倍,这个世界中的所有物质在它面前都像纸片般脆弱,它可以像子弹穿透奶酪一样穿过地球,表面不受丝毫损伤。

这是对"水滴"进一步的科学认识,我们不但发现"水滴"表面无限光滑,还发现其无比坚硬。我们该如何想象一个无比坚硬的东西呢?那我们可以首先去想地球上有什么特别坚硬的东西。中国有句俗语是"没有金刚钻,不揽瓷器活",由此可见,金刚石是特别坚硬的。但是比金刚石更坚硬百倍的"水滴"又是什么样子的呢?刘慈欣在这儿用了一个非常形象的类比,说"它可以像子弹穿透奶酪一样穿过地球"。我还想到了"以卵击石"这个成语,用金刚石去砸"水滴",就是"以卵击石"的效果。

以上对水滴的四段描写是逐次深入的,把它们展现的特征组合在一起,就能构建出"水滴"的一个较为完整的外部特征。但是"水滴"内部又是什么样的呢?不仅小说中没有人知道,就连刘慈欣也不知道。因为"水滴"所代表的科技已经远远超过了人类科技好多个等级,其确实完全超越了人类现有的理解力和想象力。如果刘慈欣在小说中把"水滴"内部的结构和原理描绘出来,那么就太"假"了,那就不可能是三体人的科技,而是仍在人类的理解力和想象力范围之内的科技。所以,刘慈欣没写"水滴"的内部是完全正确的处理,也展现出他对科技所可能达到高度的真正敬畏。所以,我们读到这儿会发现,"想象力"也是有边界的,在读《三体》时,我们就触摸到了想象力的边界。

接下来,我想谈一下在理解抽象、深奥的科学概念时,想象所能起到的作用。

物理学中有一个概念叫"虫洞",其也经常被科幻小说和科幻影视作品所采用。"虫洞"到底是什么呢,来自百度百科的解释是这样的:

虫洞（Wormhole）又称爱因斯坦-罗森桥、时空洞，也译作蛀孔。是宇宙中可能存在的连接两个不同时空的狭窄隧道。1916年奥地利物理学家路德维希·弗拉姆在研究卡尔·史瓦西对爱因斯坦场方程的解时提出了"描述两个不同的时空区域由一个时空管道连接"；1935年爱因斯坦及纳森·罗森利用广义相对论进一步探索了弗拉姆的理论，他们一起提出了连接两个不同时空点的桥梁的概念——爱因斯坦-罗森桥；1957年，物理学家惠勒首次采用"虫洞"称呼这一时空桥梁。

以上这段话对非物理学专业的人来讲是较难以理解的。它虽然解释了"虫洞"这个概念的提出过程，让我们了解到"虫洞"是物理学中的真实概念，其不仅是科幻作家的想象，但是，对"虫洞"究竟是什么以及何以可能，我们仍然一头雾水。因为在上述的解释中，我们只能找到两个类比：一个是"隧道"，一个是"桥梁"，两者的作用都是把原本不连通的A、B两个地点连接起来，因而我们可以用来类比"虫洞"的作用，即是把两个不同的时空连接起来。

我们当然可以想象隧道或者桥梁的样子，比如我们可以想象一条过山隧道，建造它的过程就是在山里打洞，或者想象一条海底隧道，建造它的过程就是在海底打洞。但是，"虫洞"这条隧道又是在哪里打洞呢？这个问题就把我们难住了。要知道，我们并不是在"科幻"的层面去考虑这个问题，而是在"科学"的层面去考虑这个问题。不然的话，像"漫威"电影里，奇异博士只需用手指画个圈就能轻松创造一个"虫洞"，至于这个"虫洞"到底是怎么产生的，我们无法也不会去追究，而"漫威"电影不曾也不必做出解释。

直到我读到了物理学家基恩·索普所著的《星际穿越》一书，才算大致理解了"虫洞"在科学上的含义。

精 读

基普·索恩是克里斯托弗·诺兰导演的科幻电影《星际穿越》的科学顾问，他专门写了一本科普书来解释《星际穿越》中涉及的科学问题，这本书写得清晰、生动，是对电影《星际穿越》的非常好的补充。这本书里有一章内容是解释"虫洞"的。其中的几段话就让我觉得豁然开朗：

天体物理学中的虫洞一词是由我的导师约翰·惠勒提出的，灵感来自苹果中的虫洞。

对一只在苹果上爬行的蚂蚁来说，苹果的表面是它的整个宇宙。如果苹果中有一个虫洞，那么这只蚂蚁从苹果的顶部到达底部会有两条途径：沿着苹果的表面（也就是蚂蚁的宇宙），或者穿过虫洞。虫洞这条路显然更近，它是蚂蚁从自己宇宙中的一点到达另一点的捷径。

虫洞穿过了苹果那鲜美的果肉，而这果肉的部分不属于蚂蚁的宇宙。对生活在二维宇宙中的蚂蚁来说，苹果内部是三维的超体或高维超空间。虫洞的壁可以被视为蚂蚁二维宇宙的一部分，因为虫洞的壁和蚂蚁的宇宙拥有同样的维度（二维），并且在虫洞的入口处与这个宇宙（也就是苹果的表皮）是相连的。在另一种观点中，虫洞的壁并不是蚂蚁宇宙的一部分，而只是蚂蚁穿越超体，从宇宙的一点到达另一点的捷径。

我们理解上面的话时，只需要把自己想象成一只蚂蚁就可以了，想象我们在一个苹果上爬。如果你实在无法接受把自己当作一只蚂蚁，那么你也可以想象你在一只蚂蚁的脑袋上安装了一个微型摄像头，通过手机应用软件观察蚂蚁在爬行中所看到的一切。

好了，当蚂蚁（也就是你）在一个苹果上爬时，实际上你只是游走在一张苹果皮上，不管你的爬行轨迹是什么样的，你都被限制在这张苹果皮上，你没有办法跳出这张苹果皮，悬在空中去观察整个苹果。也就是说，你根本不了解什么是苹果，因为你所处在的是一个二维的、以苹果皮为代表的世界,你无法理解三维的世界是什么样的。

也许你觉得二维的世界就已然足够了。但是突然有一天,在你和苹果皮组成的二维世界里出现了一个"神",这个"神"用"神力"在苹果的顶部和底部之间打通了一条隧道,这条隧道打穿了苹果内部的果肉。你起初并不知道怎么回事,只是仍然在这块苹果皮上欢快地爬,直到发现一个洞……你小心翼翼地进入这个洞,在这条笔直的苹果隧道中向前爬,然后又从另一个洞口爬了出去,你来到了苹果的底部,你发现你曾来过这儿,但这趟新的旅程所花的时间远远少于过去你在苹果皮上走过的路线。这就是苹果世界里的"虫洞"。

苹果和蚂蚁的故事终究只是一个类比,我们的想象还没有结束,后面还有更具挑战性的环节。现在我们再从蚂蚁变回人类,与蚂蚁不同的是,人类的宇宙是三维的,我们生活在三维空间之中。但是我们并不知道是否还存在四维、五维或者更多维的空间,就像蚂蚁也很难想象三维的空间一样。但是物理学家已经发现,确实可能存在更高维的空间,因而与那个更高维的空间相比,我们所能认识的宇宙就好像那张"苹果皮"。在高维空间的视角下,我们的三维宇宙只是一张卷曲的皮,因而在这块皮上的两点之间,其实还存在更短的捷径,只不过这个捷径存在于更高维的空间中,就像苹果中的果肉一样。只要我们能想办法穿过"果肉",那就能创造"虫洞"。

好了,以上就是关于"虫洞"的接近其科学解释的想象了,尽管它还很不严谨,但是我们对这个概念的理解终于大大前进了一步,而不是停留在"隧道""桥梁"这样抽象的表述上了。

不管是《三体》中的"水滴",还是物理学中"虫洞"这样的奇妙概念,我们都可以以想象力为武器,尽可能地理解。想象力是每个人都可以具备的通用能力,其并不只属于文学,也不只属于艺术，不只属于科学、技术，想象力可以为人类一切的知识和体验服务。

四、想象内心

（一）人内心世界的呈现

前文所讲的想象涉及物理，能见到其复杂和玄妙，但若说复杂，则没有比人的内心更复杂的了。

宋代罗大经在《鹤林玉露》中有言：

> 绘雪者不能绘其清，绘月者不能绘其明，绘花者不能绘其馨，绘泉者不能绘其声，绘人者不能绘其情，然则言语文字，固不足以尽道也。

这句话很有意思，很值得我们玩味。"绘雪者不能绘其清"是因为笔触只要带着颜料，画到纸上就是"浊"了，又怎么能表现雪的"清"呢？"绘月者不能绘其明"是因为月亮是发光的（虽然是反射出来的光），一幅画固然可以表现明暗的对比，但是画出来的"明"不可能达到发光的那种程度。

类似的还有：我们能画出一朵花，但画不出它的香味，因为香味不为视觉所传达；我们能画出泉水却画不出泉水流动的声音，因为声音不为视觉所传达……不仅如此，画中的人的感情该怎样传递出来呢？这很难，"言语文字固不足以尽道也"。所以，有了前面的铺垫后，我们落脚到言语文字的限制：言语文字能不能完全表现出"道"，也就是表现出宇宙中的"真理"呢？（这当然也很难。）

不过，优秀的创作者可以在千锤百炼后，突破创作形式本身的限制：语言文字固然不能完全表现出"道"，但可以揭开"道"的一部分面纱；绘画虽然不能传递出一个人内心中的所有情感，但是至少能把这些情感的一部分以间接的方式传递出来。事实上，我们若是能体会古人是如何用绘画来展现内心情感的，那么便能触类旁通，明白如何将一个人内心中隐秘的情感用文字表达出来。

我在前面讲过唐代的王维，他不仅是一位杰出的诗人，还精通绘画、音乐，是一位多才多艺的全才。王维的画名很高，苏轼认为他可与"画圣"吴道子比肩。明代大画家董其昌曾说王维是文人画的鼻祖。可惜的是，王维的真迹并没能流传到今天，我们现在能看到的是其他人对王维作品的摹本和仿作。

王维的《袁安卧雪图》，画的是一片大雪中有一株翠绿的芭蕉，在后世引发了争论。

芭蕉是热带植物，大雪纷飞是北方景象，为何会有"雪中芭蕉"呢，这不是违背常理吗？画中的内容要不要符合自然规律、要不要符合客观现实，这是有关画家艺术观的问题。我们当代艺术中，奇奇怪怪的画太多了，这早已不是一个问题了，但是其放到古代，就会引发争论。反对者有朱熹，说他画得不对，是"误画"（朱熹是一个认死理的人，脑筋比较死板）。也有很多人则持赞赏的态度，如《梦溪笔谈》的作者沈括评价这幅画："有雪中芭蕉，此乃得心应手[①]，意到便成。"

王维画"雪中芭蕉"的意图不在于描摹自然，而在于描摹他自己的内心，当他在画这幅画时，如果他的心中下了一场雪，那么他自然可以在画纸上画出这场雪，如果此时他的心中长出一棵芭蕉树，那么他自然也可以在纸上画出这棵芭蕉树，这便是"得心应手，意到便成"的道理了。这也是董其昌为什么说王维是文人画的

[①] "得心应手"这个成语出自《庄子》"庖丁解牛"的故事，原句是"不徐不疾，得之于手而应于心，口不能言，有数存焉于其间"，讲的是"心"与"手"之间无须言说的默契和感应。

鼻祖。

所谓文人画，其表面上画的是山水、花鸟，但是画这些的目的并不是再现、描摹自然景物本身，而是借自然景物这个"载体"去展现、安顿自己的内心，因而文人画又叫"心画"。所以王维的"雪中芭蕉"，就是一幅"心画"，无关乎自然。

关于"心画"还有一个有趣的例子是苏轼画"朱竹"。

竹子是中国古代绘画中常见的主题。竹子是绿色的，那么画中的竹子当然也应该是绿色的，又因为在古代书法与绘画是一体的，写书法用的墨汁也常常用来绘画，所以，"墨竹"是很常见的。

有一次，被贬官的苏轼心中郁郁不乐，突然想到要画竹子，却发现他的桌子上没有墨汁了，只有朱砂颜料，于是他就干脆用朱砂画了一幅竹子。其他人看过后觉得很奇怪，就问苏轼："天底下怎么会有红色的竹子呢？"苏轼却毫不在意，他说："世间无墨竹，既可以用墨汁画，为什么不可以用朱砂画呢？"

就这样，苏轼成了第一个画"朱竹"的人。有了他做示范，仿效、跟风的后人无数，后来连清代的乾隆帝也爱画"朱竹"。诚然，大自然中是没有"朱竹"的，但是苏轼心中有，自然画中就有了！

图5.1 《缂丝乾隆御笔朱竹图轴》（故宫博物院藏）

有了王维、苏轼等顶级名家的示范，后世的画家的"格局"就打开了。元、明、清三代涌现了很多画文人画的高手，他们的风格各异、术有专攻，但是多以抒发和表现内心为其创作的主旨。

元代大画家黄公望的《九峰雪霁图轴》中的雪中群山肃穆雄浑、剔透玲珑，流露出一种让人无法言说的神秘感。

图5.2　《九峰雪霁图轴》（故宫博物院藏）

位于画幅正中的一座山像冰凌一样倒立着，上宽下窄，这怎么可能立得住呢？这不符合牛顿力学啊，不免让人生疑：现实中是否存在这样的山呢？其实，这个问题不需多问，黄公望有一句话就是最好的回答："画不过意思而已。"这个"意思"不是我们现代人指的"有意思""有趣"，而是指"意"和"思"，简单讲就是人的精神世界。黄公望信奉道教（全真教），而道教是要修仙的，所以，我们可以将黄公望所画的山理解成他心中的"仙山"，那我们就完全可以理解其不符合牛顿力学了。

八大山人也是一位独具个性的大画家，他画的鸟兽虫鱼常以白眼示人。

这实在让人称奇，我们不禁会问："他为什么要这么画呢？"

这就要讲一讲他的经历了。八大山人朱耷本来的名字是朱统𨨗，他是明代皇室的成员，他小时候生活优渥，早早地表现出极强的艺术天赋，在少年时还想谋得一个官职，为国家效力。没想到在他十九岁时，有重大的变故发生了——李自成攻入北京，明朝亡了。他不仅梦想破灭了，还从一个高贵的皇家子弟，沦为一个国破家亡的"遗民"。

天大地大，何处是他的容身之所呢？在颠沛流离之后，他选择出家为僧，后来又成了一名道士。其实，不论为僧还是为道，他竭力钻研的是他自己的艺术，他不断精进，直至登峰造极。

他号"八大山人"，会在画作中以草体的"八大山人"落款——竖着看下来好像合成了单个字，这个字既像"哭"又像"笑"，实则是表达"哭笑不得"的寓意。他画的鸟和鱼，其眼睛张得很大，眼珠子像要瞪出来似的，会露出很大的眼白，是一副翻着白眼、看不起人的模样。我们不禁会好奇：八大山人画的"白眼"是翻给谁看的呢？或是翻给时代，或是翻给命运，或是翻给汲汲于功名利禄的众生吧。

王维的"雪中芭蕉"，画的是他的"禅意"；苏轼的"朱竹"，画的是他心中的自由和棱角；黄公望的"仙山"画的是亦真亦幻；八大山人的"白眼"画的是他的愤懑与不平。不论是王维、苏轼，还是黄公望、八大山人，他们似乎都在告诉我们一个事实：

我们所看到的并不只是我们看到的。

我们可以换一种说法：

我们实际看到的比我们表面看到的更多。

当我们看到一幅画里画着"雪中芭蕉"时，我们看到的仅仅是"雪"和"芭蕉"吗？不，我们还看到了把"雪"和"芭蕉"放在一起时表达的另外一些东西，这些东西虽然没有明白地展示出来，但我们却可以用内心去触摸和感受。

我之所以在这儿写了这么多与绘画相关的内容，没有直接写关于读书的内容,是因为这两者实在是相通的。我在前面说过,语言文字本质上就是一种符号,那么绘画中的线条和颜色、音乐中的音调与节奏,同样也是符号。一个符号是可以指向多种意义的,创作者使用符号来完成创作时,又往往特别追求创造性,因而旧符号往往又被开拓出新意义来。当我们在识读这些符号时,我们不能仅满足于认领这些符号的常规意义和固有意义,不能低估以全部的生命来投入创作的这些伟大创作者的野心,我们必须考虑到眼前的这些符号有可能表达了某种超出我们预期的、超出我们个人经验的东西。触摸和捕获这些东西,正是我们进行阅读的意义和价值所在。

山中

[唐]王勃

长江悲已滞,万里念将归。
况属高风晚,山山黄叶飞。

这首诗的最后一句是"山山黄叶飞",我们完全可以将其想象成一幅画:连绵起伏的群山中,漫天飞舞着枯黄的叶子,叶子都是密密麻麻的。我们从山脚望上去,可以看到叶子几乎遮蔽了整个天空。如果这幅画又是一幅"文人画"的话,其寓意就不言自明了——这可是无边无际的离愁别绪啊。

"山山黄叶飞"这五个字,不但传达了诗人内心的情感,还帮助我们营造了一个画面、一个场景。想象中的场景就像是一个偌大的客厅,诗人是客厅的主人,我们是客人,我们被主人邀请进来,共同置身这个场景中,我们都不需要说话,只需在这里默默地感受就可以了。

我们再来看一首宋词。

精读

青玉案[1]

[北宋]贺铸

凌波不过横塘路,但目送、芳尘去。

锦瑟华年谁与度?月桥花院,琐窗朱户,只有春知处。

飞云冉冉蘅皋暮,彩笔新题断肠句。

若问闲愁都几许?一川烟草,满城风絮,梅子黄时雨。

  这首词最让人赞叹是的最后一对问答。问句中"都几许"的意思是总计有多少,所以这个问句的意思是问所有的闲愁加起来总共有多少,而词人给我们的回答竟然是三个并列的答案——"一川烟草""满城风絮""梅子黄时雨"。其中,"烟草"指的草丛上雾气缭绕之态,"风絮"指的是风吹后柳絮乱飞,"梅子黄时雨"指的是江南地区梅雨季节连日下雨、细雨绵绵的景象。罗大经在《鹤林玉露》中曾用"盖以三者比愁之多也"评价这个句子,沈际飞在《草堂诗余正集》中曾评价这个句子道:"叠写三句闲愁,真绝唱!"

  我们比较一下这首词跟上一首诗。上一首诗用了"山山黄叶飞"一个意象来写愁绪,这首词则是把三个意象叠加起来写愁绪,真是愁上加愁又加愁了。我似乎见到贺铸像一个好客的主人,连续开放了三个"客厅",门上的牌子分别写着"烟草厅""风絮厅"和"梅雨厅",然后邀请客人逐一走进去观赏,贺铸则站在门口,对着来往的客人说道:"你懂我吗?你懂我吗?"

  以上举的两个例子是用景物来表现人的内心的。其实,还有一个常见的形式是用动作来表现内心的。在我读过的作品中,下面这首乐府诗让我印象深刻,因为其通过动作描写传递出了纤细微妙的

---

  [1] 这首词有不同的版本,这里的版本选自夏承焘选编的《宋词三百首》(中华书局)。

内心情感。

节妇吟

[唐]张籍

君知妾有夫，赠妾双明珠。
感君缠绵意，系在红罗襦。
妾家高楼连苑起，良人执戟明光里。
知君用心如日月，事夫誓拟同生死。
还君明珠双泪垂，恨不相逢未嫁时。

这首乐府诗以一个女子的口吻，讲述了她作为有夫之妇婉拒一位热情追求者的故事。这个女子显然对追求者动心了："感君缠绵意，系在红罗襦"，"罗"是丝织品，"襦"是唐代比较常见的一种短衣，她把追求者送的两颗大珍珠系在衣服上——我们不妨想象一下，这个动作表现了她当时什么样的感受呢？这可能包含了她的欣喜、感动、珍视，同时她也有点害怕。接着的"妾家高楼连苑起，良人执戟明光里"，是讲她的丈夫（即"良人"）是有身份、地位的人，住的是高楼，是朝廷的武官。"知君用心如日月，事夫誓拟同生死"的意思是她感念追求者的一片真心，但是她必须忠于她的丈夫，她立下"同生死"的誓言是不能违背的。最后是故事的结局：女子"双泪垂"着把两颗大珍珠还给了追求者。显然，她很不舍，留下一句"恨不相逢未嫁时"的绝唱后，与追求者诀别。

我们在读这首诗很容易想到更早的一首诗，即汉代的《陌上桑》。其中，"少年见罗敷，脱帽着帩头，耕者忘其犁，锄者忘其锄"是我们耳熟能详的名句。《陌上桑》写的也是一位有夫之妇拒绝热情追求者的故事，但是两个的区别在于《陌上桑》中女子的拒绝是很决绝、干脆的，《节妇诗》中的女子心中爆发了强烈的冲突——这种冲突是情感与理性的冲突、人性与道德的冲突。《节妇诗》中因为有了冲突才会有痛苦，因为有了痛苦，这首诗才有了独特的感染力。

我们固然可以站在道德的角度去说《节妇诗》中的女子不够决绝，但是不论怎么评说，她内心的矛盾重重的感受却总归是真实的，是贴近现实的。此诗以精简的笔触将之展现得淋漓尽致，是很精彩的。

我觉得这首诗里最好的一句并不是结尾的名句"恨不相逢未嫁时"，而是"系在红罗襦"一句，这句话太传神了，就是这样一个纤细、温柔的动作描写，让我们可以在头脑中想象出来女子当时的样子，诗人把女子当时的内心活动细腻、生动地展露了出来，实为妙笔。

有人可能会说："表现人物的内心有很多现成的词语可以用，比如快乐、悲伤、忧愁、恐惧、焦虑等等，直接用这些词来表达就可以了，为什么还要拐弯抹角地通过描写景物和描写动作等来表达呢？"没错，表现内心的词当然很多，也很常见，我们如果只是用于日常的表达和普通的写作，这些词当然是绰绰有余的。但是对高水平的写作者来说，他们可能会觉得这些词"不够用"。为什么"不够用"呢？是因为在他们看来，这个世界上有很多事物是还没有被"命名"的，即便在被命名的事物中有大部分也是一般人不知道。我们经常使用的那些词只代表我们都知道的已经命名的事物而已，只占总体的很小一部分。比如，你抬头看一下天空，发现一只鸟飞过，你说："哇，这只鸟好好看。"但是，这只鸟是什么鸟呢？你很可能叫不出名来。比如，夏天的时候昆虫很多，你在房间的角落里发现了一只昆虫，但是你不知道这只昆虫叫什么。这当然不是你的错，因为据科学家估计昆虫的种类非常之多，占整个动物物种总数的百分之八十以上，现生的就有一百多万种。同样，人的内心是不是一个很简单的东西？当然不，人的内心是很复杂的：人的情感很复杂，思维很复杂，性格也很复杂。因而，在我们的内心深处有太多的东西是没有被"命名"的，或者是没有被充分地揭示、表达出来的。作家就像一个心灵的探险家一样,要把这些细腻、丰富、鲜活的隐秘之地挖掘出来,呈现给我们,所以他们当然不能只满足用快乐、悲伤、忧愁、恐惧、焦虑这些词。

这类词的特点是概括力特别强,是标签式的,这类词把很多有差异、不相同的东西归纳到了一起,显得太笼统了。例如,我们讲到"悲伤",悲伤也有很多种,你的"悲伤"和他的"悲伤"难道是一样的吗?你的"悲伤"难道就是我的"悲伤"吗?鲁迅说:"人类的悲欢并不相通。"

与简单地用现成的词相比,诗人和小说家所展现的人物内心更加细腻、隐蔽、复杂以及矛盾重重;而我们从中得到的收获也不言而喻,我们可以通过阅读发现自己的种种内心活动,也不能用简单的几个词来指代。原来,这个"我"比我们原本想象得更复杂、更独特。诗人和小说家在人类心灵的纵深地带开疆拓土,留下路碑,我们则跟随着他们,发现自己心中的秘密,也重新认识着自己。

优秀的小说家总是善于用动作描写去展现人物的内心,一个不经意的细节就有可能成为一扇打开的门。穿过这扇门,我们就能忘掉现实、忘掉自身,走进小说的世界中。

请看小说家双雪涛的短篇小说《大师》中的一段内容。

母亲在我十岁的时候走了,哪里去了不知道,只是突然走了,此事在父亲心里究竟分量几何,他并不多说,我没哭,也没问过。一次父亲醉了酒,把我叫到近前,给我倒上一杯,说:喝点?我说:喝点。父亲又从兜里摸出半根烟递过,我摆摆手没接,喝了一口酒,夹进一口豆腐,慢慢嚼。豆腐哪禁得住嚼,两口就碎在嘴里,只好咽下,举着筷子喝酒。菜实在太少,不好意思再夹了。就这么安静地喝到半夜,父亲突然说:你妈走的时候连家都没收拾。我说:哦?他说:早上吃过的饭碗还摆在桌子上,菜都凝了,你说这是怎么回事儿?我说:我不知道。他点点头,把筷子搁在桌子

精读

上，看着我说：无论什么时候，用过的东西不能扔在那儿，尿完尿要把裤门拉上，下完棋的棋盘要给人家收拾好，人这东西，不用什么文化，就这么点道理，能记住吗？我说：记住了。那时头已经发晕，父亲眉间的那根黑毛已经看不真切，恐怕一打嗝豆腐和酒就要倾在桌上，所以话尽量简短，说完赶快把嘴闭上。父亲说：儿子，睡吧，桌子我收拾。于是我扶着桌子进屋躺下，父亲久久没来，<u>我只听见他的打火机啪啪地响着，好像扭动指节的声音</u>。然后我睡着了。

这个段落是小说的第三段，写的是父子两人一起喝酒和对话，这番对话交代了故事的背景信息：母亲离开了家，父子两人相依为命。这为小说随后的情节展开，以及进一步描写父子之间的深情奠定了基础。

显然，这个故事里的父亲对他妻子的离开是愤愤不平的，但是他又不能在孩子面前一个劲地指责妻子，这样做会伤害孩子。所以，父亲既有抱怨，又竭力隐忍，只把不满落脚在"你妈走的时候连家都没收拾"这个其实并不重要的小事上。男人的情感表达总是含蓄的，父亲把大量的痛苦埋藏在心里，即便喝了酒，他也忍住了多半怨言。

这段话的倒数第二句——"我只听见他的打火机啪啪地响着"则是非常传神的一笔。"我"虽然并没有"看到"父亲的这个动作，只是"听到"，但是就跟"我"亲眼所见一样，作为读者的我们也不由自主地在脑海中浮现出这个画面。几乎所有人都有使用打火机的经验，所以这个想象是不难完成构建的。一个普通得不能再普通的动作在这儿被赋予了强烈的情感含义，在这个场景面前，我们每个人的心好像都沉了一下，陷入了一种静默之中。

紧接着，一个类比——"好像扭动指节的声音"则把这种悲伤的气氛进一步推高，因为扭动指节显然会带来身体的疼痛，而这映射的正是内心的痛感。这个句子就巧妙在一个听觉中包含了对痛觉的描写,呈现出来清晰的视觉效果和情感冲击。

由这个句子我能想象出父亲内心中的情感,它是复杂的而深沉的,它至少是以下几种情感的组合:

1.痛苦。妻子的离开让他感到痛苦。

2.怨恨。他显然对妻子抱有怨恨,而这种恨,正好是源自爱的。

3.烦躁。持续地重复一个机械的动作,说明他的心里充满了无法排解的烦躁情绪。

4.哀伤。他可能在为自己的命运感到哀伤,为自己无力改变的生活感到哀伤,也为自己的孩子感到哀伤。

所以,对"我"来说,打火机那"啪啪"的响声就宛如父亲内心的声音,打火机成了父亲内心的排气孔,借着这个排气孔,父亲极尽克制地释放着痛苦、怨恨、烦躁和哀伤。而"我"也似乎因此而懂得了父亲的心。

我在这儿要补充说明一下,这篇小说中不太可能出现对父亲的心理活动的直接描写,如"父亲心想:……"或者"父亲突然难过了起来"之类的话,如果有的话,那多半出自一个拙劣的作者。双雪涛是不会的,因为这是一篇"第一人称视角"的小说,是从"我"的视角出发,讲述"我"的所见、所闻、所感。小说中的"我"是那个儿子,"我"不可能直接知道父亲心里在想什么,"我"只能通过父亲的动作和语言来推测父亲的心理活动。

(二)叙事视角

在小说的叙事学中,"视角"是一个基础且重要的概念。小说家在创作时会考虑这个故事是以哪一种视角来讲述的,而小说的阅读者也需要有"视角意识",知道自己在读的是什么视角的小说以及该视角会带来什么样的叙事特点。视角的种类有多种分法,叙事学者尚有争论,但是择其大要,最基本和常见的是以下四种视角。

1.全知视角

也叫上帝视角。在使用这种视角的小说中，小说的叙述者像是一个"全知者"，他能描绘（如果有必要的话）故事中每一个人物的行为、语言、心理活动，他知道每一个人物的过去、现在，甚至未来。使用这种视角还能在小说中插入带有褒贬的评论。在二十世纪以前诞生的所有小说，使用的几乎都是全知视角。童话、神话故事等使用的视角也都是典型的全知视角。

2.客观视角

也叫客观第三人称视角。在使用这种视角的小说中，叙述者像是一个冷漠的旁观者，他只记录所观察的人物的语言、动作，但无法得知观察的人物的内心活动。客观视角下展露的信息是很有限的，但是其更接近于现实中的状况，因为在现实中，我们在听闻其他人的故事时，也是处在一个所获信息不完整的观察者的位置上。没有人可以像"全知者"一样，掌握一个故事前前后后的所有信息。在现代派小说中，客观视角经常被使用。

3.有限第三人称视角

这种视角比客观视角可以描述的信息更多一些。一般来说，使用这种视角的小说是从某一个人物的眼光出发并展开讲述的，这个人（可称其为"视角人物"或"焦点人物"）既是故事的讲述者，也是小说中的人物。在有些小说中，他是故事的主人公；在另一些小说中，他是故事中的次要角色。由于是以某个人物的眼光展开的故事，所以小说中可以直接描写这个人物的心理活动。但是，采用这种视角的小说一般不能直接描写其他人物的心理活动。这种视角的信息展露程度居于全知视角、客观视角之间，其叙述手法多样、灵活，在现代小说中是最常见的。

4.第一人称视角

这种视角和上一种视角是比较接近的，也是以某一个人物的眼光出发展开讲述的，同样可以描述这个人物的心理活动，但通常不描述其他人物的心理活动。

与上一种视角的区别是：视角人物在这儿是以"我"来呈现的，而上一种视角中该人物是以第三人称呈现的。第一人称视角中的叙述口吻更具个性、更有主观色彩，可以更多地铺陈"我"的内心描写。在现代小说中，这种视角的使用也是比较常见的。

小说中对于视角的不同设定，会影响小说叙述的方方面面。其中，受影响最深的就是对心理活动的描写。在现实世界里，我们每一个人都知道自己在想什么，但是我们无法像有"心电感应"一样知道其他人的内心想法。这个客观事实使得人们总会感叹"每个人都像一座孤岛"，因为我们的内心并不相通。那么，当我们进入小说的世界时，如果突然发现我们能"感应"到男主人公在想什么，又能"感应"到女主人公在想什么，这不会很奇怪吗？

表5.1 视角种类及其对应的心理描写范围

视角种类	心理描写的范围
全知视角	允许任何人物的心理描写
客观视角	不允许任何人物的心理描写
有限第三人称视角	允许第三人称视角人物的心理描写
第一人称视角	允许第一人称视角人物的心理描写

这种写作方式的改变使得对读者的要求也发生了变化。在阅读现代小说时，我们需要更大程度地"进入"小说，即作为小说的"参与者"与作者一起完成小说的"建构"。现代小说由于采用更为"客观"的视角而不是全知视角，更多地以动作、语言描写来塑造人物，我们因而需要发挥想象力，完成对小说中人物内心的探索。我们不再是等着让作者告诉我们这些人物在想什么，我们可以自己弄清楚这些人物在想什么，我们可以用"自己"去丈量他们复杂矛盾的内心。

可以说，阅读现代小说对我们来说是更大的挑战，更能锻炼着我们的心智。正因为现代作家更注重客观描写，这等于把大部分的"主观"权力让给了读者。我们可以用自己的内心去理解人物，去投射自己的情感和想法。

我曾在书里见过一句特别有见地的话，其大意是读任何一本优秀的小说，都好像在读自己的自传。是的，我们通过阅读照见自身，通过阅读认识自己，我们得以突破自己所在家庭、职业、社会身份和个人经验的边界，去触及一个更广阔的世界。这个世界里既有浩瀚无垠的宇宙，也有深邃神秘的内心，我们的生命也通过阅读得以拓展和丰满。

第六章

冰山理论

深度阅读的艺术

一、冰山理论

美国作家海明威的"冰山理论"被人们所熟知,他认为移动的冰山之所以壮观雄伟,是因为只有八分之一在水面之上。他以此来解释他的小说创作,即把大量的信息隐藏起来,用文字直接展现的信息只是一小部分。海明威的作品以简洁著称,他大量使用短句,即极为精悍短小的句子,他还尽量使用短小、简单的词语,令他的"电报式"文体独树一帜,开创了新的文风,让人惊叹不已。

但是,大文豪多数是不愿意过多阐述写作背后的东西的,他们更愿意用作品说话,而不是亲自解释作品,那未免显得多此一举。所以,尽管海明威的"冰山理论"是那么有名,启迪了好几代的作家,海明威也并没有对此做出更为具体、系统的阐释。他留下了空白交给评论家和有心的读者去理解、丰富和演绎,"冰山理论"本身就像一座冰山一样矗立在读者的心中。

我发现,从广义的角度去理解"冰山理论"也是很有益的尝试。从狭义来讲,冰山理论仅指小说;从广义的角度来看,不管什么体裁、什么主题的书,大多数也符合冰山理论的特征。

我们可以试一试这样的方法:我们在阅读一本书的时候,不仅关注、思考这本书写了什么,同时也关注、思考这本书没有写什么。

你可能会发现，往往一本书里"你期望作者写上去但实际上作者没有写上去的内容"远远多于"作者实际上写上去的内容"。

例如美国的著名投资大师、亿万富翁沃伦·巴菲特的得力助手查理·芒格所著的《穷查理宝典》[①]是一部被人们广为称道的书。我从这本书中受益良多，也推荐给大家去阅读。这本书里主要由查理·芒格在不同时期的演讲稿和访谈录组成，从中我们可以了解到查理·芒格的人生哲学、对阅读的热爱以及审慎、耐心的投资风格。在这本书里，查理·芒格提出了"多元思维模型"——建议我们通过广泛阅读去了解各个基础学科的基础理论，从而获得一个多学科的知识架构——这个知识架构对我们在投资中取得成功是至关重要的。毫无疑问，查理·芒格的这些观点充满智慧。这本书给我的"启发"是相当多的，但老实讲，我本来希望从这本书中获得更多的知识内容。

比如我期望这本书能列出一个我们在不同学科中必须掌握的基本理论的清单。倒不需要作者或编者详细解释这些理论，但至少要给出理论的名称。毕竟有了名称以后，我便可按图索骥，逐一去了解相关内容。但这本书里并没有这样的清单。后来有人专门写了书来罗列查理·芒格所说的"多元思维模型"到底包含了哪些理论，但是这只是其他人对查理·芒格想法的一个猜测，大概只能代表那些人自己的想法。

比如我希望了解对"投资"这个领域来说，必须要建立的知识体系大致是什么样子的。我指的是直接跟投资有关的垂直领域的知识内容，而不是查理·芒格所说的宽领域的跨学科知识内容。查理·芒格一定具备一个非常庞大的投资知识内容体系，但是在这本

[①] 《穷查理宝典》全名《穷查理宝典：查理·芒格智慧箴言录》，文中包含了查理·芒格的访谈录和演讲稿等。这本书的编者叫彼得·考夫曼，书中内容绝大多数是出自查理·芒格本人的，所以下文中我称查理·芒格为本书作者。

精 读

书里他所说不多且比较零散。因而读《穷查理宝典》容易给我们带来一些错觉，有些人觉得读完这本书以后变得更有"智慧"了，有些人觉得他们已经掌握了价值投资的方法和要领，有些人觉得他们只要照着《穷查理宝典》中的方法去做，就能在将来赚到很多钱……其实，如果仔细读完这本书，你就会发现查理·芒格并没有直接告诉我们获得财富的方法，书里并没有致富秘籍。

与《穷查理宝典》类似的还有桥水基金的创始人瑞·达利欧的作品《原则》。瑞·达利欧也是赫赫有名的投资大师，他管理的基金也非常成功。从《原则》这本书里我们能读到他的人生经历、思考方式、投资原则以及管理哲学。这也是一本富有智慧的书，读来让人大开眼界，也能让人得到非常多的启发。与查理·芒格类似的是，瑞·达利欧也喜欢给我们讲述人生哲理，也没有把他的财富密码告诉我们。我猜，绝大多数眼巴巴地希望从查理·芒格和瑞·达利欧的书中获得改变命运的方法的人，他们的收入并没有增加。当然，我对这两位作者并没有任何的不满和埋怨，我只是分享了一个我在阅读中发现的事实：这两位投资大师的智慧都是巍峨的冰山，但他们的图书只不过是他们智慧的冰山一角。我举这两个例子只是想提醒各位书友，冰山理论在各种各样的书中都是广泛存在的，不局限于小说。

读沃尔特·艾萨克森的《埃隆·马斯克传》我也有类似的感受，沃尔特·艾萨克森是当今炙手可热的传记作家，在撰写《埃隆·马斯克传》之前还著有《史蒂夫·乔布斯传》《爱因斯坦传》《列奥纳多·达·芬奇传》等，每一本都是大部头。但是我发现在他的《埃隆·马斯克传》里，用于介绍埃隆·马斯克早期生涯的笔墨是比较少的，例如埃隆·马斯克在宾夕法尼亚大学的求学经历按理说是蛮重要的，但是这部分内容只占一个章节（全书共九十五个章节），约占全书1%的篇幅。我们如果想通过这本书对埃隆·马斯克有一个初步的了解，那当然没问题。但是，我们如果现在要写一篇文章，严肃、认真地讨论一下"大学生涯对埃隆·马斯克创业成功的影响"（这经常是心理学者感兴趣的话题），那么用书中的这么一点相关内容当成参考是远远不够的。但是，这也并不能怪作者，因为每个人都是一个非常复杂的存在，更何况是埃隆·马斯克这样的人物。传记作者必然要基于他自己的判断剪裁素材。他不可能不加辨别地把他掌握的所有资料全部塞到书里面，他肯定会根据内容的重要性、恰当性进行排序，他遴选出的内容可能只占全部素材的很小一部分，这个比例可能远远小于海明威所说的八分之一。

不知道你们有没有想过，编写人物传记时有一个致命的问题：传记作者所了解的那个人（即传记的主人公）和那个人的"真实的全部"相比较的话，有多少能真正重合呢？这是一个很难回答的问题。我们凭什么相信沃尔特·艾萨克森了解埃隆·马斯克呢？也许，沃尔特·艾萨克森查找了多方资料，采访了埃隆·马斯克的父母、朋友、同学、同事、前妻等，甚至采访了埃隆·马斯克本人。但是，在采访中获得的信息也只是一些局部的碎片，更何况被采访者在一场采访中未必会袒露心扉，未必会诚实地说出他自己知道的一切。他完全可以隐瞒一些信息，回避一些问题，避重就轻、声东击西。

由此看来，传记作者笔下所展现的那个人很难说就是那个人本人。而且，哪怕是自传（即传记作者就是传主自己），传记作者也可能会在书中刻意隐瞒一些重要的事实，尤其是那些不符合道德或法律标准的事实。所以，对传记这种体裁的作品来说，我们从传记中读到的主人公并不等同于真实的主人公，而只是传记主人公的一个投影。大量的真实信息仍旧处在冰山下方。

我认为关注、思考一本书中没有写什么的第一个人是轮扁。他出现在《庄子》这本书中，书中有一个关于"轮扁斫轮"的故事。

桓公读书于堂上。轮扁斫轮于堂下，释椎凿？而上，问桓公

精 读

曰:"敢问,公之所读者何言邪?"

公曰:"圣人之言也。"

曰:"圣人在乎?"

公曰:"已死矣。"

曰:"然则君之所读者,古人之糟魄(粕)已夫!"

桓公悖然作色而怒曰:"寡人读书,轮人安得议乎!有说则可,无说则死。"

轮扁曰:"臣也以臣之事观之。斫轮之法,徐则甘而不固,疾则苦而不入。不徐不疾,得之于手而应于心,口不能言,有数存焉于乎其间。臣不能以喻臣之子,臣之子亦不能受之于臣,是以行年七十而老斫轮。古之人与其不可传也死矣,然则君之所读者,古人之糟魄已夫!"

"轮扁"指的是制造车轮的匠人。故事中,轮扁与正在认真看书的齐桓公说古人之书只是记录了一些糟粕,不值得看。"一个制造车轮的人竟然敢妄加评论?"齐桓公心中恼怒,让轮扁说出理由,不然就杀了他。轮扁就谈起他做轮子的技巧无法传承为例,以此类推古代圣人的智慧精华也是不可言传的,能写在书上的也不过是糟粕而已。

轮扁的一番话实在是让人惊心,他提出了一个所有读书人都无法回避的问题:我们读的书中到底是否包含了我们苦苦寻觅的智慧精华呢?还是说书中有的只是一些糟粕呢?

这是一个很难回答的问题,同时也是一个悖论。因为庄子如果真的认为书上的文字记录无法传递出真正的智慧,那他为什么要写《庄子》呢?《庄子》应该是一本无字书才对啊!不过,庄子一定是懂得言语的边界的,他一定懂得言语可以达到的边界在哪儿,在"可言说"和"不可言说"之间,他找到了一种巧妙的方式去阐述他自己的思考,即讲述类似寓言故事一样的内容。

《庄子》中的故事和普通的寓言故事是截然不同的。常见的寓言故事（见《伊索寓言：555则》等书），我们是可以从中抽取出某一个"寓意"的，当我们抽取出"寓意"后，对应的故事本身就没什么价值了。但是《庄子》中那些千奇百怪的故事中，至少有相当一部分并不能被简单地提取出"寓意"，因为故事本身表达的意思是开放的、多层次的，会引发我们的无穷思考，例如我们熟知的"庄周梦蝶"。

昔者庄周梦为胡蝶，栩栩然胡蝶也，自喻适志与，不知周也。俄然觉，则蘧蘧然周也。不知周之梦为胡蝶与，胡蝶之梦为周与？周与胡蝶，则必有分矣。此之谓物化。

庄子在梦中梦到了蝴蝶，因此分不清是蝴蝶在他的梦里还是他在蝴蝶的梦里。初看这段内容，我们会觉得其荒诞不经。蝴蝶怎么会做梦呢？人怎么可能出现在蝴蝶的梦里呢？可是再细想一下的话，我们怎么能知道蝴蝶不会做梦呢？我们又怎么知道自己不会在蝴蝶的梦里呢？所以，《庄子》中的故事，并不是把一个已知的道理通过故事的形式告诉我们，而是通过故事打破我们的既有经验和思维惯性，将我们带到一个全新的、充满未知的思考之中。这不是一个结束，只是一个开始。

我们再回到"轮扁斫轮"。这个内容引发的思考是无法进行简单回答的。我们很难说轮扁是对的还是错的。但是他提醒了所有的读者，我们不要只满足于纸面上的东西，而要深入进去，对作者尚未用文字表达清楚的东西充满好奇。但是，我们不能脱离文字，哪怕这些文字真的如轮扁所说的一样。因为没有"语言文字"，我们就不可能抵达更深层。对玄妙的"道"来说，文字终归是不可替代的小舟，只有乘着这条小舟，我们才能漂洋万里，到达智慧的彼岸，这也是庄子为我们示范的。

下面的图是我画的一个更细化的"冰山理论"。在阅读中，我们可以区分并思考以下三类的信息：已言说的信息、可说但是被隐藏的信息、不可言说的信息。理解后两者必定是以理解已言说的内容为前提。

已言说的信息

可说但是被隐藏的信息

不可言说的信息

图6.1 "冰山理论"

现在，我们根据上面的内容看一看狭义的"冰山理论"，将目光聚焦在海明威表达和展现的"冰山理论"上，理解海明威是怎么实践的。

《老人与海》是海明威的巅峰之作，通常被认为是海明威最成功的作品。他的篇幅不长，算不上一部长篇小说，只能算是一部中篇小说。书中讲的故事也很简单：在古巴，有一位名叫圣地亚哥的老渔夫在连续八十四天没有捕到鱼的情况下，终于独自捕获到了一条很大的马林鱼，在返程中还遭到鲨鱼的袭击。从取材和内容的删减上看，这部小说就已经是"冰山理论"的完美体现了。据说，海明威原本只是想把这个故事作为一部长篇小说的结尾，结果他把前面部分都删掉了，只留下了这个结尾，作为一部独立的小说。

关于老渔夫所在的古巴渔村，海明威原本有很多内容可写，因为他本身就曾居住在古巴多年。在一次访谈中，他说："《老人与海》完全能写到一千多页，描述村里每一个居民，包括他们是如何谋生、出生、受教育、生孩子，等等。有些作家这方面做得很好。在写作中，你会受限于那些已经完成得很好的作品。所以我就试图做些别的。首先，我试着排除所有对向读者传达体验而言不必要的部分，这样他们读过某些内容之后，它会成为他们体验的一部分，好像真的发生过一样。这个做起来很难，我也非常努力去做了。"但他的选择是"我了解的所有关于渔村的故事都略去不写，但的确是这些认知构成了冰川水下的部分"。

海明威非常了解大海，他了解海洋中的生物，也有丰富的出海打鱼的经验，因而在《老人与海》这部小说中，他对海洋及海洋生物的描绘是非常准确、细致的。不过，他还是选择省略了很多有意思的东西，比如海明威没有写他见过马林鱼的交配。在同一海域，他还见过"一群（或者一堆）抹香鲸，有五十多头，某次还用鱼叉去叉其中一头差不多六十英尺[①]长的，没叉着"，他也没写。他故意略去了一般人认为"精彩"的内容，故意略去了能给小说"增色"的内容，只保留最接近故事核心的部分。

据说，海明威对他的小说初稿，有一种极为严酷的修改方法。他会先把稿子读一遍，标出他觉得写得不错的地方，然后试着把这些标出的地方删掉——"把那些他认为自己写得好、写得出色的地方删掉。"他为什么要这么做呢？因为，在他看来那些"精彩句子"很可能是矫揉造作、装模作样的，是刻意讨好读者的，就像化妆、美颜一样，不是全然真实的模样了。所以他在修改时就会检视和考察那些"精彩句子"，如果那些"精彩句子"有装模作样的嫌疑，就删掉。海明威的"冰山理论"就是这样炼成的，来自对他自己所写文字的残酷无情。

---

① 英美制长度单位，1英尺合0.3048米。——编者

精 读

经过如此残酷无情的删减,海明威呈现出极干脆利落的表达,尤其是对对话和动作描写,基本上都是直截了当的简笔勾描,即使用非常少的修饰语,也能使场景栩栩如生,毫不枯燥单调。

由于删减了修饰语,所以在对对话和动作描写中,你会感觉叙事节奏很快,一句话紧接着一句话或者一个动作紧接着一个动作,你必须屏气凝神地读下去,紧张感就在无形中拉满了。句子一旦去除了水分,其信息密度就会很高,进而在我们头脑中掀起风暴,这就是海明威的风格之所以引人入胜的原因。

我们可以看看《老人与海》中的这段描写:

摸黑干很困难,有一回,那条大鱼掀动了一下,把他拖倒在地,脸朝下,眼睛下给划了一道口子。鲜血从他脸颊上淌下来。但还没流到下巴上就凝固、干掉,于是他挪动身子回到船头,靠在木船舷上歇息。他拉好麻袋,把钓索小心地挪到肩上另一个地方,用肩膀把它固定住,握住了小心地试试那鱼拉曳的分量,然后伸手到水里测度小船航行的速度。

这一连串的动作描写如行云流水,没有丝毫的拖沓,是典型的海明威风格。这其中又涉及"大鱼掀动了一下,把他拖倒在地""回到船头,靠在木船舷上歇息""把钓索小心地挪到肩上另一个地方""伸手到水里测度小船航行的速度"等多个场面的切换。这些场面的切换又好像是无缝衔接的,我们好像正通过一个镜头,目睹了一切事情的发生。

当老人的鲜血流下来时,海明威没有写"好疼",他写的是"还没流到下巴上就凝固、干掉",这就像电影中的特写镜头一样,把血放大了给我们看。当老人"靠在木船舷上歇息"时,并没有写他休息了多久,也没有写他如何疲惫,而是写他"拉好麻袋",好像他瞬间完成休息,暗示他不知疲倦。老人的动作是非常利索的,他刚刚握住了钓索以"试试那鱼拉曳的分量",然后马上

"伸手到水里测度小船航行的速度",中间没有任何的停顿。

在这段话里我们能看到"形式"与"内容"的高度统一:作者干净利落的语言与老人干净利落的动作是完全匹配的。但是,一味地强调海明威文字的简洁是一种普遍的误解,我发现很多评论家都忽略了海明威对小说中关键场景的描写。海明威的笔法是非常细致、精确的,用现在的流行语来讲就是"颗粒度"很细。海明威将老人捕鱼并与鱼缠斗好几天的过程写得非常详尽,不论是老人的一举一动、心理活动的变化,还是鱼的外形、动作,钓索的受力变化等,都呈现出纤毫毕现的效果。虽然《老人与海》总体篇幅不长,但是考虑到其情节是如此的简单、人物是如此的稀少,以至海明威在描写老人捕鱼这个单一的核心事件上,用了很大的篇幅去写,这是一种完全的聚焦。可以说,你很难在别的地方看到如此生动、细致地捕鱼描写。

类似的内容,我们还可以看一看海明威的早期名作《太阳照常升起》。其中,海明威对西班牙斗牛的描写详尽,不论是斗牛士的动作、身姿还是牛的神情、举动,都得到了淋漓尽致地展现。简洁与细致、精确并不矛盾,我们只有把大多数可有可无的内容砍掉才能为另一些内容腾出铺陈的空间。我们如果只知道一味地削减和简化,那最后不就近于零了吗?那阅读这样的内容还有什么趣味和意义呢?海明威的写作风格有很多模仿者,他们如果只看到了海明威的简洁而看不到他的细致、精确的笔法,那就永远不能望其项背。

二、理解对话

中国有句俗语是"听话听音",意思是我们在交谈中不仅要注意对方说了什么话,还要能听出对方的弦外之音。对话是人类社会最基本的活动。自原始社会以来,人类作为一种群居性动物,是依赖于对话进行沟通与交流的,进而才构成有秩序、能合作的集体。

精 读

我们在读一本书时,也经常会进行对话,但是纸面上的对话与真实生活中的对话相比,终究是隔了一层的。我们失去了语音、语调、现场气氛、周围环境等多种信息,要想办法把纸上的对话的背后语境给还原出来,才能让他人真正地理解对话,才可能像在生活中真实对话那样"听话听音"。可以说,理解纸面上的对话就像观察一座冰山。我们在这儿先做一个小测试:比较下面两个英语句子,看一看哪一句话更合理?

There I saw Tom Brown, and Mrs. Hart, and Miss Johnstons, and Colonel Dutton.

There I saw Tom Brown, Mrs. Hart, Miss Johnstons and Colonel Dutton.

这两个句子的区别是在罗列人名时,第一个句子连续使用了"and",而第二个句子则是用逗号分隔,只在最后加一个"and"。显然,第二个句子符合标准的语法。如果在英语考试中,第一个句子很有可能会被判错。但是,丹麦的语言学家叶斯柏森告诉我们这两个句子都是对的,而且都是合理且得体的,只不过它们适用的语境不同而已。在《语法哲学》一书中,叶斯柏森解释说,第二个句子适合在书面语体中使用,而第一个句子则常常在真实的口语对话中发生,因为在口语对话中,"句子在说话人的意识中并不是一下子出现的,而是在说话过程中逐步形成的"。我们可以想象一个对话的场景,我的一个英国朋友向我讲述他一周前参加的一个派对,我问他有谁参加了,他回答我有×××。他在说的时候是一边回想一边回答的,他并没有在回答前就想好会回想起谁以及能回想起几个人,他只是每想到一个人就把那个人说出来,这便会自然而然地形成第一个句子,即连续地使用and。而且叶斯柏森还区分了两个句子在发音语调上的区别,他说,在说第一个句子时,"每个人名都用降调,好像要随时结束",而在第二个句子

178

中,"除最后一个以外的所有人名都用升调"。作为英语语法界的权威,叶斯柏森提倡"活的语法",认为语法是在使用中慢慢演变的,是可以变化的,不是不可逾越的规则。我们可以视具体语境的不同,灵活地使用。在外国小说家的笔下,经常会出现有违语法的不"常规"的句子,而这种不"常规"的句子恰恰还原了某种特殊的语境,能比"常规"的句子表达出更多的深层信息。叶斯柏森曾举例说,在《鲁滨孙漂流记》中,作者笛福经常会写出口语风格的句子,例如"Our God made the whole world, and you, and I, and all things."这个句子连续使用了and而不是逗号,给我们提供了额外的语境信息,即这个句子是说话人在说话时边想边说的。句中不用me,而用I,也是口语风格的典型特点。这种写法比符合语法标准的"常规"写法更让读者感到真实,如临其境。海明威比笛福走得更远,在他的《永别了,武器》中,甚至有这样的句子:"Sometimes still pleasant and fond and warm and breakfast and lunch."作家、文学评论家杨照对此的评论是:"三个形容词后面接两个名词,文法上乱七八糟,和他的经验记忆一样乱七八糟。"对,这种表达上的"混乱"即是对人物内心"混乱"的一种映射,这儿的形式和内容是高度统一的,只不过有心的读者才能体会到罢了。

有了以上的铺垫,我们再来品味海明威作品中以极简著称的人物对话,大概能咂摸出句子中更多的滋味。我以他的长篇小说代表作《太阳照常升起》为例,选取其中的一些对话来进行分析,在这些对话中,我们要特别注意其中不"常规"的部分,这恰恰是对话中最精彩的部分。

《太阳照常升起》对话分析一:

勃莱特走上楼来。我见她喝得醉醺醺的。"干得真蠢,"她说,"惹起了好一阵争吵。嘿,你没有睡觉吧,是不是?"

精 读

"那依你看我在干什么?"

"不知道。几点钟啦?"

我看钟。已经四点半了。"连时间都过糊涂了,"勃莱特说。"嘿,能不能让人家坐下呀?别生气,亲爱的。刚离开伯爵。他送我来这儿的。"

<u>"他这人怎么样?"</u>我拿出白兰地、苏打水和两个杯子。

<u>"只要一丁点,"</u>勃莱特说,"别把我灌醉了。伯爵吗?没错!他是我道中人。"

……………

以上是我截取的小说中人物"我"(即杰克)和女主人公勃莱特的一段对话(对话较长,后面部分从略,以省略号表示)。其中,我用下划线标出了一对很突兀的问答,这对问答是一个明显的不"常规"的处理。

杰克:"他这人怎么样?"

勃莱特:"只要一丁点。"

如果只看两个人说话的内容,那么这组问答是匪夷所思的,典型的牛头不对马嘴。但是如果把对话之外的整个语境加进去,我们就很容易理解了。其实,杰克在说这句话的时候,手上还有动作——"我拿出白兰地、苏打水和两个杯子"。而勃莱特说的话,是在回答杰克的提问之前,穿插了对杰克动作的回应。这个回应,就好像把杰克的动作"高亮"了一下。如果原本我们的阅读速度比较快的话,可能就会忽略杰克的动作。但为了理解勃莱特的"只要一丁点",我们就不得不回到上一句看杰克到底做了什么。如果用眼动仪测试一下,那么大多数人读到这儿很可能会出现"回视"甚至视线还要留一会儿。

海明威的处理太妙了,它让整个对话的场景变得"立体"。我们原本在脑海里演绎这段对话时,肯定会全部聚焦在两个人所说的话上,这是一个以听觉主导的场景。因为上面的处理,我们才会突然关注到视觉,让听觉和视觉交织在了一起。这种交织,让整个对话显得更加真实,就像我们在观看一部电影一样。

《太阳照常升起》对话分析二:

我们上了马车,车夫把旅行包放在他身旁的座位上,爬上驾驶座,抽了个响鞭,车子驶过黑洞洞的桥,进了城。

"我见到你实在太高兴了,"罗伯特对比尔说。"杰克对我讲过你很多情况,我还读过你的那几本书。你把我的钓线带来了没有,杰克?"

马车在旅馆门前停下,我们全都下车走进旅馆。旅馆很舒适,柜台上的接待员非常和蔼可亲。我们每人弄到了一个舒适的小房间。

在上面的对话中,"你把我的钓线带来了没有"看起来是与前面的"还读过你的那几本书"是没有实际关联意义的,即其中存在一个突然的跳转,会让我们在初读时感觉突兀。等我们读到"杰克?"才能明白,原来罗伯特此时已经在对另一个人说话了,他的说话的对象已经转移。我用着重号标出的三个"你"字,虽然都出自罗伯特之口的"你",但具体所指的人物已悄然发生变化,前两个"你"指代比尔,而第三个"你"指代杰克。这种意义的转移是在没有预兆和说明的情况下发生的,我们可以在脑海中想象当时的场景,当时说话的罗伯特一定有一个转头的动作,他的目光应该也会转移,这些在小说中都没有提及,需要读者自己去想象。

如果按照"常规"的写法,那么在此处加一句说明是有必要的(见下面对话中有下划线的部分),即"应该"这样写:

"我见到你实在太高兴了,"罗伯特对比尔说,"杰克对我讲

精 读

过你很多情况,我还读过你的那几本书。"

罗伯特又转头对杰克说:"你把我的钓线带来了没有,杰克?"

不过,这样写就不是海明威了。我猜在海明威看来,"杰克?"这个信息就足以指明了他的说话对象已经转移,再多写一个字都是多余的。不仅如此,海明威在此处还省略了杰克("我")的回答,省略了比尔对罗伯特的回应。通过这三处明显的省略,海明威为我们呈现出这样一个对话场景:三个男人在会面后一起回旅馆的路上,罗伯特想挑起话头,但是比尔和杰克似乎并不想多说什么,于是就变成了罗伯特一个人的独白。如果海明威不采用省略的笔法,而是用"常规"的写法来呈现,那就表现不出这种意味深长的深层语境了。

在对话中突然出现说话对象的跳转是海明威很擅长的写法,尤其当这些对话是在酒吧等社交场合中发生的,这样写会显得内容非常逼真。因为在我们的生活经验里,如果一场对话是在多人之间进行的,那么就不可避免地会出现某种混乱——张三对李四说,李四又对王五说,赵六又突然插进来一嘴……这是常有的情况。如果作者想迎合读者,想让读者读起来更方便,那就会把人物对话梳理得井井有条,虽然这样令读者的阅读难度降低了,但是多人对话中应该有的"混乱感"就消失了,就堕落成一个"不真实"的三流文本。

我们再看看接下来这个更复杂的例子。

《太阳照常升起》对话分析三:

同一天上午,我在编辑部写信告诉科恩,我和比尔将于二十五日离开巴黎,如有变化另行电告,并约他在巴荣纳会面,然后可以从那里搭长途汽车翻山到潘普洛纳。同一天晚上七点左右,我路经"雅士",进去找迈克和勃莱特。他们不在,我就跑到"丁戈"。他们在里面酒吧柜前坐着。

182

第六章 | 冰山理论

"你好,亲爱的。"勃莱特伸出手来。

"你好,杰克,"迈克说,"现在我明白昨晚我醉了。"

"嘿,可不,"勃莱特说,"真丢人。"

"嘿,"迈克说,"你什么时候到西班牙去?我们跟你一块去,行吗?"

"那再好不过了。"

"你真的不嫌弃我们?你知道,我去过潘普洛纳。勃莱特非常想去。你们不会把我们当作累赘吧?"

"别胡说。"

"你知道,我有点醉了。不醉我也不会这样问你。你肯定愿意吧?"

"别问了,迈克尔,"勃莱特说,"现在他怎么能说不愿意呢,以后我再问他。"

"你不反对吧,是不是?"

"如果你不是存心要我恼火,就别再问了。我和比尔在二十五日早晨动身。"

"哟,比尔在哪儿?"勃莱特问。

"他上香蒂利跟朋友吃饭去了。"

"他是个好人。"

"是个大好人,"迈克说,"是的,你知道。"

"你不会记得他了。"勃莱特说。

"记得。我完全记得。听着,杰克,我们二十五日晚上走。勃莱特早上起不来。"

"当真起不来!"

…………

这段对话很长,为了节约篇幅,我这里只节选了前面一半内容。对话的参与者有"我"(杰克)、勃莱特和迈克三个人。我先

精 读

交代一下人物、地点和背景：勃莱特是一个漂亮姑娘，她有很多追求者；迈克是勃莱特的未婚夫；"我"和勃莱特相识较久，和勃莱特是好朋友，也爱慕着勃莱特。文中提到的比尔和科恩都是"我"的朋友，因"我"而结识了勃莱特。这段对话发生的地点是巴黎一家名叫"丁戈"的酒吧，对话中提到的"潘普洛纳"是西班牙的一座城市，以盛大的斗牛节而闻名。小说的后半部分写的是以上几个人离开巴黎，前往潘普洛纳观看斗牛。上面的这段对话发生在他们动身之前。

叶斯柏森在《语法哲学》中写道，如果要了解语言的本质，就不能忽视"两个人"，即语言的发出者和接受者以及两者间的相互关系。这两个人可称为说话人和听话人（speaker and hearer）"。在对话中，每一句话都存在说话人和听话人，例如下面这句话。

老张对我说："你明天一定要来。"

这句话中，说话人是老张，听话人是"我"，这是明白无误的。

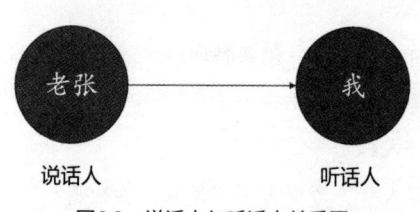

图6.2 说话人与听话人关系图

但是在海明威的对话描写中，经常会省略掉说话人和听话人，往往出现类似这样的句子："你明天一定要来。"这句话是谁对谁说的呢？分辨说话人和听话人对我们读者来说是一种挑战，我们必须根据上下文，发挥出自身的推理能力，才能确定说话人和听话人是谁。例如下面这样的对话。

"你明天一定要来。"

184

"当然,当然。"我对老张说。

显而易见,我们能根据"我对老张说"来推测上一句话是老张对我说的。这个过程明显涉及了推理,尽管这个推理很简单,但仍需要我们主动思考,参与到阅读中,不是被动地接收信息。

如果对话在两个人之间发生,那么此类推理并没有太大难度:假如能确定第一节是张三对李四说话,那么下一节就是李四对张三,再下一节又是张三对李四……但是在三人及三人以上的对话中,推理就会变得复杂。我在前面引用的《太阳照常升起》中的三人对话就出现了这样的情况,一半以上的发言没有写明说话人是谁,即便写了说话人也没有写明听话人,这些被省略的部分都需要我们自己去填补。我们需要基于上下文,基于对每一个句子的内容及话语背后的口吻等信息,将其拼接起来,才能还原整个对话的语境,才能彻底明白这些对话的具体内容。

① "你好,亲爱的。"勃莱特伸出手来。
② "你好,杰克,"迈克说,"现在我明白昨晚我醉了。"
③ "嘿,可不,"勃莱特说,"真丢人。"

这里的三段话分别是谁对谁说的呢?根据上下文,我们可以推断出:

- 是勃莱特对杰克说话。
- 是迈克对杰克说话。
- 是勃莱特对迈克说话。

我们分析到这儿就可以看出来,"说话人和听话人"的转换简直是纷乱的,说话人和听话人的角色不断地转换和穿插,几乎没有规律可循。当张三对李四说完以后,下一句并不一定是李四对张三的回应,而是存在多种可能的。我们换一个角度来看,只有这样的对话才是"流动"的。这种真实"流动"的对话,比那种一板一眼、你问我答式的对话要真实多了。

为了搞清楚以上对话中每一句话的说话人和听话人到底是谁，我必须借助图示进行分析。

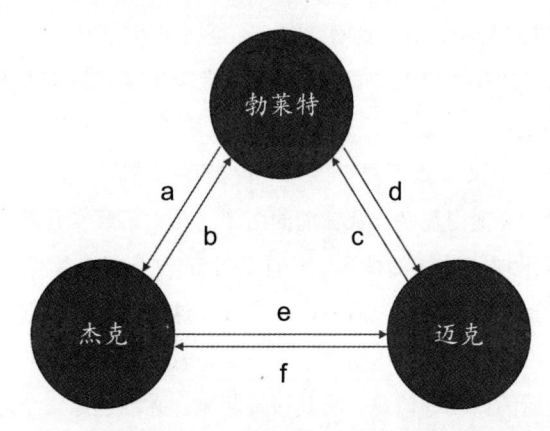

图6.3 《太阳照常升起》某段对话中的说话人和听话人关系图

这个图展示了六种可能存在的"收话人和听话人"关系，我们会发现在上面的对话中这六种关系都交错出现了。

【a】"你好，亲爱的。"勃莱特伸出手来。

【f】"你好，杰克，"迈克说，"现在我明白昨晚我醉了。"

【d】"嘿，可不，"勃莱特说，"真丢人。"

【f】"嘿，"迈克说，"你什么时候到西班牙去？我们跟你一块去，行吗？"

【e】"那再好不过了。"

【f】"你真的不嫌弃我们？你知道，我去过潘普洛纳。勃莱特非常想去。你们不会把我们当作累赘吧？"

【e】"别胡说。"

【f】"你知道，我有点醉了。不醉我也不会这样问你。你肯定愿意吧？"

【d】"别问了，迈克尔，"勃莱特说，"现在他怎么能说不愿意呢，以后我再问他。"

【f】"你不反对吧，是不是？"

【e】"如果你不是存心要我恼火，就别再问了。我和比尔在二十五日早晨动身。"

【a】"哟，比尔在哪儿？"勃莱特问。

【b】"他上香蒂利跟朋友吃饭去了。"

【a】"他是个好人。"

【c】"是个大好人，"迈克说，"是的，你知道。"

【d】"你不会记得他了。"勃莱特说。

【c】"记得。我完全记得。"

【f】听着，杰克，我们二十五日晚上走。勃莱特早上起不来！"

【a】"当真起不来！"

只有在这样的分析以后，我们才能直观地感受到海明威的对话表述真是"简约而不简单"。从表面上看，那些对话的句式简短、用词简略（这个当然没错）。但在对话关系的营造上，那些句子却是纷繁复杂、交错流动的，既充满了节奏和张力，又能渲染出人物的性格。我们如果有一点不留意、不专注，就可能会被这样的对话给绕晕。我们只有通过细致地阅读，加以想象和推理，还原出整个的对话语境，才能真正把握这些对话的精髓。

三、反讽

"白纸黑字"意指有确凿的文字证据，不容抵赖。其暗示这样一个前提：写在纸上的文字能传达出明确、可靠、不容置疑的信息。但是，有些文字所表达的信息就是不确定的，我们就是很难搞清其真正的含义。不信的话，我们看一看下面的对话。

精 读

甲:"我爱你。"

乙:"真的吗?"

甲:"开个玩笑。"

在这段对话里,甲否定了他前面说的一句话。从字面上来看,甲的"我爱你"是假的,但确实如此吗?有没有可能"开个玩笑"才是开玩笑,而"我爱你"这句话是真的?我们可以猜测一下乙对甲的感觉是什么样的。有没有可能乙是爱着甲的?在这段对话里,甲对乙的感觉及乙对甲的感觉都是难以确定的。

我们在阅读一本书特别是文学作品时,很可能遇到类似的情况,即:一句话实际表达的意思可能并不等同于字面意思,甚至是与字面意思相反。有一个概念可以指代这种现象,那就是反讽——有至少三种不同类型的反讽,即语言反讽、情境反讽和戏剧反讽。

语言反讽,指的是一句话实际表达的意思跟字面意思相反。当一个人说"我真是太喜欢堵车了"时,就很可能属于语言反讽,即他真正表达的意思是"我太讨厌堵车了"。

情境反讽,指的是事情实际发生的情况跟预期的完全相反。在憨豆先生的表演中,他的举动所带来的后果往往与他原来的意图相反,这就构成了情境反讽。

戏剧反讽,在小说、电影和戏剧中非常常见,指的是观众知道一些故事中的人物所不知道的事情,比如读者或者观众看到故事中一个角色伪装了自己的死亡,而其他角色则以为他是真的死了,一齐哭天抢地、悲痛哀号,这就形成了戏剧反讽。

高明的作者经常会使用反讽的技巧,因此,我们在阅读中不仅要看明白书中叙述和对话中的表面含义,还要结合上下文去理解、推敲文字背后的作者所持的"口吻"。如果丈夫对妻子说"凡是你说的都是对的",那么丈夫真正表达的是什么意思呢?有可能是字面意思,即丈夫真的认为妻子说的都是对的。也有可能是与之相反的意思,即丈夫使用了"语言反讽"。为了确定到底是哪一种情况,我们就要揣摩丈夫的"口吻",丈夫的"口吻"决定了对这句话的真实意义。

一个深度阅读者应该对作者的"口吻"保持敏感,因为"口吻"中暗含了巨大的信息。成熟的作者并不喜欢像直筒倒豆子一样,把他心底的想法和意图全部铺陈在字面上(毕竟谁都不喜欢一股脑地说教)。他们会不动声色地布下语言的迷阵,让我们自己去体会和想象。除非阅读的内容是产品说明书,不然的话,我们就不要轻易把字面意思跟作者真正想表达的意思简单地画上等号。

《老人与海》的结尾处有作者"戏剧反讽"的笔法。在老人带着捕获的大马林鱼回到渔村的那天下午,露台饭店来了一群旅客,有一个女人看见海滩上一条巨大的尾巴,这正是老人与之搏斗数天之后捕回来的鱼,但是由于回程途中被闻到血腥味的鲨鱼多次围攻,大鱼身体上的肉被吃光了,只剩下了头尾和骨架——显然鲨鱼在这部小说中是一个非常可恨的角色。可女人恰好误以为这是鲨鱼的尾巴,于是便有了下面的对话。

"我不知道鲨鱼有这样漂亮的、形状这样美观的尾巴。"

"我也不知道。"她的男伴说。

所有的读者都知道书中这两个人弄错了,可这两个人却被蒙在鼓里,说着傻话——这就是戏剧反讽。我们都知道海明威的表述是非常简洁的,他在这儿并没有对这两个人进行任何评价,但是我们能感受到作者的"口吻",我们似乎隐约听见从书中传来的嘲讽声。这个女人可能是因为喜欢大海,所以才到海边旅游,但是她对大海一无所知,才会根据不确切的信息轻率判断。也许对她来说,这条鱼到底是鲨鱼还是别的什么鱼都是无关紧要的,她只要给出一些装腔作势的赞叹,诸如"好漂亮"之类的话就可以了。更可笑的是那个男人,他的附和是模棱两可的,他也不清楚这条鱼是什么

精读

鱼，虽然无法肯定这是鲨鱼，但是他也不愿意质疑，便采用了"附和"这种最保险的方法。（这与我们观察到的生活经验非常一致：男人总有无数种方法在女人面前掩饰自己的无知。）

我们从阿根廷文学家博尔赫斯的作品中也能深切体会到反讽的魅力。在短篇小说集《恶棍列传》（王永年译，上海译文出版社）中，随处可见他使用反讽的口吻来叙述故事。

请看《心狠手辣的解放者莫雷尔》中的开头部分。

一五一七年，巴托洛梅·德拉斯卡萨斯神甫<u>十分怜悯</u>那些在安的列斯群岛金矿里过着非人生活、劳累至死的印第安人，他向西班牙国王卡洛斯五世建议，运黑人去顶替，让黑人在安的列斯群岛金矿里过非人生活，劳累至死。他的<u>慈悲心肠</u>导致了这一奇怪的变更，后来引起无数事情……

博尔赫斯是一个十分独特的小说家，他的叙述新奇，易使人疑惑。这个开头引出了一个残忍的历史事实，在位于加勒比海的安的列斯群岛中，白人控制并奴役印第安人，让他们在金矿里"过着非人生活、劳累至死"，然后由于印第安人的大量死亡造成了劳动力的短缺，白人便从非洲运送黑人来做奴工。这本是罪恶滔天的事情，但博尔赫斯在这儿使用反讽，用"十分怜悯"和"慈悲心肠"进行描述。这种故意为之的反语，形成了一种离奇的荒诞色彩，正好跟这段荒诞的历史相匹配。

这篇小说后续部分还有多处采用了类似的笔法。

这片辛劳的土地和这批黑人的主人都是些留着长头发的老爷，饱食终日，贪得无厌，他们住的临河的大宅第，前门总是用白松木建成仿希腊式。买一个身强力壮的奴隶往往要花一千美元，但使唤不了多久。有些奴隶<u>忘恩负义</u>，<u>竟然</u>生病死掉。从这些靠不住的家伙身上<u>当然</u>要挤出最大的利润才行。因此，他们就得在地里从早干到黑；因此，种植园每年都得有棉花、烟草或者甘蔗收成。

"忘恩负义"和"靠不住"是对黑人奴隶的描述，显然属于语言反讽，并且反讽的力度被"竟然"和"当然"这两个副词进一步加强。这样的句子好像正是奴隶主的口吻，他把奴隶主的想法真实地再现出来。

这篇小说中的主人公莫雷尔是一个名副其实的恶棍，他靠在不同庄园中倒卖黑人而获利，他很善于伪装，把自己包装得很高大；虽然他没有读过《圣经》，却能假模假样地布道，吸引来很多听众，但实际上这只是他犯罪的伎俩。

<u>另一个充满圣洁激情的**绝妙**例子是莫雷尔本人提供的</u>。"我顺手翻开《圣经》，看到一段合适的圣保罗的话，就讲了一小时二十分钟的道。在这段时间里，克伦肖和伙计们没有白待着，他们把听众的马匹都带跑了。我们在阿肯色州卖了所有的马，只有一匹烈性的枣红骝，我自己留下当坐骑。克伦肖也挺喜欢，不过我让他明白他可不配。"

莫雷尔亲自讲述了他自己的一个犯罪事件：他用《圣经》做幌子，行盗窃之实。可是作者给这件事加上的评语竟然是"充满圣洁激情"和"绝妙"。如果说莫雷尔是一个奸恶的伪装者的话，那么在这里博尔赫斯也相应地使用了"伪装"的语言。

在《恶棍列传》中，恶贯满盈的恶棍都没有好下场，莫雷尔也不例外，在莫雷尔最后的日子里，他原本想干一票大的，他想"发动一次大规模的黑人起义，攻下新奥尔良，大肆掳掠，占领这个地方"，随后他又"策划一次遍及全州的行动，把罪恶勾当拔高到解放行动，好载入史册"。当读者读到莫雷尔的策划后，顺理成章地会期待接下来发生的事情，即莫雷尔到底是怎么行动的，不管他最后是成功还是失败了，这终究是一个波澜起伏的、值得期待的故事，可是博尔赫斯却故意让读者的期待落空，莫雷尔不仅没有搞出什么大事件，而且还莫名其妙、悄无声息地死掉了。

一八三五年一月二日，拉萨鲁斯·莫雷尔在纳齐兹一家医院里因肺充血身亡。住院时用的姓名是赛拉斯·巴克利。普通病房的一个病友认出了他。一月二日和四日，有几个种植园的黑奴打算起事，但没有经过大流血就被镇压了下去。

这便是这篇小说的结尾。莫雷尔这个声名显赫的恶棍不知何故地死于"肺充血"，他的计划还没来得及实施就戛然而止了，他的生命简直不堪一击。这是一个明显的"情境反讽"式的结尾，即事件的发展与主人公的预期完全不一致，也出乎所有读者的意料。更绝的是，博尔赫斯不动声色地用日期来增加其中的反讽意味。莫雷尔是在一八三五年一月二日在医院死去的，而在这同一天（一月二日）以及两天后（一月四日），就有黑奴发生了暴动，显然黑奴的反抗根本就不需要莫雷尔这根"搅屎棍"的参与，莫雷尔的存在根本是无足轻重的——这就是对一个恶棍的盖棺定论了吧。

许多人读博尔赫斯的作品时会感觉读不懂，一个原因是他的叙述"口吻"是巧妙、特殊的，既不同于我们日常的说话方式，又与大多数的文学作品大相径庭，我们只能细细揣摩他作品中的每一个句子、每一处用词，才能略微洞悉其奥妙。博尔赫斯经常使用的叙述技巧不仅有反讽，还有"矛盾修饰"——把两个或以上互相矛盾的词并置在一起，于是便构成了一种自相矛盾的叙述。有些我们比较熟悉的句子便属于矛盾修饰，如"痛并快乐着"，又如"你的沉默震耳欲聋"。在英语世界中，也有很多矛盾修饰式的表达，如"deceptively honest（欺骗性的诚实）""cheerful pessimist（快乐的悲观主义者）""cruel kindness（残酷的仁慈）""minor miracle（微小的奇迹）""sad smile（悲伤的笑）""true fiction（真实的虚构）""wise fool（聪明的傻瓜）"等等。这种表达给人的感觉是，它们并不是一眼就能读懂的，而是需要停下来细细琢磨，甚而会觉得其意义在两极之间摇摆，有些不可捉摸。这种矛盾和不确定的叙述方式正是博尔赫斯所热衷的。

在《心狠手辣的解放者莫雷尔》中，有一段话是讲一位现场观众对莫雷尔的"假布道"的感受。

"我见过讲坛上的拉萨鲁斯·莫雷尔，"路易斯安那州巴吞鲁日一家赌场的老板说，"听他那番醒世警俗的讲话，看他那副热泪盈眶的模样，我明知道他是个色鬼，是个拐卖黑奴的骗子，当着上帝的面都能下毒手杀人，可是我禁不住也哭了。"

这段话好笑的地方在于自相矛盾，矛盾到根本难以自圆其说。反正我无法理解这位赌场老板在这么多"明知道"以后还能被莫雷尔的布道感动得哭出来——这就是矛盾修饰，它的一个作用就是揭示事物背后的荒谬性以及生活中无处不在的"悖论"。许多人都知道，博尔赫斯一生都痴迷于镜子、迷宫以及悖论这些东西，在他的作品中，我们总是能在不经意间发现它们的影子。

矛盾修饰和反讽具有共性，也有所不同。共性的地方在于它们描绘和揭示的都是"相反"或"矛盾"的东西，不同的地方在于反讽是在"似是而非"中选择了某种"是"或"非"，而矛盾修饰则是让"似是而非"保留其"既是而非"的特征。博尔赫斯在综合使用反讽和矛盾修饰时，能讲出奇妙而出人意料的故事，揭示出世界的荒谬性和重重矛盾。

对博尔赫斯来说，文学不过是一种游戏，他是沉迷在这种游戏中的学识渊博、才华横溢的顽童。在这一点上，他与王国维的见解不谋而合，王国维在《人间词话》中有这样一句绝妙的话："诗人视一切外物，皆游戏之材料也。然其游戏，则以热心为之，故诙谐与严重二性质，亦不可缺一也。"身兼诗人和小说家的博尔赫斯也是如此。博尔赫斯的口吻既是庄重的（即王国维所称的"严重"）

又是戏谑的（即王国维所称的"诙谐"），他的作品所触及的知识是广博、芜杂的，因为他"视一切外物，皆游戏之材料也"。对读者来说，我们也只有报以相同的"热心"去读，方才能品出其中的味道，这也是深度阅读的乐趣所在。

四、可说的但是被隐藏的

作者就像裁缝，他们面前有巨大的、成卷的布料，他们进行巧妙裁剪，只取出一小块就能做成一件得体的衣服。他们清楚做一件衣服并不是布料越多越好，毕竟成功不是靠材料去堆砌的，其在于尺寸和宜、比例协调。有时候为了好看、时尚，他们还要做减法，故意裁剪一部分，达到欲隐欲现的效果。

遥想几万年前的祖先，他们也曾在星夜下、篝火边，听老人讲口口相传的故事。那些故事到底是怎样讲的呢？我想，其定然不会是面面俱到、事无巨细的，不然听众们是会不耐烦的。我想，其必定是有详有略的，故事里有明确的主线，老人视情况把一些枝叶剪掉。而文字不过是话语的记录，书也不过是文字的汇集。当我们在读一本书时，实际上就是在消化一组被精心裁剪、拼接、打磨、抛光过的信息。严肃的作者会慎重地对待他们书中的每一句话、每一个词，务必使其恰如其分，安放在其该在的位置上。同样一个故事可以有一百种讲法，而作者必须找到一种他认为最精彩的方式。

我读《水浒传》，感觉施耐庵真是神人，他讲故事的方式如此娴熟和精巧，妙招迭出，让人拍案叫绝。他绝对懂得信息的显隐之道，该铺陈的时候铺陈，该省减的时候省减，该直笔的时候直笔，该侧描的时候侧描。他会在必要的时候把一部分信息隐藏起来，让我们跟着人物的视角去观察、去勘探，让我们在无形中堕入故事之内，身临其境，忐忑不安。

清代的小说评点大师金圣叹从《水浒传》中找出的讲故事技巧

有十多种，如倒插法、夹叙法、草蛇灰线法、大落墨法、绵针泥刺法、背面傅粉法、弄引法、獭尾法等等。我就不在这儿一一介绍这么多的妙法了，你们有兴趣的话，可以去读一读《金圣叹批评本·水浒传》。我在这儿只用《水浒传》中一个重要的情节"智取生辰纲"进行分析，来展示施耐庵是如何用"隐藏信息"的方法来讲故事的。

"智取生辰纲"的行动发生在《水浒传》的第十六回，但是相关的策划工作在十四回就已展开。一开始是赤发鬼刘唐找到托塔天王晁盖商议，随后加入了智多星吴用，然后吴用又赴石碣村找来阮家三兄弟，再是一清道人公孙胜入伙，集成七人团队（后面又找来白日鼠白胜加入，总共八人）。团队组建的过程写得非常详尽，然后吴用计划好计谋，"力则力取，智则智取"，诸位英雄都表示认可——不过，计谋的具体内容在对话中被隐藏了，读者并不清楚。在两回文字的铺垫后，行文至此已经是第十六回的开头，我们正期待着这八个人该行动了。没想到，施耐庵笔锋一转，突然跳过这几人，直接去写青面兽杨志了。

杨志正是生辰纲（内有庆贺太师蔡京寿辰的十万贯金银珠宝）的押送人。此时的杨志是大名府梁中书手下的爱将，梁中书是太师蔡京的女婿，每年逢太师蔡京寿辰梁中书都要送厚礼到都城开封。梁中书器重杨志，就委任他押送生辰纲这个重要任务。一开始杨志是推脱的，因为他深知沿途山势险峻，恶匪极多，这个活可不好干。但是几经拉扯后，杨志还是不得已承接了下来。杨志一行总共十五人，除了杨志，还有十一个禁军士兵，每人挑一旦金银珠宝，另有老都管一人、虞候两人，这三个人都是梁中书的夫人（蔡京的女儿）身边的人。十五人都是便装打扮，没有用车马，步行赶路。沿途热浪袭人，又多是山路，众人都走得很辛苦，十一个禁军更是叫苦不迭、怨声载道，而杨志却十分严厉，不让他们多休息，因为他深知，路上随时有盗匪出现，有着难以预料的危险，必须抓紧赶

精读

路才行。

　　说到这儿，我们思考一下，现在有两拨人即将相遇了，劫案马上就要发生了，一拨是以晁盖为首的八名劫匪，另一拨是杨志等十五名官兵。怎么表述出来两拨人的冲突才会精彩呢？其中，有一个至关重要的问题：是应该采用晁盖等人的视角，从"劫者"的角度去写，还是采用杨志的视角，从"被劫者"的角度去写？一般按常理分析的话，有一个简单的判别标准：谁是主角就采用谁的视角。可是，《水浒传》很特殊，是一部群像作品，里面的主角不是一两个人，而是一群人。比如第二回出场的九纹龙史进，那一回的叙述就是以史进的视角为主。

　　这个视角类似我们上一章讲的"有限第三人称视角"，在以史进的视角表述时，一般会描写史进的内心活动，但一般不会涉及其他人的内心活动描写。到了第三回，史进与鲁智深相遇后，作者便将史进按下不表，开始讲鲁智深的故事，于是，书中的视角就切换成了鲁智深的"有限第三人称视角"。鲁智深这个人物很重要，他的故事从第三回一直讲到第七回，在第七回中，鲁智深遇到了林冲，于是书中的视角又切换为林冲的视角，讲了几回林冲的故事，依此类推……

　　我们再回到劫生辰纲这个事件上，杨志是其中的主要人物，但是晁盖、吴用等人更是其中的主要人物，从主要人物的人数对比来看的话，按理说，作者应先从晁盖一方的视角来写，再从双方在事件中扮演的角色进行分析。就一个劫案来讲，好像从劫匪的角度切入表述更合理，也更常见。毕竟劫匪是主动进攻方，被劫者是被动防御方，那肯定是进攻方更"有戏"。更何况这次抢劫是劫匪成功了，既然劫匪的"表现"更好，那更应该从劫匪的角度去写。

　　这就像我们看到的许多好莱坞电影，凡是劫盗的故事，一般都是从劫盗者的角度去拍。比如在著名电影《十一罗汉》中，由乔治·克鲁尼、布拉德·皮特等明星扮演的大盗角色，组建了一个十一人的"专业"团队,实施了难度超高的盗窃犯罪。

其实,从组建团队这个铺垫环节来看的话,《十一罗汉》和"智取生辰纲"还有些相似,但是在实施环节,两者的处理是相同的吗?答案显然不是。施耐庵写到这部分内容时,做了一个大胆的决定,他决定采取杨志的视角而不是晁盖等人的视角来写整个"智劫生辰纲"的过程。请你分析一下,施耐庵为什么要这么做呢?晁盖等人"智劫生辰纲"的策划和行动,杨志是不知道的,杨志只能预料到会有盗匪来劫,但是杨志并不知道以下内容:

- 具体在哪儿劫?
- 在什么时候劫?
- 谁来劫?劫匪的人数和武力值情况如何?
- 用什么方式来劫?

所以,他只能小心防备,抓紧赶路,虽感到危机四伏,却不能针对性地做出防御。从他的视角来看,几乎所有的信息都在"水面之下"。杨志一众在"明处",是"猎物",而晁盖等人却在"暗处",是"猎手",他们已经预判到押送生辰纲的官兵会走黄泥岗,早就选好了行动地点,制订好行动计划。只要不出意外,"智取生辰纲"于他们来说已是探囊取物,他们势在必得。杨志等人一旦走入黄泥岗便是羊入虎口。

施耐庵选择了从杨志的视角描述劫案发生的经过,本质上就是选择了一个"低信息"的视角,将大量本可以明明白白地讲出来的信息给硬生生地隐藏起来。当我们跟随杨志的脚步踏入黄泥岗,此后每一步便都是步步惊心,明明知道危险在逼近,又如堕入浓雾一般,不知道到底会发生什么——营造出悬疑的氛围。

以下面这段描写为例。

> 杨志却待再要回言,只见对面松林里影着一个人在那里舒头探脑价望。杨志道:"俺说甚么,兀的不是歹人来了!"撇下藤条,

精读

拿了朴刀,赶入松林里来,喝一声道:"你这厮好大胆,怎敢看俺的行货!"只见松林里一字儿摆着七辆江州车儿,七个人脱得赤条条的在那里乘凉。一个鬓边老大一搭朱砂记,拿着一条朴刀,望杨志跟前来。七个人齐叫一声:"呵也!"都跳起来。杨志喝道:"你等是甚么人?"那七人道:"你是甚么人?"杨志又问道:"你等莫不是歹人?"那七人道:"你颠倒问,我等是小本经纪,那里有钱与你。"杨志道:"你等小本经纪人,偏俺有大本钱。"那七人问道:"你端的是甚么人?"杨志道:"你等且说那里来的人?"……

这一段写得正是杨志与晁盖等人的初次相遇,全都是从杨志的视角去写。从杨志的角度来看,他只能怀疑他在林中见到的这七个人是劫匪呢,但他无法确定。他只能问对方"你等是甚么人?"。那七个人非常聪明,他们直接反问"你是甚么人?"。其实,杨志是在问对方"你们是不是贼?",那七人反问杨志也是在向杨志表达"你是不是贼",这样的反问会让那七个人看起来不过是怕贼的平民罢了。所以双方一来二去,对峙了好几遍。双方看上去剑拔弩张,实际上是杨志已经进入那七个人的圈套。那七个人表示他们是卖枣子的小商人,让杨志信以为真,放松了警惕。

如果从晁盖等人的视角去写这个相遇的场面,那作者应该会点明那七个人的名字,写清楚××说了什么话,××有什么动作,"那七人道"可能会改成"晁盖道"或者"吴用道",这样的叙述能给我们更多、更准确的信息。

文中的"那七人道"是很模糊的,但这种模糊是杨志视角必需的,毕竟从杨志的角度来看,他怎么可能分得清那七个人中谁在讲话呢,或许是那七个人中的一个领头在说话罢了。

我们再来看一看下面的这段描写。

那汉子口里唱着,走上冈子来,松林里头歇下担桶,坐地乘凉。众军看见了，便问那汉子道："你桶里是甚么东西？"那汉子应道："是白酒。"众军道："挑往那里去？"那汉子道："挑去村里卖。"众军道："多少钱一桶？"那汉子道："五贯足钱。"众军商量道："我们又热又渴，何不买些吃，也解暑气。"正在那里凑钱，杨志见了，喝道："你们又做甚么？"众军道："买碗酒吃。"杨志调过朴刀杆便打，骂道："你们不得酒家言语，胡乱便要买酒吃，好大胆！"众军道："没事又来鸟乱。我们自凑钱买酒吃，干你甚事，也来打人。"杨志道："你这村鸟理会的甚么！到来只顾吃嘴，全不晓得路途上的勾当艰难。多少好汉，被蒙汗药麻翻了。"那挑酒的汉子看着杨志冷笑道："你这客官好不晓事，早是我不卖与你吃，却说出这般没气力的话来。"

杨志在遇到卖枣的七个人后，又遇到了一个卖酒的人。如果从晁盖等人的视角去看，我们会马上明白这个人就是白日鼠白胜。但从杨志的视角来看这段描写，那就必须用"那汉子"来表示那个卖酒的人，因为杨志根本不知道那个卖酒的人是谁，也不知道那个卖酒的人跟卖枣的那七个人是一伙的。他不知不觉走入吴用设计好的局中，他眼前的是一场情节逼真、瞒天过海的大戏，可他自己却浑然不知。

实际上，初读《水浒传》的我们也是不明就里的，我们也不知道那个卖酒的人就是白胜，更不知道那个看上去并不起眼的卖酒人能给杨志带来什么难以预料的祸端。

这就是从杨志视角切入"智劫生辰纲"的妙处。施耐庵明明可以从晁盖等人的视角来写，或者在晁盖视角和杨志视角之间穿插、切换着写，但是他偏偏不这么做。施耐庵偏偏要在一层层的铺垫、烘托之下，一以贯之地从杨志的视角去写，让我们跟随着杨志，步入已经被吴用设定好的圈套；让我们跟随杨志，眼睁睁地看着生辰纲被劫走而无可奈何，感受杨志这个孤胆英雄被逼上绝境时的无力感。这是何等的笔力啊!

在本章一开始的部分中,我画了一个图,在上面标出了三类信息:"已言说的""可说但是被隐藏的""不可言说的"。其中,"已言说的"信息是指水面之上的信息,后两种则是指水面之下的信息。在"智劫生辰纲"中,施耐庵出人意料地使用杨志这个"被劫者"的视角进行叙述,把大量可说的信息隐藏在水面之下,将这个故事讲得格外精彩,形成了一种叙事张力。作为读者,我们要在字里行间看出信息的显与隐,思考作者为何要做这样的设计和排布,其用意为何……方能体会到作者的深思熟虑和良苦用心,我们也才能体会到经典佳作的无穷魅力。

五、不可言说的"意"

苏轼在其晚年时被贬到儋州(今属海南)为官。当时,有一个名叫葛延之的年轻人因十分仰慕苏轼,不远万里从江阴(今属江苏)赶到儋州,看望苏轼。苏轼也很高兴,留他住了一个月。

其间,葛延之向苏轼请教写作的方法。苏轼告诉他,儋州这个地方虽然只有几百户人家,但是百姓要什么东西都可以在集市上得到,但这些东西不是白拿的,要靠一种东西——钱来换,用钱就可以换任何东西。写作也是一样的,可以用在写作中的材料有很多,天下各种事,都能在"经子史集"等经典著作中找到,我们要使用这些材料,也不是白拿的,而是要靠"意"来交换。你如果没有"意",就无法使用经典著作中的材料了。这就是写作中至为重要的关键。(这个故事收录在葛延之的堂弟葛立方编著的《韵语阳秋》一书中,应该是非常真实的记录。)

那么,什么是"意"呢?我们来看一下苏轼当时说的原话:"天下之事散在经、子、史中,不可徒使,必得一物以摄之,然后为己用。所谓一物者,意是也。不得钱不可以取物,不得意不可以用事，此作文之要也。"

在这儿，我们要理解两个关键的字词。第一个是"摄"，摄不光有拉、拽的意思，还有掌管、管辖之意。第二个是"用事"，有引用典故之意。因此，苏轼说了，"意"的功能很强大，我们可以用其掌管各种经典著作中的典故，将那些典故用在自己的创作中。现在的一些相关材料把这段话中的"意"解释为"文章的中心思想"，我觉得这是不确切的。归纳一篇文章的中心思想是现在语文学习中的一个常见训练，但往往都很套路——"体现了作者的××之情""体现了作者对××的向往和怀念"……这种中心思想的归纳流于浅表、过于狭隘，怎么可能具有掌管"经史子集"中"天下之事"的功用呢？

我的个人看法是：苏轼说的"意"实际上是指一个人的思想境界，是一个人的人生哲学，是一个人的世界观、人生观、价值观。并不是每个人都有"意"的，如果一个人活得稀里糊涂，对世界懵懵懂懂，天天得过且过、随波逐流，那么这个人当然写不出东西，更不用说理解和运用"经子史集"中的内容了！文风见秉性，文品见人品，一个人必须站在一定的思想高度上，对宇宙、人生有其独立的思考、独特的见解，才能写出好文章，也才能把古人的种种深刻、广博的识见为己所用。我认为这才是苏轼真正想表达的意思。

在二十世纪上半叶，我国的一位很好的传记作家——李长之写过一本《司马迁之人格与风格》。他在书中不仅介绍了司马迁的生平经历，还特别剖析了司马迁的精神世界，指出司马迁是儒家思想坚定的信奉者，偶像是孔子。司马迁视孔子为毕生学习的楷模，希望他也能接近"圣人"的功绩，他也因此才以坚韧不拔的意志写出皇皇巨著《史记》。

李长之还写过一本《道教徒的诗人李白及其痛苦》，他在书中分析了李白的内心。他认为，李白是一个道教徒，其诗中常常有仙山、仙境，这不只是比喻和想象，还是李白的理想。但是，李白的修仙求道又没有那么决绝,李白留恋尘世,希望在仕途上有所建树,因此落入求之不得的痛苦中。所以,李白的诗歌往往是洒脱、快意的外壳中包裹痛苦的。这些都是埋藏在文本背后的"意",是深之又深的"水下世界"。

我们再说到苏轼。苏轼的学问和兴趣贯通儒释道三家。儒家自不必说。在道家方面,他受《庄子》的影响很深。禅宗也是他的兴趣所在,多位高僧都与他交往甚密。苏轼把儒释道三家融汇在一起,成就了他独特的哲学思想,也提升了他诗文的高度。

其实,写小说也是如此。写小说绝不是"开脑洞""编故事"这么简单,一个优秀的小说家必然有其深刻的哲学思想,一个没有思想高度的小说家的作品,会因为经不起反复地阅读和赏鉴,而没有长久的价值。但是,这里面似乎又存在着一个悖论:我们虽然认为"意"对写作至关重要,但又很难通过文字把"意"直白地表达出来,总是在"曲径通幽"中半掩半藏。我们要是用直白的方式表达,大概就会是下面这样:

张三欲想表明心迹,他说:"我是一个好人。"

这句话够直白了,可是其他人能理解吗?我们可能会想:"好人"到底是什么意思?如何定义"好人"?于是,我们对此便有了不同的理解。但是,这些理解跟张三对"好人"的理解是一样的吗?跟张三想表达的意思一样吗?这就很难说,也许我们的理解就此变成了误解,觉得张三的话语焉不详。

苏轼觉得他自己是一个好人,他对此的表达就很有趣。《东坡志林》中有一篇文章叫《谢鲁元翰寄暖肚饼》。文中写的是苏轼的友人鲁元翰寄给苏轼一个暖肚饼,苏轼为了表示感谢,也送还友人一个暖肚饼。只是这个暖肚饼与众不同,所以苏轼特地做了一番生动描述。也许有人会问"暖肚饼"是什么东西?这个问题可不好答,大家对此有很多种说法。有人认为"暖肚饼"就是一种饼,是食物。有人认为"暖肚饼"是装酒的酒袋。还有人认为"暖肚饼"是夜壶……大家像猜谜一样回答，也许苏轼的本就是编了一个谜语。我把这篇文章放在下面，我们一起来猜看一看。

公昔遗余以暖肚饼，其直万钱。我今报公亦以暖肚饼，其价不可言。中空而无眼，故不漏；上直而无耳，故不悬；以活泼泼为内，非汤非水；以赤历历为外，非铜非铅；以念念不忘为项，不解不缚；以了了常知为腹，不方不圆。到希领取，如不肯承当，却以见还。

在上面这段话中，从"中空而无眼"开始，到"不方不圆"结束，都是对"暖肚饼"的特征描述，准确来讲，是苏轼送给他友人的那个"其价不可言"的"暖肚饼"的特征。"暖肚饼"的特征总共有六个，这些特征分别是什么意思呢？我用一个表格解释一下。

表6.1 "暖肚饼"特征具体分析

序号	特征描述	字面义	象征义
1	中空而无眼，故不漏	里面是空的而壳无穿孔，因此不漏	"中空"是说谦虚；"无眼"是说没有残缺；"不漏"是说做人做事没有差错
2	上直而无耳，故不悬	上部笔直且无耳钩，因此不被他物挂住	"上直"是说正直、耿直；"无耳"是说没有把柄；"不悬"是说不被他人控制、把持
3	以活泼泼为内，非汤非水	内部活泼热烈，但装的并不是汤水	"活泼泼"是说内心充满生机活力，热力四射；"非汤非水"提示实际的暖肚饼里面灌的是热水
4	以赤历历为外，非铜非铅	外表光赤明亮，却不是铜铅材质制成的	"赤历历"是说行事光明磊落；"非铜非铅"提示实际的暖肚饼是由铜铅材料制成，而非一种食物

203

续表

序号	特征描述	字面义	象征义
5	以念念不忘为项，不解不缚	在颈脖上有念念不忘，既不松解也不受束缚	"念念不忘"是说内心有理想信念；"不解不缚"是说既不松懈放任又不固执偏狭
6	以了了常知为腹，不方不圆	在内腹中有了了常知，不是方形也不是圆形	"了了常知"是说洞明世事、看穿迷障；"不方不圆"是说做人不方正也不圆滑，而保持灵活和弹性

看过上面表格的内容后，我们大约能猜到鲁元翰送给苏轼的"暖肚饼"应该是个汤婆子——用铜锡或陶瓷等制成，盛热水后用来取暖的器具，就像我们现在用的热水袋一样。这个物件在北宋的时候是相对稀少的，所以苏轼很感激鲁元翰，赞"其值万钱"。苏轼回赠给鲁元翰的就不是热水袋了，而是苏轼的一颗真心。苏轼所说的六个特征，就是对他的一颗真心的描述，是给他自己的灵魂画了一副肖像。

在《谢鲁元翰寄暖肚饼》中，我们看到了苏轼描绘了一种不可言说的"意"，他用了曲折、类比、象征的手法进行表达，没有直露露地明说。简单地讲，他的意思就是说"我是一个好人"，因为"我有一颗这么好的心"。但是他的表达却是如此智慧、灵巧、调皮、富有创造力的。所以，我们看到对"意"的表达是需要高超的技巧的，因为"意"往往是不可言说的。但是，好的作家总是会挑战这个难以完成的任务，他们想尽可能地表达出"意"。

说到这儿，我想到了《世说新语》里的一个故事：

庾子嵩作《意赋》成，从子文康见，问曰："若有意邪，非赋之所尽；若无意邪，复何所赋？"答曰："正在有意无意之间。"

这个故事说的是西晋名士庾子嵩写了一篇《意赋》（文中以

"意"为主题），他的侄子文康（即庾亮）看到这篇文章后问道："您如果心中有意，那么就不是一篇文章所能说尽的；您如果心中无意，又为何要写这篇文章呢？"庾子嵩的回答是："正在有意无意之间。"

庾子嵩的这个回答很妙——好的文章内容就是在"有意"和"无意"之间的。文章内容不能"无意"，"无意"必会导致文字空洞浅薄、乏善可陈；但又不能让文章内容传达的"意"太直白，因为直白的"意"会让文中的"意"被有限的字词窄化、扭曲。

美学家朱光潜先生曾表达过相似的观点：

> 一个佳句的意蕴却永远新鲜，永远带有几分不可捉摸的神秘性。谁不懂得"采菊东篱下，悠然见南山"？但是谁能说，"我看透这两句诗的佳妙了，它在这一点，在那一点，此外便别无所有？"

> 中国诗中的佳句有好些对于我是若即若离的。风晨雨夕，热闹场，苦恼场，它们常是我的佳侣。我常常嘴里在和人说应酬话，心里还在玩味陶渊明或是李长吉的诗句。

"采菊东篱下，悠然见南山"这样一个朴实的句子背后，到底有什么"意"存在呢？试问，谁又能说得清楚、明白呢？可是，这个句子的确又那么动人，让人有无穷的玩味。我想，这就是"正在有意无意之间"的境界吧。

《庄子》中有一个与此有关的故事，那个故事玄妙至极。

> 南海之帝为倏，北海之帝为忽，中央之帝为浑沌。倏与忽时相与遇于浑沌之地，浑沌待之甚善。倏与忽谋报浑沌之德，曰："人皆有七窍以视听食息，此独无有，尝试凿之。"日凿一窍，七日而浑沌死。

我把这个故事用白话翻译一下：南海之帝名叫倏，北海之帝名

精 读

叫忽,中央之帝名叫浑沌(又称混沌)。儵和忽经常相会于浑沌之处,浑沌每次都会好好地招待他们。儵和忽商量报达浑沌,他们表示:"人有耳、眼、鼻、口七个孔,用来听、看、呼吸、吃喝,只有浑沌没有,我们试着为他凿出吧。"于是他们每天给浑沌凿一个孔,就这样,七天后,浑沌死了。

这是一个充满玄机的故事,我们可以从多个角度去解读这个故事背后的"意"到底是什么。有的注者说,这是庄子设想的"创世寓言":浑沌死了,世界创生了。我觉得这个说法不对,因为故事中已交代了"南海""北海""人皆有七窍",世界创生之前怎么会有海呢?怎么可能有人呢?之所以有人会把这个故事解释成"创世",是因为他们以为在世界诞生之前,世界是混沌一片的,而在世界诞生之后,山川湖海、鸟兽虫鱼分化出来,就不存在混沌[①]一片的东西了。可如果我说,即使在今时今刻仍然存在混沌一片的东西,你相信吗?

如果故事中说的不是"创世",那么这个故事到底在讲什么呢?我们可以从理解什么是"浑沌"入手。

我们从另外两个"帝王"反推"浑沌"。"南海之帝为儵,北海之帝为忽","儵"和"忽"组合在一起,正好是"儵忽"一词,意思是很快地、忽然。这是一个叠韵词,"儵""忽"的韵母都是"u",而"浑沌"也是一个叠韵词,"浑""沌"韵母都是"un"。另外,"浑沌"也是一个联绵词,是不可拆分的(混沌一片的东西当然不可拆分)。"儵忽"和"浑沌"都是叠韵词,这难道是巧合吗?我想,这一定是庄子讲这个故事时精心设计的内容。

"儵"和"忽"都表示瞬间,而长的时间可以理解成是由千万个"儵忽"叠加而成的,所以"儵"和"忽"或许就是"时间之

[①] 我在这儿要说明一下,《现代汉语词典》中"混沌"表示我国传说中的在宇宙形成以前模糊一团的景象。

神"。"浑沌"的字面意思表示一团模糊、没有固定的景象，所以世界上任何一种形状都可以从"浑沌"中幻化出来，所以"浑沌"或许就是"空间之神"。我之所以说"倏""忽""浑沌"是"神"呢，是因为"帝"这个字表示它们有非常大的统摄力，是统领一方的霸主。

时间之神"倏"和"忽"来到了中央帝国，和空间之神"浑沌"产生了一点交集。"倏""忽"自作主张，给"浑沌"凿了七个孔，浑沌就有了五官。有了一张人脸后，"浑沌"却死了。在这个过程中，"倏""忽"吭哧吭哧地工作了七天，凿了七个孔，每天一个，因为他们是时间之神，所以做事情非常有节奏感，时间管理很到位。可惜他们不懂空间，不知道原本可以千变万化的"浑沌"之形，一旦被固定了下来，"浑沌"就不再是"浑沌"了。

这也可以通过数学中的拓扑学来解释。"浑沌"虽然可以变形，但是我们不能改变其拓扑形态："浑沌"原本没有七窍，从拓扑学的角度出发，我们可以将"浑沌"的外表面看成一个没有洞的球面，它的"亏格"是零，但是被"倏""忽"开了七窍以后，"浑沌"的"亏格"便大于零了，这是一个非常巨大的转变。

除了把"浑沌"当成是"空间之神"，我们还可以把"浑沌"当成终极真理——道家所说的"道"理解。

真理是什么样子的？谁都不知道，也没有人可以描述出来。我们看真理，因为看不清楚、看不明白，所以认为真理的样子自然是混沌一片。即便其本身可能并不混沌，但是真理表现给我们的感觉就是一片混沌。这就像宇宙中的"黑洞"，黑洞的引力十分巨大，以致任何物质和辐射都不能外逸，其引力场足以吸引它自身发出的光线，从而使黑洞成为看不见的天体。我们无法知道黑洞的内部是什么，就只能用"黑黑的一个洞"描述黑洞。"浑沌"也是如此，真理的引力太大，我们看上去就像是模糊一片。

如果"浑沌"代表着终极的真理，那么我们可以想办法去靠近、去了解"浑沌",即使这个过程非常艰难。真理是没法被改造的,我们也没法给真理附加上什么东西。假设,我们给真理雕刻出五官——五官有很大的迷惑性,我们就是依靠感官来认识世界的。只不过我们也会被感官带来的错觉所迷惑。可以说,我们恰恰是活在种种错觉、偏见、执念之中且不自知的。我们若是意识不到这一点,就会离真理越来越远。

《老子》中提道:"五色令人目盲,五音令人耳聋,五味令人口爽,驰骋畋猎令人心发狂。"老子认为缤纷的色彩会使人失明,嘈杂的声音会使人失聪,杂乱的味道会使人失味,纵情打猎会使人心态乱狂——人就是这样的生物。真理如果也像人一样有了五官,沾染了五官带来的弊端,那么真理也就消失了,这就是"浑沌"之死。

"浑沌"虽然死了,但是我们还有馄饨吃。据说,"馄饨"这个词便是从"混沌"衍生而来,其字形、发音都相近,都是叠韵词,只是偏旁不同而已。馄饨的做法是把肉和菜混合在一起做馅,再用面皮一包裹,成一个囫囵的样子,这便是"浑沌"的象征。我们虽然离真理总是忽远忽近的,但还有馄饨吃,也是极好的。

第七章 求知与辨疑

深度阅读的艺术

一、基础概念和高级概念

人们带着不同的目的和期待去读书，或是为了消遣与娱乐，或是为了学习有用的知识，又或是为了丰富和拓展自己的生命体验。其中，学习知识是特别主要的诉求。从古至今，图书都是知识的最佳载体，尽管我们身处手机不离身和AI（人工智能）大跨步的时代，图书在知识传播中的作用仍然是无可替代的。

我在第一章中分析了书之所以为书的特征。那我们不妨想一想，浏览一篇网络文章和捧起一本书看相比，在信息获取上到底有什么区别呢？其区别在于书有比较大的知识容量，可以容纳、呈现被精心组织过的、有结构层次的知识内容。一般情况下，网上的一篇文章大多不具备那样的体系性，它呈现的知识内容是碎片式的。当然，我在这儿说的只是"一般情况"，并不绝对。现在的出版物中也充斥着一些体系性较差的作品，如果网络文章的组织层次合理且篇幅够长的话，那也可以与一本书等量齐观。

不过，现在有一个糟糕的现象是，我们中有不少人已经习惯通过网络获取信息、学习知识，也不再觉得书是非看不可的。我们越来越沉迷于碎片式地获取知识内容，满足于现在即需即取的信息检索方式，有些人甚至把看短视频当成主要的学习通道。这显然是走上了歧路。流行的不一定是好的，我们热衷的也不一定是对的。尤其对学习这种"逆人性"的事来说，不是我们求简单、图方便就可以达到目的的。

为了说清楚为什么阅读图书仍是学习知识的最佳途径，我在这儿必须讲一点跟知识内容有关的知识。

一个学科或领域通常是由基础概念和高级概念组成的。其中，基础概念是一个学科或者领域里底层的、奠基性的知识，也可以说是其核心，这类概念从数量上看并不多，但这是掌握一个学科或领域的前提。比如在围棋中，最基础的概念是"气"，下围棋就是分析和争夺棋盘上的"气"，围棋中各种复杂的招式都是基于"气"这个概念衍生出来的。我再举个例子，经济学中有两个基础概念是"需求"和"供给"，"需求"和"供给"的关系决定了商品的价格，而价格又反过来影响"需求"和"供给"，然后价格又会被其影响，这是一个动态变化的过程，这其中的变化从简单到复杂，又会衍生出各种各样的情况，也会催生出更高级的概念和理论。

我再举个例子吧。认知心理学中有一个基本的概念是"工作记忆"，我们可以将"工作记忆"理解为人在当下进行认知活动所能调用的计算资源。这个资源是非常有限的，正因为我们的认知活动受到工作记忆的资源限制，所以专注力就变得非常重要了，越能保持专注的人就越能投入高层次的认知活动，越能让所学的知识更加结构化，而且这还能降低我们的工作记忆负担。

我们如果想掌握某个领域的知识内容，就必须从这个领域中最基本的概念开始，先彻底弄清楚其基础概念。在弄清楚其基础概念后，再循序渐进地学习、理解更高一级的概念。学习就像登一组高高的台阶，最底下的台阶是由基础概念组成的，在第一层台阶站稳后，我们再往上走一层，在第二层台阶站稳后，再走上第三层台阶……就这样一步一个脚印、扎扎实实地往上走，这才是唯一正确且有效的学习方式。

按理说，这个道理应该是一个常识，但是令人无奈的是许多人

精 读

已经忘记了这个常识。更多的人希望走捷径,希望能极快地掌握一个领域中的知识内容。正因如此,网络上这类的内容很多,其利用人性的弱点,许诺弯道超车之法,兜售各种似是而非的概念,让我们产生拿到了"干货"的错觉。同样,如果这些内容改头换面,被编成图书供人阅读,同样也是没什么价值的。

其实,判断真正有价值的知识内容的标准很简单,你如果想要的是真才实学,那么你接触的学习材料必须能呈现出一个结构化体系——其有少量的基础概念,能够让高级概念从中发展出来,不会是那种堆砌、罗列一大堆关联不强的概念和说辞。一般来说,无用的学习材料大致有这样的特征:所有的概念都好像是"并列"摆放的,没有任何的先后和高低之分。事实上,越是成熟的学科或领域,其包含的知识内容就越有层次性,越有从基础到高级的逻辑梯度,让我们看起来其更像是一个演绎系统而不是一个归纳系统。

有了这样的一个基本判断后,我们再来比较读一本好书和在网络上通过搜索等方式学习知识的区别。在阅读一本好书时,我们是从基础概念开始,按照特定的顺序,以由易到难的步骤进行学习的。而通过网络检索知识内容时,我们虽然能找到任何一个知识点以及对这个知识点的解释,但是我们不知道这个知识点处于其所在学科中的哪一层"台阶"上。

如果这个知识点是属于低层台阶的,那么我们可以在网上通过快速学习,了解其知识内容,不过我们并不知道在了解了这部分知识内容之后,应该继续学习什么。因而,一个人如果总是在网上进行"便捷"学习,那么其结果便是很难学到复杂的、有难度的知识。

如果这个知识点是属于中高层台阶的,那么我们很难在网上快速弄懂其知识内容,因为我们在弄懂其知识内容之前,还必须学明白一系列更基础的概念。由于缺少这个知识点所在学科整体性的组织结构,我们并不知道前期必须了解哪些概念。因而对高级概念来说，我们在网上查询、学习的效率还不如"啃"一本书呢。

在网络上，我们可以快速地找到任意一棵树，但是无法一下看清整片森林，因为互联网本来就是没有具体坐标的，我们很容易迷路——迷失在浩瀚无垠的信息中。

我们如果下定了决心要学到一些真知识，那么最好记住这四个字——返璞归真。不需要什么花里胡哨的东西，就找一本体系化的、最好厚一点的书阅读。我们要老老实实地从基础概念开始学习，理解每一个概念的内涵和外延的知识内容，理解其基础概念和高级概念之间的逻辑关系，一点点地把书"啃"下来。

若以求取知识为目的，那么在书的选择上，我们可以遵循以下两个原则：

1.体系型（层递型、总分型）图书优先于文集型图书。
2.名家大师的图书优先于普通学者或非学者的图书。

把上面这两个原则结合起来看的话，那就是我们可以优先选择名家大师的成体系的图书。

二、听闻、了解、确知

我们经常会通过听闻，了解一些知识内容，很少能确知其具体内容。不确知其具体内容，知识就只是浮泛地漂着，落不到实处，无法在解决现实问题中用到。我们从小到大的教育经历中，记忆和背诵占了很大一部分。我在读大学的时候，曾惊讶地发现心理学课程的相关考试中竟然有很多需要记忆和默写的题目，但却很少有需要个人思辨和通过创造性的思考解决问题的题目。

记忆当然是学习中不可或缺的一环，但是我们如果简单地认为记忆等同于学习，那就大错特错了。一个孩子要是可以背诵很多古诗词，大人们往往对其会大加赞美，并不会去问这个孩子是否已经理解这些诗句。背诵唐诗宋词难道能等同于学习唐诗宋词吗？这完全不是一回事。

有些人把考试成绩当作对学习效果的最终检验，这也是有问题的。因为最难的问题或者最有价值的问题，往往是没有标准答案的。没有标准答案就没法进行评分，考试内容也并不能覆盖一个领域知识内容的核心和全部。你即便在考试中拿到高分，也并不表示你已经对这部分的知识内容"确知"了。

举个例子吧，假设现在有人要出一道与《西游记》有关的题目，那么最适合考试的问题是"《西游记》的作者是谁"。这道题是适合放在考卷里的，因为其答案是明确的。但是，像"《西游记》这本书反映了什么思想"之类的问题在考试中出现的概率就要低很多，因为这个问题是没有标准答案的，所以很难进行评分。但是，后一个问题才是我们在阅读《西游记》后真正重要的收获。

我在这儿并不是说《西游记》的作者是谁不重要，只不过名字——"吴承恩"在本质上只是一个代号，比"吴承恩"这三个字更重要的是吴承恩是一个什么样的人，他有什么样的经历，有什么样的思想背景，等等。

可惜的是，"吴承恩是一个什么样的人？"这类的问题同样不太可能会在考试中出现，所以在考试中，出卷人在设置试卷内容时，一般不会去考察我们对《西游记》的真正理解，试卷上的内容只能考察那些浅层的、只需机械记忆就能解答的问题。这种导向便会造成我们在学习中，特别在人文、社科等领域的学习中，并不是以追求"确知"为目的的，而大多是浅尝辄止。

在学习中，逻辑和思辨应该占据最中心的位置。我们如果要学习某个概念，那么目标不应是把概念的定义背下来就好，而是去理解这个概念真正"意味"着什么。这种理解达成的标志是学习者能运用自己已有的知识和经验阐释清楚其内容，还能把这个新概念和自己头脑中已有的老概念建立起合乎逻辑的联系。

语言是知识的载体，也是我们获取知识的桥梁。作为桥梁，怎样用语言表述一个概念会直接影响我们对概念的理解。很多时候，学习者在学习中遇到障碍、在知识理解上遇到困难，都不是他自身的问题，而是他读的那本书没有写好。

我看到网上有很多大学生的吐槽，他们表示学习中读不懂指定教材，但是换一本教材就能读懂了，这不是偶发现象，是有一定代表性的。一个不负责任的作者，是会让读者遭殃的。对此，读者也只能自救，而自救的方法就是尽量挑选高水准的教材，尽量挑选本领域中顶级学者所写的图书。学者与学者之间水准的差别，也是很大的。越是顶尖的学者，越能在图书中做到"深入浅出"，"深入"是"浅出"的前提。只有先"深入"，才能"浅出"，只有"浅出"，读者才能相对容易地学会对应的知识内容，才能不断地建立学习信心，培育学习兴趣。

还有一种知识类读物，其作者学习了美国或日本的畅销书的写法，为了阐明某一个概念或者理论，找了一些案例，搬来一些数据，还会引人入胜地讲一些故事。其中，当然会有一些观点新颖、见解独到的佳作，但是更多的是不值得一看的"水货"。因为这些作者往往只做到了"浅出"，而没有"深入"。讲来讲去，作者都是在围绕着一个观点反复绕圈，同义反复而已。读者在读完以后，才发现书中的主旨只用一句话就能概括或用半张A4纸篇幅的文字内容就能讲清。这类读物就像用彩色塑料纸包装的糖果，它的外在形式大于它的实质内容。

所以，糟糕的教材和"注水"的畅销书，是我们要避开的坑，是我们学习的障碍和陷阱，让我们不得不防。在选书时，我们需要锻炼自身的辨识力、判断力，要有独立思考的精神，不人云亦云，不追时髦热点，不跟风读书，不盲从KOL[①]的引导和推介，这是我们理性读书、踏实求知的开始。

---

① 即key opinion leader，关键意见领袖。此处指读书博主。——编者

精读

接下来，我会对比实际的案例，说明在一本书中什么样的语言有助于读者理解概念并产生阅读兴趣，什么样的语言却是反过来，为读者制造了障碍。

（一）对比案例——关于心理学的定义

心理系的学生进入大学学习的第一门专业课是"心理学导论"或称为"普通心理学"，这门专业课又必然是以介绍什么是心理学为开端的。我们来看一下，在不同的教材中，这个开端是怎样呈现的。

教材①：

心理学的研究对象是心理现象。因此，心理学是一门研究心理现象的科学。

心理现象，又称心理活动，是一种我们经常体验到，并表现出来的精神现象。以学习为例：我们听到教师讲课的声音；对教学内容的记忆和理解；教师讲到有趣之处，我们会哄然大笑；为学习成绩的下降而烦恼；为了考取研究生而克服困难努力学习。有人学习很吃力，有人学得很轻松；有人在学习中显得沉稳，有人显得急躁；有人持之以恒，有人常半途而废。这些就是心理现象的部分表现。

教材②：

心理学是研究人的行为和心理活动规律的科学，是一门兼有自然科学和社会科学特征的中间科学。

人的心理现象纷繁复杂，表现形式丰富多样。在心理学中，一般把统一的人的心理现象划分为既相互联系又相互区别的两个部分：心理过程和人格。

人的心理过程包括认知过程、情绪情感过程和意志过程三个方面。

教材③（彭聃龄主编，《普通心理学（第4版）》，北京师范大学出版社）：

> 自古以来，人类在探索自然界奥秘的同时，也在不断地探索人类自身的奥秘，特别是心灵的奥秘。例如，人的本性怎样？是"性本善"还是"性本恶"？人为万物之灵，他和其他动物的区别和联系是什么？人如何认识世界，进行思考、计划和决策？人如何调节自己的心理活动，进而改变自己的行为？人有哪些需要？这些需要又怎样转化为行为的动机，推动人进行各种各样的活动？人的气质和性格是怎样形成的？遗传和环境在个体的心理发展中起什么作用？等等。采用科学的方法对这些问题进行研究，形成了一门独立的学科——心理学，这是探索心灵奥秘的一门学科。……
>
> 在我们周围的环境中，有各种各样的现象，如日月星辰、山川河流、飞禽走兽、风土人情、社会准则等。它们有的属于自然现象，有的属于社会现象。这些现象分别由不同的学科进行研究，构成了人类不同的知识领域。
>
> 人的心理现象是自然界最复杂、最奇妙的一种现象。人眼可以看到五彩缤纷的世界，人耳可以聆听旋律优美的钢琴协奏曲，人脑可以存储异常丰富的知识，事过境迁而记忆犹存。人有"万物之灵"的智慧，人能运用自己的思维去探索自然和社会的奥秘，用语言交流思想和情感；人还有七情六欲，能通过活动去满足自己的各种需要，并在周围环境中留下自己意志的印迹……总之，人类关于自然和社会方面的各种知识，他们在认识世界、改造世界方面所取得的一切成就，都是和人的心理的存在和发展分不开的。
>
> 心理学是研究心理现象的科学。它以自己特有的研究对象与其他学科区别开来。心理学既研究动物的心理，也研究人的心理，而以人的心理现象为主要的研究对象。下面从几个方面就心理学的研

究对象进行阐述。

教材④（[美]理查德·格里格　菲利普·津巴多著，《心理学与生活（第19版），人民邮电出版社）：

为什么学习心理学？我们对这个问题的回答是直截了当的：我们相信心理学研究对日常生活中的重要事件有着及时和重要的应用。《心理学与生活》的首要目标之一就是强调心理学专业知识与我们每个人休戚相关且具有重要社会意义。

每个学期开始教课的时候，我们都面对着一群脑海中带着一些非常特殊的问题进入心理学导论课堂的学生。有时那些问题来自他们的自身经验（"如果我认为我的妈妈有精神病，我该怎么办呢？""这门课会教给我如何提高成绩吗？"）；有时那些问题来自阅读通俗读物获得的心理学信息（"家庭中最年长的孩子是最保守的，这是真的吗？"）。我们教授这门课的挑战是：必须将科学研究的成果与学生所关心的问题联系起来。

…………

在本次旅程的起点，为了达到基本的理解，我们要进行一次科学探索。我们将探寻人类行为如何发生，发生什么，何时发生，以及为何发生；还要探寻你在自己、他人以及动物身上所观察到的行为的原因和结果。我们将解释为什么你按照你现在的方式思考、感觉和行动。是什么使你与众不同？可为什么你又常常像其他人那样去行动？你是被遗传塑造还是在更大程度上其实是被个人经历塑造？攻击和利他、爱和恨、疯狂和创造性如何能在人类这种复杂的生物身上同时存在？在这个开篇的章节中，我们要考虑如何以及为什么所有这些类型的问题与作为一门学科的心理学的目标相关联。

…………

许多心理学家寻找下面这个根本问题的答案：什么是人性？心理学通过着眼于发生在个体内部的过程以及从自然或社会环境中产

生的力量来回答这个问题。有鉴于此,我们把心理学正式定义为关于个体的行为及心智过程的科学研究。让我们来看看这个定义中的关键部分:科学,行为,个体,以及心智。

以上内容是四本不同的心理学导论教材的开篇内容,都是在介绍"什么是心理学"这个最基本的问题。我们可以发现这四本书的作者的写作方法是非常不同的。(其中,教材①、教材②是用于对比的两个负面的例子(我隐藏了其作者),教材③、教材④是用于对比的正面的例子(我标明了其作者)。

我们不妨假设一下,现在有四个学生分别进入了四所不同的大学,他们都是心理学专业的。他们手上各自拿到了一本不同的心理学教材,他们都满怀兴奋地翻开书,从第一页开始阅读……他们接下来可能就会接触到完全不同面貌的心理学,他们对心理学的认识和态度也可能也会因此变得截然不同……

阅读教材①的学生,可能会充满疑惑。"心理学的研究对象是心理现象。因此,心理学是一门研究心理现象的科学。"——这是一个明显的同义反复。同一个意思,正说、反说,表达了两遍。另外,这个定义可解释的东西很少,"心理现象"这个词与"心理学"一样,对初学者来说是难以直接理解和感知的。这个定义就类似于在表达以下内容:

动物学是研究动物的科学。
植物学是研究植物的科学。
真菌学是研究真菌的科学。

其确实是一个定义,但好像没有提供什么有效的信息。好在作者似乎意识到了这个问题,他马上又对什么是"心理现象"作了定义。"心理现象,又称心理活动,是一种我们经常体验到,并表现出来的精神现象。"在这个解释中,又出现了两个术语——"心理活动"和"精神现象"。看到这儿,学生可能就更蒙了,这两个新的术语又是何解?在这两个接连给出的定义中,我发现作者采用了"概念套娃"的形式,即用"精神现象"解释"心理现象",用"心理现象"来解释"心理学"。

学生能看懂这种表述吗?作者似乎意识到了这个问题,于是又举了一些例子来解释"心理现象":"我们听到教师讲课的声音;对教学内容的记忆和理解;教师讲到有趣之处,我们会哄然大笑;为学习成绩的下降而烦恼;为了考取研究生而克服困难努力学习……"先不说这个句子在文笔上是多么粗糙的(我的直观感受是这段内容读下来的感觉是很不顺的),单就其内容来说,会让人疑惑。

如"听到教师讲课的声音"这个例子,有读者看完心里肯定会想:答案难道不是因为我们有耳朵吗?又如"教师讲到有趣之处,我们会哄然大笑"这个例子,有读者看完心里肯定会想:因为有趣而笑,这么确定无疑的事有研究的必要吗?在教材①的例子中,我遗憾地发现,书中没有能让读者觉得心理学是一个有趣且有意义的学科,甚至会因此感到莫名其妙。

阅读教材②的学生,可能会读得很费力。也许他们的感受是:"眼前的每个字我都认得,但是拼在一起我好像不知道是什么意思了。"教材②在全书的开篇,就开门见山地给出了心理学的定义:"心理学是研究人的行为和心理活动规律的科学,是一门兼有自然科学和社会科学特征的中间科学。"这个定义比教材①的定义要好一些,其内容中没有同义反复,而且这个定义中出现了"规律"这个词,作为一门科学的功用就是要研究规律,所以这个定义相对来讲是比较准确的。

不过,由于表达上的一些问题,它对初学者来讲还是比较抽象的,可能还是存在理解上的困难。

第一,"研究人的行为和心理活动规律"是长达十三个字的定语,来修饰"科学"这个名词,这个定语该怎样读、怎样断句呢?对很多读者来说,这并不是一目了然的。这有一个理解上的困难:"中间科学"是什么意思?这是一个非常少见的词组。"中间"作为一个空间概念有"位于中心"的位置,那么说心理学是"中间科学"是不是说心理学在所有科学门类中位于中心的位置呢?这并不是一个在整个科学界被普遍认可的说法,也许部分心理学家会如此认为,但是别的学科的科学家会认同吗?

第二,"兼有自然科学和社会科学特征"也让读者不好理解。从逻辑上讲,我们必须先了解"什么是自然科学的特征"以及"什么是社会科学的特征",才可能了解"什么是兼有自然科学和社会科学的特征"。如果读者并不清楚前两者,那又怎么能知道"兼有的特征"是什么样的呢?

第三,首句之后的句子也比较抽象。在解释什么是"心理现象"时,文中提到"一般把统一的人的心理现象划分为既相互联系又相互区别的两个部分:心理过程和人格"。这个长句不仅很拗口,还同时抛出了两个术语"心理过程"和"人格"。为了理解这两个术语,读者又得接下去看它们各自的定义,而这些定义仍然是比较抽象的。

以上例子再次说明:凡是抽象的定义都有"概念套娃"的特征。但是,教材③和教材④的情况就要好得多。

教材③是彭聃龄教授编写的《普通心理学》教材,可以说是在国内负有盛名的一本心理学教材。我们来看一看其开篇是怎样把心理学绘声绘色地引到心理学初学者的面前的。"自古以来,人类在探索自然界奥秘的同时,也在不断地探索人类自身的奥秘,特别是心灵的奥秘。"——以"自古以来"四个字起头,格局开阔,从"自然奥秘"马上跳到"人类自身的奥秘"再到"心灵的奥秘",内容既简洁又流畅,有高屋建瓴之感。接着,彭聃龄教授提出一组连珠炮式的问题。

精读

为什么彭聃龄教授要把这么多问题放在前面呢？因为科学的产生就是从问题开始的。科学家之所以要做研究，是因为要解答心中的疑惑，探索未解之谜。一个学生之所以对某一门学科感兴趣，往往也是为了寻找一个答案。问题就是最好的知识引路人。更关键的是，这儿所列的问题确实有探究的意义，比如人的本性怎样；是"性本善"还是"性本恶"；人为万物之灵，他和其他动物的区别和联系是什么……这些问题并不是随便写几个上去，而是经过彭聃龄教授精心挑选的。

我们再来看教材③的第二、第三段。这两段话要让读者理解什么是"心理现象"。但是与教材①、教材②不同的是，彭聃龄教授并不是劈头盖脸地直接给出一个定义，而是循循善诱，逐步地引入概念。其中，"在我们周围的环境中，有各种各样的现象，如日月星辰、山川河流、飞禽走兽、风土人情、社会准则等"是一个很恰当的起始句，句子由四字词构成排比，句式整齐，显得简洁而周全。

在经过第二段的铺垫才在第三段引出"心理现象"这个概念，并且又用了一大组排比来列举心理现象可能涉及的方方面面。随后在第四段才给出"心理学"的定义："心理学是研究心理现象的科学。"这个定义虽然简略、抽象，但是由于在前文中，彭聃龄教授已经用较大的篇幅生动解释了"心理现象是什么"，所以在这儿给出这句话就不会让人感觉抽象，反而有水到渠成之感。

我们再来看一看教材④的写法。

《心理学与生活》是心理学教材中的经典。这本书在解释"什么是心理学"时，也是从一系列的问题出发的，这和彭聃龄的写法有相近之处。不过，教材④的不同之处在于作者在第二段中是站在学生的角度提出问题的，那些都是生活中的现实问题或现实困境。

这种写法展现出作者善于换位思考，富有同理心，而同理心正是心理学家应该有的一种职业素养。第三段列举的问题有些具有

"悖论"的特点，如攻击和利他、爱和恨、疯狂和创造性如何能在人类这种复杂的生物身上同时存在等。悖论式的问题往往更深刻，更能引发学习者的深入思考，激发学习兴趣。

我在这儿简单地总结一下，教材③和教材④中的写法优点，是给读者一种直接的"观感"，帮助读者代入一种情境。作者就好像在握着读者的手，温柔地带着我们走进一座生机盎然的花园。教材①和教材②中的写法则显得生硬、冰冷，作者好像正板着面孔，同我们说一些我们不太能听得懂的话。教材①和教材②中给出的定义好像是专门供人"记忆"和"考试"用的，不负责让人明白和弄懂。作为读者，我们也不难感觉到他们中谁在写教材时是真正"用心"的。

由此可见，宁可多花一点时间做一些比较、调查的工作，也要尽可能选出一本优质的教材，最好是找到该领域的最佳教材，这对学习一个领域的知识内容来说实在是太重要了。对这个领域的初学者来说，虽没有充分的知识来判断一本教材的优劣，但是他可以通过书中文字表达的优劣做出初步的评估。

文字表达的清晰与否，暗示着文字背后的逻辑是否清晰。如果一本书的语言流畅、表达清晰，那么它背后的逻辑一般也是清晰有序的，其反映的思想可能是深刻的（不能完全由此判断其观点是否正确、完整、可靠）；如果一本书的表达很混乱，那么它背后的逻辑一般也会是混乱的。出现后一种情况的原因，要么是作者自己都没有把相关的问题想清楚、透彻，要么是他对这个领域的知识内容本就是一知半解的，他的文字便因此混乱、抽象，让人不知所云。

读一本糟糕的书是浪费我们的时间和智力。在阅读教材、科普读物或者其他知识类图书时，我们如果发现书中总是出现结构不明的长句、同义反复以及"概念套娃"等问题，那么这本书很可能并不是一本值得我们花时间去阅读的书。

三、举例子、类比和图示

我读过不少介绍前沿物理学的科普图书，我发现这类图书中很少涉及物理定律的推导和论证。原因很简单，因为在前沿物理学研究中，涉及艰深、复杂的数学知识，作者如果要在书中写出推导和论证，势必会出现大量的公式和计算。对大多数读者来说，这就像天书一样难读了。要是想提出科学发现和证明，科学家会将其写成论文，与同行交流。而科普图书是写给大众的，其目标不是为了论证科学，而是为了阐释科学，为了降低相关知识内容的理解门槛，为了让更多的人得以接触科学。

科普图书以及面向初学者的导论教材，经常会使用举例子（讲故事）、类比和图示这三种手法辅助表述。能否得当、巧妙地运用这三种手法，决定了读者能否理解书中的知识内容。很多时候，读不懂一本书不是读者的错，而是作者的错。

（一）举例子

我们先讨论一下举例子。作者在运用举例子的手法的时候，选择什么样的例子产生的效果最好呢？基本的要求有两个：一个是典型性，另一个是贴合读者的生活经验。

什么是典型性呢？假设，我们现在要讨论一个主题叫"海洋中的超级猎手"。这时，你首先想到的是什么呢？我猜大家首先想到的是鲨鱼，而不是电鳐。对这个主题来说，鲨鱼比电鳐更典型。如果把所有符合"海洋中的超级猎手"的生物看作一个集合，那么鲨鱼和电鳐都是这个集合中的元素。从数学的角度看，鲨鱼和电鳐的地位是相同的；从社会文化的角度看，"鲨鱼"属于典型元素，在人类的各种文化语境中（如小说、电影等），鲨鱼作为海洋猎手的形象是屡见不鲜的，但电鳐很少出现。

在举例子的时候，作者如果选取的例子具有典型性，那么就更容易激活读者现有的知识系统，读者也就越容易理解其内容。

举例子也应尽量贴合读者的生活经验。我们在阅读国外作者写的书时，有时会遇到不容易理解的案例，其原因在于不同国家的文化差异。畅销书作家马尔科姆·格拉德威尔的《异类》一书，因向大众引介了"一万小时定律"而广为人知。在这本书的第一章"马太效应"中，马尔科姆·格拉德威尔讲述了一个冰球比赛的例子。

这个例子让我看得很费劲，因为我对冰球一无所知。冰球是加拿大的国民运动，所以马尔科姆·格拉德威尔用冰球举例子是贴近加拿大的读者的，但是对大多数中国读者来说，这个例子就不太好理解，至少不够直观。更让人疑惑的是，作者讲述这个例子时用了八千多字的篇幅（以中文版为例，大约占了全书篇幅的十分之一），而这个案例只是为了讲出一个简单的观点：在同龄的年轻选手中，因出生月份早而略微年长一点的孩子，能获得更大的竞争优势。

老实说，同样作为一名知识类读物的作者，我并不喜欢马尔科姆·格拉德威尔的写作方式。

加拿大人喜欢冰球，美国人喜欢棒球，我看美国人写的书，经常会看到他们用棒球比赛举例，这对大多数中国读者来说同样不好理解。除了体育运动，中国和西方国家在社会文化等多方面都不相同，这在客观上成了中国读者在理解上的障碍。

不得不承认，不论是自然科学还是社会科学，大部分的前沿和重要的知识都源自西方国家且主要始于英文出版物中。我们认真且谦虚地向他们学习，我们就能不断进步。在这个方面，中国作者的一个努力方向便是在学到了西方的先进知识以后，用中国读者容易理解的方式，使用贴近中国读者生活经验的案例阐释其内容。

如果举例子能够做到典型且贴近读者的生活经验，那么其就能起到应有的作用，只不过这样的例子可能还是不够"出彩"。在我心中，最好的举例子方式是这样的：能引导读者进入一种思考的情境，让读者在案例中进行思考，开启一段思辨的旅程。

举个例子，《你的灯亮着吗：如何找到真问题》是一本论述如何解决问题的经典之作，它的作者高斯和温伯格分别是系统科学教授和计算机名人堂代表人物。在这本书里，他们讲了一个通俗而幽默的故事：有一座七十三层的雷龙大厦，每天都有许多白领来这一座热闹的写字楼上下班，可是电梯太慢，导致他们等待时间过长，怨声载道。这座大厦的房东梁龙先生想解决这个问题，但是不知如何下手。

于是，作者就带着读者一起思考，试图解决这个问题。比较容易想到的几个解决方案有加装电梯、错峰上班、调整租户的楼层分布等，但是这些方法都没有被梁龙先生采用。梁龙先生使用了一个成本很低的妙招——在每层电梯的一旁安上镜子。当白领们在镜子前自我欣赏时，就会忽略等待电梯的时间。这个解决方案并没有改变电梯的运行速度和运载能力，却改变了白领们在等电梯时的心理感受。这就说明：如果能重新定义问题，那么这个问题或许就能迎刃而解。

但是事情到这儿还没完，梁龙先生没有预料到的是一个问题的解决往往会带来新的问题，这几乎是一个不可避免的现象。安上镜子带来的新问题是，有人在镜子上涂鸦，把镜子弄得乱七八糟。我们对此的一般反应大概是怎样劝阻他们不要在镜子上涂鸦，但是反过来一想，涂鸦根本不是问题，不管是涂鸦还是照镜子，都能降低白领们等待电梯时的不耐烦。所以，梁龙先生干脆在每面镜子边挂上了蜡笔，鼓励白领们去涂鸦。这个措施是成功的，白领们的抱怨少了，梁龙先生也长舒了一口气。

不过，万万没想到的是，在电梯的年检中，工程师发现电梯运行过慢的原因是老鼠咬断了电梯的一根电缆。梁龙先生似乎因此找到了"真问题"。在电梯被修好后，电梯的运行速度明显提高了，于是白领们就真的不用在电梯前久等了。

作者用了三个小节的篇幅讲述这个故事，这个内容被拉得很长。作者并没有像我这样一气呵成地讲完这个故事，没有匆忙地揭示最后的谜底，作者选择用一层层的递进或转折呈现内容。故事一开始的陈述，还在读者的预期之内，符合读者惯常的认知。但故事的推进渐渐超出了多数读者原有的认知，读者会发现原来看一个问题有如此多不同的视角，原来清晰地界定问题是如此的重要。

正是在这样的呈现内容下，读者逐步体验到深度思考的挑战和快乐。作者的出发点并不是传递现成的知识，更不是让读者去记忆，而是让读者亲历思考的过程，经受思维的训练。

我们不妨再比较一下前文《异类》中的案例和《你的灯亮着吗：如何找到真问题》中的案例，你会发现两者在本质上截然不同。《异类》中的冰球案例用一个超长的篇幅，来说明一个简单的结论，这里面并没有什么难点是需要读者思考的，而《你的灯亮着吗：如何找到真问题》中的电梯案例，则是随时随地邀请读者参与其中。

我们在读《你的灯亮着吗：如何找到真问题》这类书时，放慢阅读的速度是较好的选择。因为在快读时，我们没有留给自己时间进行思考，但在慢读时，我们可以时不时地停下来思索一番，再接着读，这样阅读后的体会和收获便会更深。

我们再来看一个小故事，看看这个故事是不是也能引起我们的思考：

话说一个顽童抡起砖头，砸碎了面包店的橱窗。当店主怒气冲冲追出来时，小捣蛋早已逃之夭夭。一群人围了上来，开始幸灾乐祸地盯着橱窗的破洞以及散落在面包和馅饼上的玻璃碎片。不一会儿，人们觉得应该进行理性思考。其中有几位几乎必定会提醒彼此或者面包师：这桩倒霉事也还是有好的一面。玻璃工又有生意了。他们越琢磨越来劲。一面新的玻璃橱窗需要多少钱？二百五十

精 读

美元？这笔钱可不算少。不过，要是玻璃永远都不破，那么做玻璃生意的人吃什么？接着，事情自然就没完没了。玻璃工多挣了二百五十美元，会去别的商家那里消费，这些商家因此会多收入二百五十美元，又会向更多的商家买东西，如此一直循环下去。一面破橱窗能够在不断扩大的范围内提供收入和就业机会。要是照这个逻辑推下去，围观人群得出的结论便是：扔砖头的那个小捣蛋，不仅不是社会的祸害，反而是造福大众的善人。

以上这个故事摘自一本经典的经济学科普书《一课经济学》。如果你对经济学比较了解，那么肯定对这个故事不陌生。不过，如果你是第一次读到这个故事，大概会觉得书中的内容还蛮好玩的，还颇能带来一些启发。这个故事似乎在告诉我们：从经济学的角度看，破坏也能带来经济上的好处。

你同意吗这个观点吗？

其实，这本书的作者黑兹利特想表达的并不是这个观点，而是要竭力批判这种观点。在下面的文字中，黑兹利特做了另外一种分析。

现在我们换个角度看看。至少围观者做出的第一个结论没错，这个小小的破坏行为，的确会给玻璃工带来生意。玻璃工对于这起事件的惋惜之情和殡葬承办人面对他人的死亡一样。但是，面包店主损失掉的二百五十美元，原本是打算拿去做一套西装的。因为他要换橱窗，出门就穿不成新西装了（或者少了同等价钱的其他日用品或奢侈品）。他原来有一面橱窗和二百五十美元，现在只剩下一面橱窗了。或者说，在准备去做西装的那个下午，他本来可以同时拥有橱窗和西装，而结果只能面对有橱窗没西装的现实。如果我们把他当作社区的一部分，那么这个社区就损失了一套原本会有的新西装，于是变得比以前更穷了。

这段文字内容扭转了我们对这个故事的看法。原来，打破窗户带来的新的交易是以失去了另外的交易（做西装）为代价的，尽管这个交易并没有真的发生，只是一种潜在的交易可能——这正好符合经济学中一个非常重要的"机会成本"的概念。

与此同时，这段文字内容还表明，我们在分析经济现象时，不能只看到它对某一个群体的影响，而应考虑其对所有群体的影响。在破窗故事中，玻璃工显然是获益的一方，但是面包店主和裁缝师都是受损的一方。尤其是裁缝师，他的损失是潜藏在暗处的，不太会被人注意到。

破窗故事是经济学中的一个经典故事，它还有一个更学术的名字叫"破窗谬误"。它并非黑兹利特首创的，其源自十九世纪的法国经济学家巴斯夏的一篇文章。作为一个案例，其优点非常明显：虽然这是一个简单的生活事件，但其背后涉及的经济学思考却是不简单的。黑兹利特讲述这个故事不是为了教给读者某个经济学的概念，而是让读者在故事中思考，在故事中学习经济学的思维方式。

我们只记住一个概念是没有用的，比如"机会成本"的定义可以表述为"企业为从事某项经营活动而放弃另一项经营活动的机会，或利用一定资源获得某种收入时所放弃的另一种收入"，但是记住这个定义并不表示你会运用。

其实，我们的头脑中已经装下了太多不知道如何使用的知识了，我们缺少的不是知识、概念，而是缺少使用这些知识、概念去分析、解决问题的能力。从这个意义上说，我们分析和思考一个好的案例所带来的收获远大于背出一大堆概念。

破窗故事还有一个好处是其解读和分析是开放的。黑兹利特的看法也并非正确无疑，其他人也可以有不同的看法，很难说谁能提供一个标准答案。作为读者，我们对这个故事的思考可以一直进行下去，这无疑是一个非常好的思辨素材。比如，我设想了三种情况，似乎可以驳斥黑兹利特的观点。

第一种情况：面包店主原本并没有打算去做西装，他的生活非常简朴，他的习惯是只要有钱多出来就会塞进他自己的储蓄罐里，存着不用。在这种情况下，裁缝师并没有失掉一单潜在的生意，并且社区的经济似乎因为打碎窗户而变得更活跃了。

第二种情况：面包店主非买西装不可，他不会因为意外地损失一笔钱而放弃做一件让他看起来更帅气的西装，他觉得这是两码事。于是，为了做西装，面包店主打碎了储蓄罐，取出里面存放已久的钱，去做了一件西装。在这种情况下，裁缝师没有损失掉该有的生意，而且社区的经济似乎也更活跃了。

第三种情况：面包店主因为安装了新玻璃导致他的生活变得困窘不堪，他意识到应该多挣点钱以应对不时之需。他变得更加勤奋，他每天付出了更多的时间在工作上，增加了面包的款式，以迎合消费者多样化的需求。于是，他赚到了更多的钱。显然在这种情况下，社区的经济变得更活跃了。

分析到这儿，我们会发现对这个破窗故事的解读是没有标准答案的，而且比找到答案更有价值的是我们在思考这个故事的过程中，我们需要运用思辨的能力，要敢于独立思考，提出自己的见解。这种思维能力的训练会让我们受益良多。

（二）类比

跟"举例子"一样重要的还有"类比"。我国古代的图书中的类比法（下文简称类比）随处可见，于是就有学者总结说中国古代先贤的思维是一种"类比思维"，用类比替代论证，是不严谨和不科学的。我觉得这种批评有失偏颇。大多数时候，古代先贤是在用类比展示某种洞见、某些启示，其本意也不是要做什么证明。比如老子说的"上善若水，水善利万物而不争"，他的意思当然不是说"水就是上善"或"上善就是水"，而是借用具体可感的"水"来类比和描绘看不见、摸不着、难以言说的"上善"。他通过类比，让"水面"之下的东西浮出水面,让我们可以感知到,这就是类比的作用。

在这儿,类比本来就跟论证无关,又何谈用"类比来替代论证"呢?我们又可以想象,现在如果有一个专家站出来说,他要用严格的、逻辑清晰的方法来证明"什么是上善"。那么我估计他很可能会失败。"上善"如何能被证明呢?"上善"又不是一个数学或物理学的概念,它本来就无法被证明。但老子能通过类比,以四两拨千斤的方式,加深、拓展了我们对"上善"的认识。

类比显然不能替代论证,但是类比思维跟严谨的逻辑思维并不冲突,而是可以兼而有之,两者可以相辅相成。我们在阅读知识类图书时,若是要理解某些抽象、深奥的概念,就有赖于出色的类比内容。一个好的科普作者,一定是善于写出精彩类比内容的作者。作者要想写出精彩的类比内容,那么他对这个领域就要有透彻的理解。非高手而不可为。

我们从认知心理学的角度来看"类比",这种认知活动是借用某个我们较为熟悉的概念(用"概念B"表示)去理解某个新的概念(用"概念A"表示),类比即是在概念A和概念B中构建联系。这与人脑的学习方式是相似的,学习正是在不同的概念中建立联系的过程。当概念间的联结被建立以后,联结本身也就成了新的知识内容。

在平时的学习中,我们是在邻近概念间建立联系;在类比中,我们是在远距概念间建立联系。后者更有跳跃性、前瞻性,因而其往往是新知识、新思想的前哨。类比思维能力比较强的人,往往思维更跳跃,也更富有创造力。如果一味地排斥类比,那么在学习和思考中,我们就会损失掉一个强大的工具。

类比在人类的各个思想和文化领域几乎无处不在,甚至某些学术概念就是用类比来构建的。比如心理学中有"流体智力(fluid intelligence)"和"晶体智力(crystallized intelligence)"的概念，即把人的智力分成了前面两种。"流体""晶体"都是物理学中的概念（这个"fluid"既可以是名词也可以是形容词，因而可以翻译成"流体"或"流动的"，而"crystallized"是形容词，意思是"结晶的"或"晶体化的"）。"流体智力"的意思是人在解决问题时的思维能力，可以表现为思维的流动性或流畅性；而"晶体智力"则是跟过往经验和知识有关，是能够不断累积的智力。"智力"本身是看不见、摸不着的，如果不使用这样的类比，我们还真的不知道该怎么描述这两种智力为好，所以类比嵌入了概念本身，成了概念不可分离的一部分。

前面有个疑点是："流体"本可以跟"固体"相对，可第二种智力为什么会被用"晶体"来类比而不是用"固体"呢？我觉得这就是这组概念巧妙的地方，从其类比关系的相似程度来说，"晶体"比"固体"更准确、更相似。从物理学的角度来说，晶体是固体的一种，晶体的特征是分子呈规则排列，具有特定的几何外形，而"固体"一词则非常宽泛。"晶体"和"晶体智力"的相似点如下：

1.晶体中分子的排列是有序的，而人头脑中的知识也可以是有序的。

2.晶体是可以不断生长的，而人头脑中的知识也是可以不断生长的。

3.晶体可以从液体中析出、产生出来的，而人的晶体智力也是通过流体智力主导的学习、思考活动来构建、累积的。

这三个相似点足以说明"晶体智力"中运用了一个非常好的类比。但是类比终究是类比，人的智力也不可能真的等同于物理学中的流体或者晶体。心理学家可以在研究初期借用物理学中的概念来给新概念命名，但是随着研究的深入，心理学家必须进一步细化这两种智力更深层的特征，而这些特征是不能靠在类比中找相似点来填充的。

实际上，就连物理学家也不排斥类比。比如关于宇宙是如何诞生的，有一个著名的大爆炸理论，这个理论目前基本是物理学家的普遍共识。其中，"爆炸"这个词也只是用了类比，因为我们日常经验所能理解的爆炸是一种化学反应（伴随着巨响和燃烧），但是宇宙诞生时的爆炸绝不是一种化学反应，绝不是化学意义上的爆炸。我们如果能明确这个爆炸只是用了类比，那么我们对宇宙创生那一瞬间的理解就会更加准确一些，即发生了一场爆炸，同时又不是一场"爆炸"。

我们在理解概念中的类比关系时，必须同时兼顾两者：

1.准确和完整地把握概念A和概念B之间的相似性。

2.明确概念A和概念B之间的差异，包括各种不相容的特征。

我们如果做不到第一点，那么在理解新概念时可能会遇到障碍；我们如果做不到第二点，就可能会把两个概念混同起来，发生概念的混淆和滥用——这种错误有时候是致命的。例如，在"身心灵"这个饱受争议的领域中，我们经常会看到"能量""磁场""量子""宇宙"等词语，明明是一个号称探索内在精神的领域，却极度频繁地使用着物理学概念，这不免让人怀疑是否存在概念的混淆和滥用。

物理学概念固然在形形色色的场景中被广泛使用，但一般都会明确其是以类比的形式出现的。例如，"某某的势能很强"这句话，实际上是说这个人在某个圈子里很有影响力，不管是说话人还是听话人，都明白"势能"在这儿只是用到的一个类比。但是在"身心灵"领域，物理学概念的使用就变得模糊不清了，似乎有些人故意模糊了界线，把不同的概念混在一起了。我曾在一本名为《能量密码》的书里，看到了很多类似上文所说的这种风格的论述。

当我还是个小孩子的时候，就听到父母在饭桌上谈论"能量"

这个东西。万物皆为能量，人类就是由能量组成的。我的父亲是"能量医学"的先驱，也是一名杰出的脊骨神经科医生，作为该领域的传奇人物，在国际上享有盛誉。耳濡目染之下，我总是围着他打转，祈望能获得他的赞赏。成年后，我在他的保健所与他并肩工作，并参加他的研讨会。我从父亲的一名观察者转型为他的合作伙伴。在我拿到脊椎按摩师执照后，我和父亲一起度过了许多有意义的时光。我和父亲身上都有一种对人类的奉献情结，能用我们的能量方法帮助到他人，我们感到由衷的高兴。

但是，即使接触了这么多有关能量的概念，我也从来没有了解过这种浩瀚广博的能量。在这次个人体验之后，我的现实生活着实发生了变化。能量这一概念突然有了更多的、更深刻的意义。刹那间，我明白了自己到底是谁：一种纯粹的、智慧的能量，炽热而富有生命力。它是平静的、永恒的，超越了时间和空间。它是聪慧的、绝对的、自然的。我不缺乏任何东西，也不渴求任何东西。我是完全的、彻底的、精妙完美的存在，这就是我的家。它比所有的现实都更真实，是我唯一想要到达的彼岸。

在上面两段话中，在第一段中，在医学范畴中所说的"能量"通常使用的是其本意，即物理学意义上的"能量"，因为医学内部操持的术语体系总是科学的、严谨的。但是在第二段论述中，作者使用的"能量"概念突然就泛化了，说到"一种纯粹的、智慧的能量"，这个表达就很让人疑惑，因为我们并不知道作者是在类比的层面上使用了"能量"这个词，还是说作者认为"纯粹的、智慧的能量"就是物理学意义上的"能量"。在《能量密码》这本书中，到处都是这样的描述，即似乎把不同范畴、不同层面上的"能量"一词混杂在一起来表述。如果一个读者没有比较强的逻辑思维能力，还是挺容易陷入这一类故弄玄虚的叙述中的，甚至会为之着迷。

其实，要区分其是物理学意义上的能量还是类比中的能量很容易，因为任何一个物理量都是有单位的，并且量值是可以计算的。比如磁感应强度的单位是特斯拉，而能量的单位是焦耳。尽管物理学中的能量可分为势能、动能、热能、电能等，但是它们都可以用焦耳作为单位。可是当我们说"一种纯粹的、智慧的能量"时，问题就来了，这个"能量"可以用焦耳作为单位吗？如果可以的话，其量值又该怎样计算呢？相信我，那些讲所谓"能量密码"的书根本无法回答这类问题。

所以，我们作为读者，在阅读知识类的书时一定要搞清楚书中所说概念的真实含义是什么，有没有混淆或滥用概念。我们还要特别警惕那些夸大其词、神乎其神、玄而又玄的叙述方式，毕竟所有严谨的知识类的书中的语言运用一定是慎之又慎的。

这类书中，有一种特殊的类比是用一个学科的概念表述另一个学科的概念。这种类比很有启发性，打破了不同学科间的屏障，能帮助我们建立跨学科的思维。你要是不信的话，不妨试着读一读下面两段话。

在现代生物形式里，硬件功能主要由蛋白质发挥，软件功能主要由核酸发挥。……其中一种核酸，即脱氧核糖核酸（DNA）主要起到软件的作用。其他核酸，如核糖核酸（RNA），其功能介于硬件和软件之间。

——[美]弗里曼·戴森《生命的起源》

先让我们从化学而不是生物的角度来想想DNA的反应。那些奇妙的DNA分子，在复制的过程中承担着自催化剂的角色。DNA是自催化剂，因为它能够催化其自身的合成。当然，DNA的功能不仅仅是催化其自身的形成。在DNA转录形成信使RNA的过程和接下来信使RNA翻译成为氨基酸序列（蛋白质）的过程中，DNA同样起到了催化剂的作用，它催化了其他物质的合成。

——[以色列]埃迪·普罗斯《生命是什么：40亿年生命史诗的开端》

以上两段话分别取自两本讨论生命本质的书。

第一段话中，作者用"硬件"和"软件"两个计算机的概念来分别类比生物中的"蛋白质"和"核酸"。作者之所以说蛋白质是硬件，是因为生命体的基本构成材料是各种各样的蛋白质，所有生物功能的运行也都离不开蛋白质的参与；作者之所以说DNA是软件，是因为DNA中不仅存储着生物的遗传信息，而且就像代码一样指导着蛋白质的合成，进而把生命体"组装"起来。如果没有DNA提供信息，那么蛋白质的作用就无从谈起。这个类比为我们打开了一扇窗，我们可能会进一步想到从计算机及信息学的视角去理解生物是一个非常有趣的视角。如果把生命看成一台计算机，那么这台计算机存储、处理信息的方式应该会很特别，但其仍然符合信息学中的一般性规律。

第二段话则是作者从化学的视角理解生命。作者认为DNA在生物中的作用，就像化学反应中的自催化剂和催化剂。在化学中，催化剂的定义是：能提高化学反应速率，但自身组成、化学性质和质量在反应前后不发生变化的物质。而自催化剂的定义是：能在化学反应中自动生成的催化剂。之所以说DNA是催化剂，是因为DNA能指导蛋白质的合成，同时在这个过程中DNA并没有减少；之所以说DNA是自催化剂，是因为DNA也能复制自己，它是可以自动生成的催化剂。催化剂是化学中一个非常基本的概念，从催化剂的角度去理解DNA似乎是找到了DNA发挥作用的"底层逻辑"。

能够做出跨学科使用类比的作者通常不是单一学科的专家，而是能在多个学科中畅游探索的顶尖学者。像物理学家弗里曼·戴森、生物学家爱德华·威尔逊这些跨学科大家的作品，也是我非常喜欢读的。这些跨学科大家不仅学识丰富，还富有创造力，他们能够在一个非常大的视野之下思考本质性的问题。每每阅读他们的作品，我都觉得非常受益。

（三）图示

除了举例子和类比，图示也是帮助我们理解新知识内容的重要方法。在教材和科普读物中，好的图示能起到关键的作用，往往越核心的概念，越需要用图示辅助表述。在前文中，我介绍过心理表征的概念，好的图示能直接引导我们建立概念的心理表征。图示将抽象的概念具象化，将其变得直观可感。

许多人认为图示的作用只是吸引眼球或展现作品幽默、搞笑的一面，方便吸引更多的读者阅读。现在用漫画的形式来解读知识内容的图书很流行，这些漫画往往都使用了夸张、猎奇的手法。在阅读这类图书时，我们必须思考这些问题：这些书对知识内容的表述是不是准确的呢？那些只言片语讲重点的方式是不是对知识内容的过度简化呢？那些夸张的形象和表达是否扭曲了经典作品的原意呢？

我们要知道，"生动形象"并不应该是图示的首要标准。一个好图示的关键在于其能准确地揭示某种抽象、隐形的意义、联系和逻辑关系。如果一个图示所表达出的深层内涵是不准确的，那图示被画得再好、再吸引人又有什么用呢？这只会造成误导，误人子弟罢了。

可是画出一张准确的图示并不是一件轻而易举的事，绘者如果稍不小心，就可能犯错。认知科学和人工智能的创立者赫伯特·西蒙在《认知：人行为背后的思维与智能》（下文简称《认知》）一书中，以一道数学题为例，比较过正确和错误的图示对解决问题的影响。

精 读

一个容器中有若干溶液,其中90%是酒精,10%是水,溶液总量是1升。所提的问题是:需要加多少水才能使酒精变成全部溶液的80%,而水变成20%?

这时,我们如果让一组学生根据题意画出相应的图示,可能会出现好几种不同的画法。在《认知》一书中,西蒙给出了两种画法:

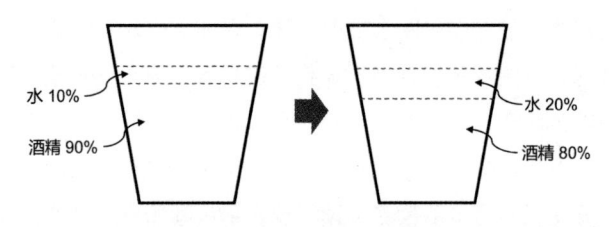

图7.1 酒精与水问题的错误图示

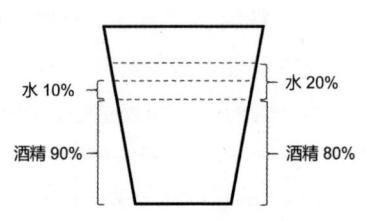

图7.2 酒精与水问题的正确图示

图7.1是人们比较容易想到的一种画法,可惜它是一种错误的图示。这个错误的原因是,图7.1的右侧图形中,代表酒精量的虚线变低了,看起来是为了表达浓度降低的意思,可实际上酒精的总量是不变的,因而这条虚线的高度应该跟左侧图形的完全一致才对。

图7.2是一种正确的画法,并且加水前后两种状态的信息都集合在一个容器上表示(这是符合我们认知的,因为确实容器没有更换、移动,原来的溶液也还在(只是增加了一点水而已)。该图中,容器左侧的标识表示加水前的比例,右侧的标识表示加水后的

238

比例,这张图的关键是图中明确地表达出在加水的前后,酒精的总量是不变的,变化的量是水的含量及对应的酒精浓度。"加水前后,酒精量不变"是这道题的关键信息,图7.2通过视觉的方式展现了。

基于这个被明确的关键信息,我们就可以列出方程,轻松地解出这道题。

设增加的水量为 x 升

$\because 1 \times 90\% = (1+x) \times 80\%$

$\therefore x = 0.125$

我们从这个例子可以看出,对一道数学题来说,如果我们能正确地画出图示,那么问题就会变得简单。但是,我们如果将图画错了,那么解题也就可能陷入死胡同。所以,西蒙说:"如果一个问题得到了正确的表征,可以说它已解决了一半。"这句话可以说是我们思考和解决问题的金钥匙。

不过,我还要补充西蒙没有提及的一点:实际上,我们从严格的科学意义上讲,图7.2也算是画错了。因为在同一溶液中,溶液中的成分是均匀分布的,比如酒精和水是均匀地混合在一起的。但是,图7.2中的酒精和水是分层的,它们并没有混合在一起。当然,西蒙肯定不会不知道溶液的特性,他之所以这样画图,是为了直观地展现该题中抽象的数学关系,而不是为了表达其中的科学含义。

如果这道题不是一道数学问题,而是一道科学问题,那么很可能就需要用其他方式画了。所以,评价一个图示的好坏要看其能不能把最关键的抽象信息揭示出来,不是以充分地还原和仿真为标准。

用图示来表达知识、思想、逻辑关系等,我们已有大量的实践了,像树状图、网状图、文氏图、流程图、鱼骨图等,已经是许多人常用的思考、表达工具了。但是,这里面存在着一个误区:把某一两种图式类型当成放之四海而皆准的工具，不仔细分析要表达的内容的特质，就直接套用某些模版。这是一种现代版本的削足适履：为了套用某一种图示类型，没有准确、充分地表达我们要表达的深层内涵。

其实，正确的做法是我们要以要表达的深层内涵为根基，自下而上地"生长"出与之对应的图示画法。一个好的图示应该是有原创性的，不是框死在某种模式之下的。

"思维导图"是目前比较流行的一种图示，但并不是所有的图示都要画成思维导图的样子。我们不要一准备画图示就只想到思维导图，就像上面的数学题不适合用思维导图来分析一样。有很多概念、逻辑关系，可能都有比思维导图更恰当的表示方法。

并不是每一位知识类图书的作者都懂得图示设计的原理，所以我们在读一本书的时候，对于一本书中的图示也要进行思考和辨析，不要不经思索就全盘吸收。面对书中的图示，我建议思考的问题内容如下：

1.这个图示是否准确地表达了对应的文字内容？是否揭示了对应的关键的深层内涵？

2.在图示类型的选择上是否太"套路"？是否存在更适宜且有表现力的画法？

面对书中的图示，我们还可以想一个问题：既然作者能画，为什么我们不能画呢？实际上，我在读书的时候有一个习惯，就是放一支笔、一个本子在身边，方便我随时可以写写画画。我觉得"写写画画"是一个非常重要的阅读方法，同时也是我一直坚持的返璞归真式阅读的一部分。不需要五花八门的软件、工具、窍门、攻略、模版，就用最原始、最好用的工具——纸和笔，即可。我们用最简单的工具，就能感受到阅读中思维的流动，感受到把抽象的知识以视觉化的形式呈现出来的乐趣。

但是，我们对图示的理解就止于此了吗？我们有没有想过图示能增进理解的本质是什么呢？我想答案是，图示的本质就是把视觉图形作为抽象关系的一种隐喻。简单点说，图示是一种视觉隐喻。我们可以看一看我们电脑中的操作系统：用一个垃圾箱的图形表示回收站，让人清楚知道其功用是什么；办公软件中的保存按钮则是一个软盘的图形，尽管软盘已经逐渐被淘汰，但是它作为保存的最佳隐喻却一直被延续。同样，视觉隐喻也适合表达某些理论模型，其中金字塔模型就是我们常见到的一个。

比如，几乎无人不知的马斯洛需求层次模型就使用了金字塔作为其视觉隐喻。在这个模型图中，金字塔结构自带的信息并没有用文字明示，但作为一种视觉呈现，其信息是可以被读者直观感知到的。例如，居于金字塔最下层，也是最宽的一栏表示最底层的需求。这个"最底层"的意思是：其在最下方兼具基石的含义，为上层的结构提供了支撑。如果抽掉这个最底层，那么其上面的各层也就因悬空变得岌岌可危。

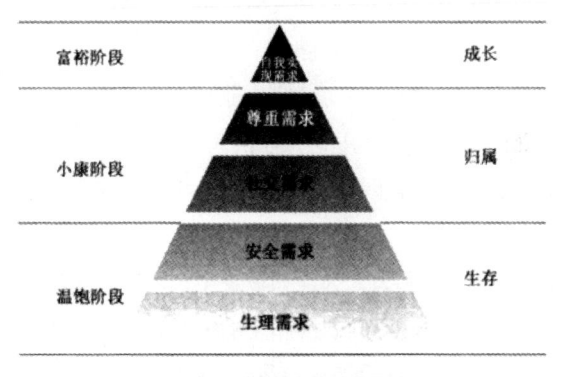

图7.3 马斯洛需求层次理论

借由这个视觉隐喻所提供的信息，我们便能推论出：生理需求是奠基性的需求，是其他一切需求的前提，必须先满足生理需求。以此类推，生理需求之上的安全需求也是比较底层的需求，这个安全需求指的是我们对安全感的需要，即我们确信自己处在一种安全和稳定的环境中。安全感为其他三个更上层的需求提供必要的支持，是实现更上层的需求不可或缺的。

因此，只有充分理解了金字塔这一视觉隐喻所自带的信息，我们才能全面把握马斯洛需求层次理论的内涵。许多人只从低级需求和高级需求的角度看待这个模型，并没有意识到低级需求是奠基性的需求，低级需求支撑着高级需求这一层含义，他们对这个模型的理解是不完整、有偏差的。

马斯洛需求层次模型看似简单并且被广泛引用，但其内涵和启发性仍然可以被多多挖掘。比如我们在育儿中，如果深入地领会了马斯洛需求层次模型，那么就能看清解决很多问题的方向。假如，当一个孩子产生了厌学情绪时，我们首先要做的是去了解真实的原因，而不是一味地指责孩子。也许他不想去上学是因为食堂里的饭菜很难吃，他因此总吃不饱，他的生理需求没有被满足，那当然不能期望他好好学习了；也许他不想去上学是因为在学校里遭遇了校园霸凌，一个高个子的同学老是找他麻烦，让他感到害怕，他在这种情况下，安全需求没有得到满足，是会厌学的；也许他不想去上学是因为睡眠时间不够，他每天写作业写到晚上十一点，没办法保持一个身心健康的状态，也是会厌学的。

身为家长，我们可能都有望子成龙的期盼，这是可以理解的，但我们的眼中若只盯着成绩看，可能就会忽视孩子的一些需要。我们如果希望孩子志向远大，为他们设置了一个很高的成才目标，那么就要让孩子生活在充满归属感和爱的家庭氛围中，让孩子的自尊感得到满足，这样他们才会考虑自我实现的需要。

综上，我们在阅读图示时，要思考其中包含着哪一种视觉隐喻以及这种视觉隐喻自带的信息。一个严谨的、高水平的作者（如心理学家马斯洛一样的），一定会使用恰当的、与其理论内容相匹配的视觉隐喻。（有的作者会使用不恰当的视觉隐喻，使得图示具有误导性。我们在阅读中一定要对其进行思考和辨别。）

四、思辨的旅程

很少有作者会直截了当地说图书是一种商品，尽管这是一个不言自明的事实。正因为图书是商品，所以作者可以赚到钱。另外，图书出版业也是一个庞大的产业，关系到千千万万人的饭碗。我曾想，如果有一天我不写书了，我可以去开一家面馆，假设每天我做两百碗面，就如我现在一天两千字的文字内容一样。写作和做面都是靠劳动赚钱，两者的区别是写作是一种创造性的劳动，而做面是重复性的劳动，两者的相同点是都需要我们辛勤付出，需要专注、耐心、责任心以及娴熟的操作。

正因为图书是商品，其他商品可能存在的问题，图书也可能同样存在，如虚假宣传、过度包装、以次充好等。卸下图书的光环，我们能更加理性地看待书，我们可以坚持阅读中独立思考，在思辨中求取真知。一个作者并不是天然具有某种权威性的，我们并不需要对一本书的内容言听计从。即使是记笔记，我们也不应该原封不动地摘抄。我们可以在其中附上自身的思考、疑问，还可以写上质疑的内容。

我并不认为图书是神圣的。图书只是一组信息的套装，比图书更重要的是我们的头脑，是我们如何打造自己的头脑。图书只是打造头脑的工具和材料。有些人看书时小心翼翼、轻拿轻放，一本书被看完后还是全新的样子。我认为，这种阅读方式远不如拿支笔在手上，随时随地在书中批注。

李敖有一个"大卸八块读书法"，他在看书的时候会准备一把剪刀，看到有价值的内容，就把这一部分内容剪下来，将其归类、存档，等到他读完这本书，这本书也就七零八落了。李敖也因此会一次买两本同样的书，留下一本完好的存放。不过，我从来没有试过这个方法，我没有李敖那么"心狠手辣"，但是写写画画是我一直以来的习惯，我觉得写写画画的过程就是我们在进行一种主动的思考了。

图书由于是一种商品，便可能会以迥然不同的面貌存在。

有一种图书是"快消品"，通常只有阅读一遍的价值（有些出版商追逐当下的热点，现在流行什么主题，就找人快速写几本出来）。这样的作品虽然第一眼看起来很有吸引力，但是仔细阅读后就会觉得内容乏善可陈。从商业的角度来说，存在这类作者很正常，他们为了迎合市场的需要而写作，因为这样写书可以让他们自身利益最大化。但是也有一类作者是反过来的，他们为了迎合自身的需要而写作，有自己热爱的、如痴如醉的东西，还有一种不得不发的表达冲动，这种饱含冲动写出的书是最值得阅读的。

在"快消品"式的图书中，还有一种伪知识类的图书（包括伪心理学类的图书）。这类图书有很大的消费市场，因为这类图书迎合了我们希望探索内心和自我疗愈的需求。我在逛书店的时候，会在标着"心理学"的书架边流连，我发现伪心理学类的图书有很多，书架上的图书包括手相学、笔迹学、占星术、读心术、微表情、性格色彩等，还有一些没有充分研究依据的有关性格测验的图书。

其中，特别是关于星座和性格的图书显然是没有科学依据的，但这种书中的内容却成了大众笃信的一种"知识"，这种状况已经没法改变了。还有一些"身心灵"类的图书也充斥着各种夸张、可疑的论述。诸如"能量""磁场"这类词被"神秘"地使用着，充满了迷惑性，很容易让人深陷其中。一个人如果没有足够的科学素养，缺少相关的专业知识内容储备，是很难区分种种似是而非的知识内容的，尤其是当它们以图书的面貌出现时。毕竟，"写在书上的东西会错吗？"——持有这种幼稚想法的人不在少数。

在"快消品"式的图书中，我们还要警惕某些人为创造出来的概念。这些无中生有的概念多是新瓶装旧酒，把某些常识或人人皆知的东西包装一下重新说出来，或者把简单的东西讲得很复杂,故弄玄虚。遇到某个新概念时,我们可以问自己一系列问题进行分辨:"这是一个学术概念吗?""这个概念是从哪儿产生的?""这个概念是否可以被清晰地界定和评估?"在遇到某个号称十分有效的方法时,我们可以问以下问题进行分辨:"这种方法是否具有可操作性?""实施这种方法是否有前置条件?""采用这种方法真的能达到书中声称的效果吗?"

在阅读知识类图书的过程中,这类考问是必须的,因为没有一本书可以呈现给读者绝对正确的东西,只要是表达,就一定是正确观点和主观想法交杂并存着的。面对任何一本书,我们都可以大胆地提问,我们在这时会发现有些粗制滥造的书在一两个问题前就会"败下阵来",露出其本来面目,而那些经典著作、大师作品往往能经受住多轮提问的考验。

读书无须仰视,平视即可。读书就是两个人之间的对话,就像读者和作者相对而坐,品茗论道,进行平等交流。读者和作者当然可以有辩论、质疑。越是优秀的作者,越期待优秀的读者,因为念念不忘,必有回响,作者往往都在等一个能读懂他作品的人。

还有一种书是"耐用品",即值得我们慢慢阅读或反复阅读的书。慢慢阅读是一个非常好的阅读习惯,越是佳作,就越适合慢慢阅读,因为佳作中的信息密度很高。很多人一提到读书就会感觉到焦虑——这么多好书,根本读不完。在这种焦虑之中,我们就想找到快速阅读的方法,让我们能在有限的时间里尽可能多阅读一些书。不过,这是误入歧途。我们要知道,吃透一本经典佳作或高水平教材所带来的收获是远大于草草地浏览一百本良莠不齐的"快消品"式的图书。

如果一本书中包含了一个学科的系统知识,那么我们读完这本书必然需要充分的时间和专注度,我们随便想想就能知道,想快速阅读完这类书是不可能的。面对那些多数人都没有勇气和耐心能够读完的书,你如果能够下定决心读下去,那么你就具备了相当的

精读

"比较优势",你就会在某个方面具有特别的竞争力。

读书既是登山,也是挖井。因为读书是登山,所以读书时最好能"会当凌绝顶,一览众山小",我们如果只爬到半山腰,断然体会不到站在知识顶峰的壮阔。因为读书是挖井,所以一定要挖出一口能出水的井来,就如孟子所说"有为者,辟若掘井。掘井九轫,而不及泉,犹为弃井也",如果挖的井不够深,我们便认为挖一个地方不出水就换一个地方,那就等于没有挖井,我们一定要深挖下去,直到泉水出来才能罢休。那些教我们速读、跳读、省力读的人,只不过是利用了人性的弱点,迎合了我们急于求成、贪图省力的心理,让人误入歧途罢了。

除了慢慢阅读,还有很多书适合反复阅读。例如,我在阅读数学、物理的科普书时,免不了要反复阅读,因为第一遍读完就能读懂的部分实在不多。等我们读了第二遍,由于有第一遍的阅读打底,我们会发现有些地方自然就读懂了。这种反复阅读就像攻打一个碉堡一样,进攻一次不行,那就多进攻几次,总能攻打下来。

还有一种反复阅读是伴随生命历程的阅读。人在年轻的时候,有很多书是读不懂的。由于没有相应的生命经验可参照,我们是没办法明白书中蕴含的深意的。比如唐诗宋词中的传世之作,其背后的底色大多是悲凉的,小孩子是很难理解的,毕竟,小孩子哪懂什么是悲凉呢,小孩子天生就是快乐的。又如《论语》《庄子》《红楼梦》等书,往往都是我们人到中年后才能读出滋味来的。

或许有人会说:"如果像你这样提倡慢慢阅读、反复阅读,那么在有限的时间之下,怎么可能做到博览群书呢?我要是错过了其他好书该怎么办呢?"我觉得,人生中一个不可避免的主题就是"错过"。怎么可能不错过每一件事呢?

明代文学家陈继儒在《读书十六观》中援引了赵季仁和罗景纶的对话。

赵季仁："某生平有三愿：一愿识尽世间好人，二愿读尽世间好书，三愿看尽世间好山水。"

罗大经："尽则安能，但身到处莫放过耳。①"

我想，读书人就应该用这种态度读书吧！

读书不是目的，买书、藏书更不是目的，读书是为了"化用"——把书中的精华"内化"到我们自己的头脑中。这个过程中一定有一道"思辨"的工序。贪多嚼不烂，我们若是只知道读字面意思、画重点、记笔记，却不知道辨疑、问难、去伪存真，不知道坚持独立、审慎的思考，那么即便读了再多的书，也只是填塞而已，是不可能形成我们自己的思想、品位和判断力的。

---

① 大意为这怎么可能呢？只要这些美好的东西到你身边时，你别放过就好了。

第八章

八面受敌

深度阅读的艺术

一、八面受敌与以我观书

苏轼在写给晚辈王庠的一封书信《又答王庠书》中介绍了他的读书方法,被后世广为传颂。

但卑意欲少年为学者,每一书,皆作数过尽之。书富如入海,百货皆有。人之精力,不能兼收尽取,但得其所欲求者耳。故愿学者每次作一意求之。如欲求古兴亡治乱、圣贤作用,但作此意求之,勿生余念。又别作一次,求事迹故实、典章文物之类,亦如之。他皆仿此。此虽迂钝,而他日学成,八面受敌,与涉猎者不可同日而语也。甚非速化之术,可笑,可笑。

这段话的大意如下:我希望少年在读书时,将遇见的每本好书都读好几遍。一本经典佳作中所蕴含的东西像海洋一样包罗万象,人的有限精力,不可能将知识全部掌握,因而只要读出你想要的东西就可以了。所以,我希望你在读一本书时,每一遍都能带着一个目的和念想去读。如果你此时读书的目的是想知道古今政治的兴亡交替,了解圣贤的作为贡献,那么你就专一地从书中求取这一方面的知识,不要关注书中的其他方面。等到你再读一遍这本书时,你再关注书中的其他方面,比如人物事迹、历史旧事、典章制度一类的,以此类推。你看其他的书也按照这样的方法读。这个方法虽然比较笨拙，但是等到学成之时，就能样样精通了，各方面都不落人后，与那些泛泛读书、求广不求精的人不可同日而语。这远非速成的方法，见笑了，见笑了！

由于这段话中用了一个词"八面受敌"非常形象，后人即用"'八面受敌'读书法"来称之。

我觉得这种读书方法是很对的，倒不是因为我崇拜权威或者完全折服于古人，而是不论从现代的认知心理学的角度来看，还是从人们的实践来看，这种读书方法的合理性都是能得到佐证的。

从认知心理学的角度来说，人脑的工作记忆的资源是有限的。我们在阅读的时候，光理解字、词、句的基本含义就占用了自己大部分的工作记忆资源，如果同时还要对书中的知识就行归纳、总结、思考、辨析，那么其占用的工作记忆资源就更多了。我们要是边读边思考，那我们的阅读速度就会慢下来，甚至在面对一段话时，要反复读几遍才能理解。我们如果不这样做的话，那我们大脑的算力就不够用了。

苏轼提到的读书方法，针对的是那些沉甸甸的历史著作，如《史记》《汉书》等。这些书中包含的内容是多方位、多维度的，是一个复杂的信息多面体。面对这样的书，我们要是只读一遍，那就不可能读出其中大部分的精华，只有反复读好几遍，才能领悟其中的奥秘。

当然，不仅是历史著作，像经典的文学著作、哲学著作以及科学著作，都不是我们只读一遍就可以读懂、读通的。所以，苏轼又提出我们在每读一遍时，都要提前选定一个阅读的目标或角度。借用认知心理学的说法，这就是要提前选择一个关注的焦点。我们的认知只有是聚焦的，我们的信息加工才能是有深度的。所以，"八面受敌"读书法是一种非常科学的读书方法，非常值得我们借鉴。

说到这儿，我想到了苏轼的学生黄庭坚，在《与李几仲帖》中曾说过相关的内容。

精 读

> 盖以我观书，则处处得益；以书博我，则释卷而茫然。

我们用这句话去参悟苏轼的"八面受敌"，则更能领悟其精髓。"八面受敌"就是"以我观书"，即我们作为阅读者，要依照自身的需要，自主选择一个视角切入文本，去获得自身所需的信息。例如，《左传》《史记》《汉书》等我国古代的经典图书，都可以被当成文学作品来读，我们可以从中学习怎样写作、怎样讲一个精彩的故事、怎样把人物写得绘声绘色。

对于我国的文学作品，我们也可以从史学的角度进行研究，我们可以从诗文中寻找历史线索，做交叉引证，即历史学家陈寅恪的"以诗证史"。我们如果不懂得"八面受敌"与"以我观书"，那么在看一本书时只能是被动地接收，所得到的信息是浮于表面且粗糙的；如果懂得了"八面受敌"与"以我观书"，那么我们手中的书就"活"了一半，为我们增添了无数种阅读的可能。

作家马伯庸在谈到他自己的创作经验时，表示他也很受益于"八面受敌"读书法。

当无穷无尽的书、知识向你涌过来，你该怎么办？就用苏轼的"八面受敌"读书法，很管用。先盯着一本书看，而且这本书我也不是都看，这本书里我就盯着我想读的一个点，我把这一点读透再看别的。一本好书的内涵、方向往往很多，每次读，只去专攻一个领域。这样读起书来才能有的放矢。先有目标，再去读书，事半功倍。如果都不知道自己读一本书的目的是什么，那么你很多东西就都收不了，也记不住。

也许你的问题是，真的可以从多种角度来阅读一本书吗？具体可以有哪些角度呢？

其实，我从本书的一开始就已经在回答这个问题了。"八面受敌"读书法虽在本书的最后一章才介绍给大家，但前面各章中无不贯彻着"八面受敌"读书法。对于阅读一本书，我们可以分析整本书的结构，分析其句法格式，研究其音韵，挖掘其隐藏的深意，考究其知识和逻辑……这些方式都是取一种角度切入阅读，做一番专门的考察。

当然，我们在阅读中可选的角度很多。作为读者，选择什么角度切入阅读取决于我们自己的诉求、期望和知识背景。拿唐诗宋词来说，我们有哪些欣赏唐诗宋词的切入角度呢？一般人容易想到的切入角度大概有：意象表征、修辞手法、音韵美感、艺术风格、情感表达、作者经历、历史背景、内在哲理等等。但是，还有一些切入角度是一般人想不到的，比如我国著名的气象学家竺可桢在其《天道与人文》一书中，从物候学的角度去读唐诗宋词。

唐白居易（乐天）十几岁时，曾经写过一首咏芳草（《赋得古草原送别》）的诗："离离原上草，一岁一枯荣。野火烧不尽，春风吹又生。……"诗人顾况看到这首诗，大为赏识。一经顾况的宣传，这首诗便被传诵开来。这四句五言律诗，指出了物候学上两个重要规律：第一是芳草的荣枯，有一年一度的循环；第二是这循环是随气候为转移的，春风一到，芳草就苏醒了。

…………

杨柳抽青之所以被选为初春的代表，并非偶然之事。第一，因为柳树抽青早；第二，因为它分布区域很广，南从五岭，北至关外，到处都有。它既不怕风沙，也不嫌低洼。唐李益《临滹沱见蕃使列名》诗："漠南春色到滹沱，碧柳青青塞马多。"刘禹锡在四川作《竹枝词》云："江上朱楼新雨晴，瀼西春水縠文生，桥东桥西好杨柳，人来人去唱歌行。"足见从漠南到蜀东，人人皆以柳绿为春天的标志。

竺可桢在读唐诗宋词时，没有从文学的角度进行欣赏，而是把这些诗词当作记录古代物候学信息的文本阅读，采取用他所熟悉的专业角度切入，在经典文本中挖掘出了唐诗宋词的新的内涵，还是很有意思的。

二、"八面受敌"示例

我曾经系统地阅读了汉魏六朝时期（即秦、汉、三国、晋、南北朝时期）的诗歌，其在一定程度上为唐诗的发展奠定了基础。那时的诗歌更加朴实，其虽没有唐诗那般绚烂多姿、精巧雅致，但也别有一种厚重雄浑、真诚质朴的感觉。其中，让我印象最深的一首诗是东汉张衡的《四愁诗四首（并序）》（下文中简称为《四愁诗》），因为诗里提及了好几种贵重的宝贝。这让我感到既陌生又好奇，不过，我的这个关注点已经偏离了"传统"欣赏诗歌的路线了，但那又何妨呢？

我在这儿就以《四愁诗》为例，具体地讲一讲"八面受敌"读书法可以怎样来施行。（其实，方法是相通的，读一首诗歌用的方法，在读其他形式的作品时，也可以迁移运用。我之所以再次以诗为例，是因为诗的篇幅较短，大家可以在读完全诗之后再看我的分析，这样比较好理解。我如果直接以某一本书为例或者某一段原著内容为例的话，那么在没有读过原作的情况下，大家直接读我的分析可能会看得稀里糊涂、不明所以。）

四愁诗四首（并序）

[东汉]张衡

张衡不乐久处机密，阳嘉中，出为河间相。时国王骄奢，不遵法度，又多豪右并兼之家。衡下车，治威严，能内察属县，奸滑行巧劫，皆密知名，下吏收捕，尽服擒。诸豪侠游客，悉惶惧逃出境，郡中大治，争讼息，狱无系囚。时天下渐弊，郁郁不得志。为《四愁诗》。屈原以美人为君子，以珍宝为仁义，以水深雪氛为小人，思以道术相报，贻于时君，而惧谗邪不得以通。其辞曰：

一思曰：我所思兮在太山，欲往从之梁父艰。侧身东望涕霑翰。美人赠我金错刀，何以报之英琼瑶？路远莫致倚逍遥，何为怀忧心烦劳？

二思曰：我所思兮在桂林，欲往从之湘水深。侧身南望涕沾襟。美人赠我金琅玕，何以报之双玉盘？路远莫致倚惆怅，何为怀忧心烦伤？

三思曰：我所思兮在汉阳，欲往从之陇阪长。侧身西望涕沾裳。美人赠我貂襜褕，何以报之明月珠？路远莫致倚踟蹰，何为怀忧心烦纡？

四思曰：我所思兮在雁门，欲往从之雪纷纷。侧身北望涕沾巾。美人赠我锦绣段，何以报之青玉案？路远莫致倚增叹，何为怀忧心烦惋？

（一）解题

解题就是理解标题。诗有标题，文章有标题，书也有标题（书名）。标题很重要，我们要先读懂标题。有些诗的标题很长，蕴含了很多信息，是理解一首诗的基础。

比如，李白在写《登敬亭北二小山，余时送客逢崔侍御，并登此地》时，便在标题中交代了他写这首诗之前刚刚发生了什么，他因为什么才会写这首诗，我们也就因此知道了其前因后果。

李白在《秋日鲁郡尧祠亭上宴别杜补阙范侍御》中交代得更详细，这个标题中的时间、地点、人物、事件等要素齐备。他将发生的事情在标题里讲完了，那么接下来的他要写什么呢？当然是可以直接抒情了，其背景信息无须再赘述，所以这首诗的开头两句便是："我觉秋兴逸，谁云秋兴悲？"所以，理解标题对理解一首诗的内容来说非常重要。

我们再看回《四愁诗》。这首诗的标题很简单，我们只需要读

精读

懂两个字——一个字是"四",一个字是"愁"。

我们要怎么理解"四"呢?我们因为已经读过一遍诗的内容了,所以能知道其明显地被分成四个部分,而且每一个部分在形式上都有非常大的相似性。因而在这儿,我们可以把"四"理解为其有四个章节,也可以把"四"理解成《四愁诗》是由四首诗组成的组诗,这两种理解都可以。另外,这个"四"还有一个内涵是表示四个方位,即东、南、西、北,其在诗里展示得很明显:"侧身东望""侧身南望""侧身西望""侧身北望"。在中国的文化里,方位不仅仅是方位,还蕴含着神圣的意味,每个方位都对应着一尊神兽——东方青龙、南方朱雀、西方白虎、北方玄武。

除方位之外,"四"在时间上也很重要——因为古人很看重"四时",即春、夏、秋、冬四季。四时更替代表了永恒不变的自然之道,也与农业生产息息相关。空间方位上有"四",时间上有"四","四"就代表了完整和圆满,所以张衡在写诗时也用了四个章节,正好相匹配。毕竟张衡是一位卓越的科学家,他上知天文,下知地理,应该清楚"四"在当时的天文地理观念中的特殊含义,他写这样的诗绝非偶然。

我们再来说一说"愁"。

诗里的"愁"是什么愁呢?字面意思上的"愁",应该是讲男女情爱之愁、别离相思之愁。但是,主人公说国内四地的美人赠与他礼物,这怎么可能呢?那时候没有飞机、高铁,四地相距甚远,他怎么可能在四地各有一个女朋友呢?这太不合情理了。

其实,仔细阅读《四愁诗》的序文,我们会发现《四愁诗》说的是张衡的不如意:当时朝廷政治昏暗,他的抱负无法施展,他因此心生去意。有了这个阅读背景,我们就不难发现其是政治讽喻诗,借男女之情怨来释放臣子对君王的牢骚。(我认为这个写法由来已久,绝不是张衡首创的,屈原的《离骚》就是这么写的。)

所以,这个"愁"很可能是他仕途上的"愁"。但是,我们如果完全这么理解其内容就没有意思了,因为其字面意思确实是在表达男女之情爱。我们可以以一种更好的方式去理解,即两种意思都要,既从男女情爱的角度去理解这个"愁",也从政治讽喻的角度去理解这个"愁"。

(二)弄通词句基本含义

在没有注释的情况下,我们读《四愁诗》也能知其大意,"所思""欲往""侧身东望""美人赠我""怀忧""心烦"等词句都是不用解释就能读懂的。但其中还有些字词需要看过注释后才能明白。一些权威的出版物中,能够提供比较详细的相关注释以及翻译,像《四愁诗》被收录在《文选》(《昭明文选》)一书中,我们就可以在书中注释的帮助下去阅读。(我在这儿要说明一下,古代的一些字词是比较难以确定其意义的,即使是专门钻研的学者之间也是会有争论的,所以我们在阅读时兼收各家的意见是最好的。)

基于可参考的资料,我们一起看一下下面这些字词的释义。

①太山:泰山。

②从:跟随。

③梁父:梁父山,古山名。"父"亦作"甫"。在今山东泰安市东南。

④翰:本义为羽毛,引申为毛笔。也有解释为"衣襟"。

⑤金错刀:镀金的佩刀。另一说为一种镀金的刀形钱币。错,是镀金的意思。

⑥英:通"瑛",玉的光彩,或指像玉的美石。

⑦琼瑶:美玉。

⑧致:送达。

⑨倚:通"猗",叹词,类似现在的"呀""啊"。

⑩逍遥:不同于《庄子》中的"逍遥",此处的意思接近于

精读

"彷徨"的意思。

⑪烦劳:烦恼。劳,忧。

⑫桂林:桂林郡,今广西大部分地区。

⑬湘水:湘江,上游源头在广西,主要流经湖南。

⑭金琅玕(láng gān):用金镶着的美玉,即所谓"金镶玉"。琅玕,似玉的美石。

⑮双玉盘:一对玉盘。

⑯汉阳:汉阳郡,郡治在今甘肃甘谷县。

⑰陇阪:陇山,位于今陕西陇县,山势险阻。

⑱貂襜褕(chān yú):一种貂皮的长袍。

⑲明月珠:夜明珠,在古代视为珍贵的宝石,原产于大秦国(古罗马帝国)。

⑳踟蹰:犹豫不前的样子。

㉑纡(yū):指心中苦闷郁结。

㉒雁门:雁门山,位于今山西代县。

㉓锦绣段:成匹的锦绣。也有注释指"段"通"缎"或"锻"。

㉔案:放食器的小茶几。

㉕惋:怨。

我们参考释义,把不太能理解的字词搞明白后,再结合上下文去理解整诗的含义,就可以把《四愁诗》彻底读明白了。

《四愁诗》讲的是"我"思念的人在远方(东、南、西、北各有一个"我"思念的人),"我"想过去找她,可是路途遥远,"我"只能朝着那个方向望一望,独自流泪。美人曾赠"我"贵重的礼物,"我"想以同样贵重的礼物回赠,可是路太远了,估计礼物是送不到的,"我"只能独自忧愁、烦恼了。

从文本上看,"我"和"我"思念的人可谓情深义重,所以要互赠珍贵的礼物,但是"我"的想法和现实冲突,"我们"基本不可能再见面了,这种相思之情也就变成了无尽的哀愁。

(三）作者的个人背景及其写作立意

张衡是我国历史上非常著名的科学家，他精通天文历算，发明了浑天仪、候风地动仪等，这些在课本中都有介绍。可能是由于其科学家的名声太响亮，掩盖了他在文学上的光芒。其实，他的文学水平也非常高，除了《四愁诗》，他还著有《二京赋》这样的名篇大作，故与司马相如、扬雄、班固并称"汉赋四大家"。由此看，张衡真是天才卓绝，是个文理全才！

我们在读书时往往会遇到这种情况：因为喜欢上一篇作品，故而注意到这个作品的作者，然后陆续地把这个作者的其他作品也找来读一读。这样一来，我们也就越读越多，越读越深。同时，我们还会了解这个作者的人生经历，比如他遭遇了什么，经受过哪些挑战，有哪些失败……没有一部作品是作者无缘无故地写出来的，其一定是在某种特定境遇下的产物。

比如，张衡并不仅仅是科学家、文学家，他还是一位正直的官员。他明辨是非，疾恶如仇，勇于直言上谏，对昏暗污浊的官场政治深感痛心。张衡在五十五岁时因为批评宦官擅权而被排挤，后被外调任河间相，《四愁诗》大约就是他在那时写下的。

从张衡当时的处境切入《四愁诗》的理解，他在诗里说的路途遥远、艰难阻隔，实际上是喻指当时朝廷政治生态的险恶及他身处其中的无奈，他兼济天下的理想抱负无法施展，而且面对小人、恶官无可奈何，因此，他心中充满了郁结。他因为身处其中，很多想法都无法明言，所以只能以男女情爱之事来寓之。他在写愁时，一唱三叹，反复吟咏，通过铺陈排比，写出东、南、西、北四面愁，真是愁上加愁了。他通过"踟蹰"等词，又写出了他当时举步维艰，困于时局，无法脱身之意。

（四）篇章、句式结构

《四愁诗》的篇章结构很明显，我们可以将其看成四个章节或四首诗的组合。每一部分结构都很相似，所以可以将其看成是一个大的排比，每一部分就是排比中的一项。其中，《四愁诗》的各部分中有一半以上的字词是重复的，这些字词的重复构成了反复的修辞手法。这种排比和反复的修辞手法继承了我国最早的诗歌典籍《诗经》的传统，《诗经》中有大量的诗歌是这类重章叠句式的。另外，《四愁诗》每一部分的首句中的"兮"字是语气助词，这看起来是受到《楚辞》的影响。管中窥豹，我们从中可以看到文学是一种绵延不绝的传承。

我们在从其句式上说一说。《四愁诗》是七言诗，其中的每一句都是七个字。我们别小看其这个特点，曾有学者指出，《四愁诗》是骚体整齐化后形成的独立完整的七言诗。在此之前，像《诗经》中的诗大多以四言为主，汉代乐府诗歌以五言为主。虽然有一些诗中包含七言的诗句，但是还有跟五言、六言混合的情况，并不是整首诗都是七言句。《四愁诗》因为其是从头到尾都是七言的诗句，所以其具有开创之功，对后世七言诗的发展有重要的影响。我们由此可知，每一世代有一世代的主流文学样式，就像一种流行风尚一样，样式的改变又是缓慢而渐进的，但是新样式的少量萌芽往往会领先一两个世代，后世的唐诗、宋词、元曲乃至明清小说都遵循着这样的发展规律。

（五）音韵分析

从押韵上来看，《四愁诗》是句句押韵，同时转换了多个韵部，这与唐代律诗的一韵到底的规则是不一样的。第一部分的前三句的韵脚"山""艰""翰"的韵母都是"an"，而后四句的韵脚"刀""瑶""遥""劳"的韵母都是"ao"。第二部分的前三句的韵脚"林""深""襟"用同一个韵部，第四、第五句的韵脚"玕""盘"用的是同一个韵部，而第六、第七、第八句的韵脚"怅""伤"用的是同一个韵部。第三部分的前三句的韵脚

"阳""长""裳"用的是同一个韵部,且与第二部分的最后三句韵部相同,其韵母都是"ang",第三部分中的后四句的韵脚所用的韵母都是"u"。第四部分的前三句句尾押同一韵部,所用韵母为"en",而后四句又押另一个韵部,所用的韵母是"an",这正好和《四愁诗》开头三句的韵部相同,可谓首尾呼应,形成回环的美感。

细数一下,《四愁诗》中总共经历了八次韵部的转换,其极富变化,而且这种变化又不会让你觉得突兀。每一部分的前三句表达出了一个完整的意思,所以这三句一定是押同一韵部。每一部分的后四句表达的是一个完整的意思,所以其用押同一韵部(第二部分例外)。这就说明,在诗歌作品中,音韵和内容是相契合的,其音韵的处理也是为表达内容服务的,不是一个独立的成分。

我们还可以思考一个问题:假设《四愁诗》跟唐代的律诗一样,也采用一韵到底的押韵方式,可能会出现什么样的结果呢?我的答案是,如果《四愁诗》写成一韵到底,那这个作品就完蛋了。因为我们在前面已经分析过,《四愁诗》本身的结构特点是重章叠句式的,其四个部分的结构极其相似,其中有一半以上的字词是重复出现的。而韵脚所在的词正好是句子变化的那部分,如果使用一韵到底,那变化的部分就会变得非常相似,会缺少变化的感觉,那么其整体就会显得非常呆板,甚至死气沉沉。

张衡正是使用了韵脚的转换,使得其在不变之中又包含了变化,在整齐中展现了参差。所以,在《四愁诗》中,韵部的转换对于其整体的艺术美感起到了非常关键的作用。作为科学家的张衡在《四愁诗》中展现了"变与不变",每一部分的结构是固定的,这就像一个不变的背景板,在背景板的衬托下,像"金错刀""英琼瑶""金琅玕""双玉盘"等富于变化的词才会特别得醒目,才会跃出纸面,映入我们的脑海中。

国画中,有一种表现形式叫"四条屏"——四幅大小、比例完全相同的长条画组合在一起,表现出统一的主题思想。比如生活中常见的"梅兰竹菊"四条屏，一幅画"梅"，一幅画"兰"，一幅画"竹"，一幅画"菊"，这四幅画可以单独欣赏，也适合作为一个整体来观看。这类画中的内容虽然不同，但是其画风一致甚至连构图也是相似的，也算是在不变中包含着变化，在变化中又包含着不变。《四愁诗》在艺术手法上可谓与四条屏有异曲同工之妙。

（六）地理知识

《四愁诗》中包含七个地名：泰山、梁父、桂林、湘水、汉阳、陇阪、雁门。当时，东汉都洛阳，地处中原。我们可以以洛阳为原点，往东、南、西、北四面远望，得知诗中展示出的一些空间上的相对关系。比如，"我所思兮在太山，欲往从之梁父艰"就说明了"我"如果要从中原出发，赶去泰山，那就必须要先翻过梁父山。同样，我们如果要往南去桂林，就必须要先渡过湘水，如果要达到汉阳，则必须要翻过陇山。换句话说，泰山比梁父山的位置更偏东，桂林在湘水的南边，汉阳位于陇山的西边。另外，雁门山位于北边，会经常下雪。

上面就是《四愁诗》传达出的地理知识。不要小看这些地理知识，其虽然看上去只是一些知识碎片，但《四愁诗》毕竟只是诗作，如果你找出一千首这样的诗呢？这一千首诗中包含的地理知识，可能足以拼出一幅古代地图。对研究古代地理的学者或者地理爱好者而言，古诗中的这些信息是很有研究价值的。

《广西历代诗歌》一书中也收录了《四愁诗》，诗中的那一句"我所思兮在桂林"使它成了自古第一首歌咏粤西的文人诗（我在这儿补充一句，诗中所说的"桂林"并不等同于现在的桂林市。诗中指的是桂林郡，桂林郡所辖范围包括了现在广西的大部分地区，远大于今天的桂林市）。所以，诗中提到的地名可能对这个地方在历史文化上追根溯源有特殊的意义，这可能也是古代诗人没有预料到的吧！

（七）器物知识

《四愁诗》中提到了八件器物，分别是"金错刀""英琼瑶""金琅玕""双玉盘""貂襜褕""明月珠""锦绣段""青玉案"。它们分别指什么呢？大多要我们结合注释才能知晓。其中，最难弄明白的是"金琅玕"。其实，"琅玕"一词在现在通常被解释为似玉的美石（如258页注释），这种说法有点模糊，不够确切。我反复检索，查到《陈直著作选》（陈直为中国历史学家和考古学家）一书中，对"琅玕"有比较详细的介绍："盖边郡人民，隔地通讯，或同在一地修函致候时，多用琅玕一枚，伴函馈送，或包含有其人如玉之意。"原来"琅玕"是放在信件中，作为随信礼物用的，它确实是似玉的石头，通常为青色，但是个头比较小，陈直在书中引王国维所说的"略如珠形"，表明其跟珠子差不多大，而且还可以中间穿孔，穿成手串。

八件贵重的器物出现在作品中，为后人传达了一个信息：东汉时期，这些东西就已经出现了。在我国诸多考古发现中，玉器的年代可以追溯到非常早的时期，所以东汉有玉器并不稀奇。但是，东汉就有貂皮大衣可能会超出许多人的意料，专门研究服饰史的学者可能会对此感兴趣。

对我们普通人来说，了解诗中互赠礼物的方式对我们日常的人际交往方面也会有些启发。比如男女朋友之间，需要在情人节、生日等特别的日子赠送对方礼物，可是礼物的选择经常让人犯难，不知道送什么才好。我们看见可以看一下《四愁诗》中是怎么送礼的："美人赠我金错刀，何以报之英琼瑶？"其中就包含了送礼之道。我为什么会这么说呢？当时，女子送给男子一把镀金的刀，这把刀可以增添男子的男性气质，而男子送给女子的是散发光彩的美玉，这块玉可以增添女子的女性气质。所以，我们送什么礼，是要站在对方的角度去考虑的，最好是送能给对方加分的礼物，提升对方形象、气质、魅力，对方肯定会欣然接受且感动。

(八）艺术表现力

《四愁诗》写的是"愁"，写的是张衡自身的"愁"，可是张衡如何让他的"愁"被我们看见呢？那便是通过艺术的表现手法。我在前文中提过，像"快乐""悲伤""痛苦"等形容词都是很抽象的，因为每个人的感情都只能自己明白，你的快乐和他人的快乐并不会完全相同，你的悲伤和他人的悲伤更是会有差异，连鲁迅都说"人类的悲欢并不相通"。不过，张衡是有办法把抽象变成具象的。他在诗中用互赠贵重的礼物来传达两人之间的情义，用远方的山水来突出两人之间的路遥道阻，见面的困难重重。理想和现实之间出现了巨大的割裂，出现了无法弥合的落差，"愁"也就这样出现了。两人互赠的礼物越贵重，两人之间的距离就越遥远，理想与现实之间的落差就越大，"愁"也就越剧烈。张衡用四个部分将"愁"层层累迭，反复咏叹，更是把"愁"展现得无以复加。

读一篇文章要找到文眼，读一首诗要找到诗眼，《四愁诗》的"诗眼"在哪儿呢？在第四部分中，"雪纷纷"就是诗眼。当然，这是我个人的看法，且听我的分析。

诗中"雪纷纷"的出现是挺令人意外的，因为在相同的位置上，前面三部分中放的都是地名。而在这儿，突然改成了"雪纷纷"，这种突然的变化本身就有强调的意味，变化的东西是更能吸引人注意的，这是认知心理学里的一个基本规律。而且，前面的三部分中，展现的是一个非常整齐的结构，它们的平仄都是相同的，可到了"雪纷纷"这儿突然就改变了。请看下面这个表格。

表8.1 《四愁诗》每段第一句句末三字平仄分析

	第一句句末三字	平仄	第二句句末三字	平仄
第一部分	在太山	仄仄平	梁父艰	平仄平
第二部分	在桂林	仄仄平	湘水深	平仄平

续表

	第一句句末三字	平仄	第二句句末三字	平仄
第三部分	在汉阳	仄仄平	陇阪长	平仄平[①]
第四部分	在雁门	仄仄平	雪纷纷	仄平平

按照常规思维，既然前三部分用了三组地名，而且连平仄都是整整齐齐的，那么第四部分也应该如此才对，张衡怎么突然就把地名换成了"雪纷纷"呢？

大约因为两个原因。第一个原因：如果第四部分还是沿续前三部分的格式，但是这样读下来会感觉诗的整体比较呆板，张衡在此处做一个变化，诗就"活"了。第二个原因："雪纷纷"这个表达是非常好的写愁绪的意象，《诗经》中的句子"昔我往矣，杨柳依依。今我来思，雨雪霏霏"中，"雨雪霏霏"写的也是男女之间的愁思，"雪纷纷"应该是沿用了"雨雪霏霏"的这个表达。

可能有人会问，下雪就是下雪，为什么一定要跟"愁"联系上呢？因为跟现在不一样，古代的路不是很平坦，本来就是不好走的，下雪的时候，外出赶路就更难了。再者，雪花纷纷掉落之景，可以作为人们内在心境的一种具象化、视觉化，雪花纷纷，愁绪纷纷，这就是艺术的语言。

这让我想起了曾经看过的一个画展，当时展出的是毕加索的作品。在去之前，我心里想："毕加索的画，我肯定是看不懂的，姑且看个热闹吧。"等排队进入展厅后，我往四周一望，发现果然看不懂。但是，其中有一幅画引起了我的注意，我驻足这幅画前，突然就看懂了。这幅画画的是一个中年的女子，她站立着，手中拿着

[①] "陇阪"两个字，本应都作第三声，但在口语发音中，两个第三声字连用时，前面的字一般读作第二声，称为"变调"，所以可作"仄平"解。当然，作"仄仄"解也没错。

一个蒸汽熨斗，置于她身前的是一个小桌板，桌板上摊着一件大衣。显然她正在熨烫衣服。我一下子就被这幅画传递的情绪感染了，因为我看到这个女子的头部是微微扬起的，她微微歪着头，眼睛微闭着，熨斗冒出的蒸汽升腾，形成了一团团白雾，几乎遮挡住她的脸，白雾缭绕在她脸和头发的四周。我心里想："这幅画最关键的就是从熨斗中升起的白雾啊，这团团白雾不就是这个女子心中的团团愁思吗？"在没有旁人提示、讲解的情况下，我终于看懂了一幅毕加索的作品，它传达出的情绪是如此强烈，毫无疑问，毕加索笔下这缭绕的白雾就是那个女子"愁"的具象化和视觉化。我想，《四愁诗》中的"雪纷纷"实践的是同样的艺术法则吧。

三、八面受敌与主题阅读

莫提默·J.艾德勒和查尔斯·范多伦在他们的经典作品《如何阅读一本书》中，将阅读分成了四个层次：基础阅读、检视阅读、分析阅读和主题阅读。其中，主题阅读被视为阅读的最高层次，其方法是先选定一个要研究的主题，然后找与此主题相关的若干本书阅读——并不需要整本书与那个主题相关，只要其中部分内容与之相关即可，即"要记得你最主要的工作不是理解整本书的内容，而是找出这本书对你的主题有什么帮助，而这可能与作者本身的写作目的相去甚远"。主题阅读的意思是，我们可以从同一种角度切入阅读多本书，而"八面受敌"读书法强调的是我们可以从多种角度切入阅读一本书。它们看似不同，但却有内在的一致性，即强调读者要明确自身的阅读目的和阅读角度是什么。

因此，我们可以把两种读书方法结合起来，用"八面受敌"读书法的方式去做主题阅读。用"八面受敌"读书法，就是去想一本书有哪些可分析的角度。阅读一本书的切入角度有很多，甚至多到无法穷尽。一旦在一本书里发现一个有意思的角度，我们就可以从这个角度去找来其他的书阅读，做到主题阅读。

要确定阅读的主题，我们可以从自身的真实关切出发。往大了说，你可能需要思考的问题是你想通过读书，把你自己塑造成一个什么样的人，这个问题很难回答，但不需要立即回答，可以作为一个种子埋在心里，时不时地想一想。如果你说："我想成为一个睿智的人。"那么接下来的问题便是我们可以从哪些书里获得"睿智"这种东西。当然，"睿智"这个词很宽泛，但是毕竟有了一个方向，在接下来的阅读之路中，我们可以一步步地将其具体化、明确化。在这个过程中，我们要注意，不要让阅读偏离了我们的总目标，要让阅读推着我们向这个方向前进。

我读过葛兆光教授的《中国思想史》，也读过李零教授的诸多图书，这些书都是跟"睿智"这个主题是相关的，因为"睿智"在一定程度上是跟一个人的思想、思考深度有关的。葛兆光和李零的书能帮我们建立某些思想的脉络。

你可能会想：只读中国的智慧是不是足够，是不是应该读一读西方的智慧呢？你可能会找一些柏拉图的作品阅读，于是又发现了一片新的天地，你被柏拉图的作品所折服。在阅读柏拉图的作品（如《苏格拉底的申辩》《会饮篇》等）的时候，你的阅读重点不是书中给出的观点和结论，而是书中所展现出的思考过程，特别是苏格拉底在反驳他人的时候是怎样展开反驳的，他层层递进的逻辑关系是什么样的——这便是一个你可以切入的角度。

读这些书并不能保证你成为一个睿智的人，但是这些书能为你提供诸多可以"深度思考"的经验，这些经验是有价值的。现在大多数人都沉迷于浅层次的、即时满足的信息愉悦中，只要能进行"深度思考"，你在这一点上就已经稍稍领先大多数人了。当然，以上这些说法的前提是你的目标是"成为一个睿智的人"，如果你的目标不是这个，例如你想成为一个极度幽默的人，那你的阅读范围和切入角度就会与上面大不相同了。

精读

关于主题阅读，我有一个值得分享的经验——兼顾理论型图书和实践型图书。在某一个主题之下，最好将两类图书都包含进去，以起到互相参考、互相补充的作用，而不是只看理论型图书或者只看实践型图书。

我们可能会有疑惑：什么是理论型图书和实践型图书呢？我们要怎么区分呢？其实，理论型图书中往往会陈列大量的知识内容，这些知识内容都是从研究中得来的。实践型图书往往是分享经验和做法的，其中的知识内容是其从亲历中得来的。不论是研究还是亲历，都是了解世界的一种方法、一种角度，并无高下之分。我们若只从一种角度看，那我们的认识一定是偏颇的，所以，我们要兼具研究和亲历的视角，才会具备比较全面的认识。

以家庭教育这个主题为例。我们知道，教育学是一个专门的科学，肯定有很多相关的理论图书可看（还有很多名为《教育学》的教材可以看哟）。同时，研究人成长规律的发展心理学也与家庭教育息息相关，因而我们至少也得看上一两本发展心理学的相关教材。如果你是一位家长，那就好好地研读一下与教育理论相关的图书，方便能更好履行教育者的责任。

但我想说的是，如果我们的焦点只放在与教育学、发展心理学相关的理论图书上，可能还是不够的，毕竟学术研究和理论知识并不能完全指导实践，我们最好还是要读一读那些优秀的教育实践者是怎么做的，比如陈美龄的《50个教育法：我把三个儿子送入了斯坦福》，陈钱林的《家教对了，孩子就一定行！》。这些都是很值得一看的实践型的有关家庭教育的图书。我们要知道的是，实践和理论是不冲突的，好的教育实践一定是符合教育规律的。我们如果只看理论型图书，那么对于到底是怎么实践的，我们是不会有具体、真实的感知的。因而，我们需要把理论型图书和实践型图书结合起来阅读，这才是比较全面的主题阅读的方式。

不仅如此，若用"八面受敌"读书法的思路，我们并非只能看被划分到"教育类""育儿类"里的图书。作为家长,我们还可以找一些有关杰出人物的传记、自述、访谈录等图书。这些书中往往会提到这些人物的童年,我们的切入角度可以是:这些杰出人物的父母是如何教育他们的,这些教育中有什么成功的经验……比如,物理学家理查德·费曼在《发现的乐趣》一书中提到他的父亲在他幼年时是怎样启发他对科学的兴趣的;比如我国当代作家毕飞宇和北京师范大学文学院教授张莉的《小说生活:毕飞宇、张莉对话录》中收录了毕飞宇讲他的父亲在他小时候是怎样用诗文来启蒙他对文学的兴趣的内容。

这些都是有价值、启发性的家庭教育经验。所以,我们可以结合"八面受敌"读书法和主题阅读,带着自身的目的和诉求,把我们放在一个开放的阅读视野中去发现、学习。

用"八面受敌"读书法的思路去进行主题阅读,去实践"以我观书",那么一本书往往能被读出新的味道来。比如,我发现虽然《箭术与禅心:一位西方哲学家的禅悟实录》讲的是作者习箭的经历,但本质上是一本关于训练专注力的作品;《启功给你讲书法》虽然属于书法类的图书,但其中却包含着不少关于刻意练习、学习方法的真知灼见。在我眼中,《箭术与禅心:一位西方哲学家的禅悟实录》就是"训练专注力"这个主题的必读书,《启功给你讲书法》就是"学习方法"这个主题的必读书。

我为什么说《箭术与禅心:一位西方哲学家的禅悟实录》是讲训练专注力的呢?因为,我们可以将弓和箭理解为一套"误差放大器"。我们在射箭的时候,在箭刚射出时,如果有一毫米的偏差,那么等箭射到箭靶上时,可能就会造成十厘米的偏差。射手的站位与箭靶之间的距离越远,造成的偏差越大。一般在射击馆里玩射箭,人与箭靶之间的距离常有十米、十二米的,但是在世界级射箭比赛中,人与箭靶之前的距离达到了七十米,其难度可想而知。所以,练习射箭的基本要求是要形成规范的动作和姿势,使得人在射

精 读

箭时，尽可能让身体像一尊石像一样，保持静止不动。在射箭馆里，教练教给你的就是这些规范的姿势和动作。但是，在《箭术与禅心：一位西方哲学家的禅悟实录》中，箭术大师没有让远道而来的徒弟先训练怎么拿弓持箭，而是让他先训练呼吸，这是怎么回事呢？

原来，人要想把箭射准，就需要把自己训练出一种极稳定的状态才行，人只有在极稳定的状态下，才能驾驭弓箭这套"误差放大器"，才能把射箭的误差降到最低。那么，怎样才能做到极稳定的状态呢？射箭馆的教练教的是做到动作规范，但这只是实现极稳定的状态的第一层，在此之上，还有第二层——呼吸。人是不可能不呼吸的，我们在呼吸的时候，身体是会有起伏的，我们只有控制好自己的呼吸，才能进一步提升自身的稳定程度（仅仅把规范动作做好是不够的）。

我们可能会好奇，练好呼吸就够了吗？其实，这还不够，因为除了呼吸，我们还有情绪。假设你现在处于怒气冲冲的状态或忧心忡忡的状态中，你觉得你能看得下去书吗？你肯定是做不到的，因为人在情绪处于波动时，是没有办法静下来的，也就没有办法做到专注。在射箭时，如果你的心乱了，你的身体还能稳得住吗？这是不可能的。可该怎样做到情绪稳定呢？其实，这是最难的一步。一个人要做到情绪稳定，不是靠跟自身的情绪做斗争，比如当你不开心时，你对自己说"不要不开心"，这是没有用的，反而会使情况更糟，你这时的情绪很复杂，你的内心更有冲突。

我们在这时要怎么办呢？我的建议是"修心"，对自己的精神世界做一个全方位地调整，包括我们看世界的角度、看人待物的方式、我们对人生的理解、对得失的理解、对公平的理解、对命运无常的理解等等，形成一种更开阔、更有智慧的认识。经过一个比较长的调整过程后，我们或许能做到谅解这个世界，谅解他人，谅解自己。这个时候，我们或许就能做到情绪稳定。

只有在情绪稳定后，你才能练习射箭。要想成为一个射箭高手，你就需要有极度的专注力，要做到全神贯注、心无旁骛。射箭时，你的身体是稳定的，呼吸是稳定的，情绪也是稳定的，那么你射出的箭必定会一次又一次地命中靶心。所以说，我认为《箭术与禅心：一位西方哲学家的禅悟实录》是一本训练专注力的书，它讲到了一个人要做到极度专注所需要付出的努力，讲到了专注力的实质。

我们再来说一说《启功给你讲书法》这本书。启功老先生是我国现代书法大家，他在中国古典文学等领域也有很深的造诣，是一位富有洞见的大师。这本书是启功老先生在他八十四岁高龄时参加的一系列现场讲座的文字整理。可以说，这本书是他一生研习书法的心得总结。

我之所以会看《启功给你讲书法》这本书，是因为我对书法感兴趣。而我之所以对书法感兴趣，是因为我小时候在我外公的指导下学过一段时间书法，当时临摹的是颜体的字帖。

说到这儿，那就不得不先说一说我外公了。我外公是一位很厉害的篆刻艺人（我本想用"篆刻家"称呼我外公，但担心他可能还够不上），他平时的工作都是当地的公安局委托给他的（让他刻企业的公章）。用现在的话说，我外公是一名自由职业者，他自己在家里刻章。我在小时候观摩过我外公工作时的场景：一盏很亮的灯照着一张小方桌，屋子其他地方都是昏暗的。小方桌上摆着各种材质的条柱状石头，有鸡血石之类的，小方桌上还有十几把大小不一的刻刀，每把刀的刀身上都绕着很多圈丝线（可能是为了保护手的）。

我们都知道，在章上刻字和在纸上写字是大不一样的——刻在章上的字一定是将正常书写的汉字进行左右镜像反转的，也就是得反着刻。一般人刻章可能需要先在半透明的纸上把字写好，然后再把纸翻过来覆盖在未刻的章上，按照纸上的字迹刻。可是，我外公不需要这道工序,他是直接上手刻的,刻出来的字就是正确的,并且刻出来的字的字体是常见的印刷宋体字。他徒手刻出来的字,竟然跟印刷的字体一模一样。

当时,我对我外公说我也想学刻章,外公劝我千万别学刻章,学习刻章太苦了,他还举起了他满是老茧和伤痕的手给我看。不过,他建议我可以学写毛笔字,说他年轻时学刻章就是从毛笔字学起的。后来,他便手把手地教我写字、临帖。现在,我外公早已离世,他给我留下的礼物就是我对书法的那一点兴趣了。

我们再说回启功老先生的这本书。这本书里的语言很生动,让人读起来就像身处启功老先生的讲课现场一样。书中有一句振聋发聩的话——"写字首先要破除迷信"。全书都在从不同的角度切入讲解怎么破除写字的迷信。有的人可能会觉得奇怪:"我们说算命是迷信,装神弄鬼是迷信,写字,能有什么迷信呢?"在启功老先生看来,很多人在教别人练习书法的时候,讲了很多必须遵守的条条框框:必须怎样怎样,必须不能怎样怎样……这把学习者的思维都框死了,这就是写字的迷信。脑子里都是相关的条条框框,这样是学不好的。

有的人说学书法要按年代顺序来,先学篆书,把篆书学好了,再学隶书,等隶书学好了再学楷书。启功老先生认为这是胡说八道,他认为"学好"是没有客观标准的,如果一个人一辈子都没"学好"篆书,那他是不是就永远都没办法学楷书了?启功老先生在书中还打了个比方:王献之是王羲之的儿子,那我们是不是一定要先学王羲之的字,等到把王羲之的字"学好"了,才能学王献之的字呢?如果有人就是喜欢王献之的字,难道不能直接学吗?启功老先生的观点是根本不存在这样的讲求先后顺序的教条。如果你看到一个字帖,看起来有感觉,你觉得喜欢,就可以去学、去临摹。

书中提到,有人说拿笔的姿势必须是××样子的,而且手要握得很紧,要做到别人来拔笔也拔不起来。启功老先生认为这也是谬论，他表示握笔虽然有一定的方法，但也不是一定非此不可，你拿着习惯、舒服也是可以的，哪怕是拿一个树枝在地上画，也是写字，哪有那么多的规矩呢！在条条框框下学写字，我们好像每走一步都是战战兢兢的，如果打破了这些条条框框，那我们觉得哪一个字帖好看，直接临摹就好了，这样写字才会变得自主、轻松，也只有这样才可能把学书法这件长期的事坚持下去。

读完这本书，我心想：如果这番言论是来自一个二十几岁的年轻人，我们或许会怀疑这个人是不是太轻狂了，这样目中无人的人，将业内的许多观点打碎，实在是无理。可是这话却是年近九十岁的启功老先生所说的，他在书法上研习了一辈子，他自称走了大半辈子的弯路，回过头来总结经验，才发现那些条条框框实则是害人的迷信，是阻碍年轻人学习书法的绊脚石，是让年轻人望而却步、徘徊不前的原因。

打破这些迷信，人们才能学得更自由、更灵活，这就像黄庭坚说的"以我观书"，是同一种精神的旨归。

我因此还联想到现今也有一些关于读书的迷信。

有人指导别人读书，列出一个长长的书单，告诉我们这些书非读不可。实际上，这些书可能根本就是读不完的。

有人提倡"卡片笔记法"，说很多名家之所以成功，就是因为用了卡片记笔记。其实，卡片只是一种外在的形式，一个"壳"而已，做笔记做多了，自然积累就丰厚了，水平自然而然地就高了。其实，成功的关键在于读书的勤奋和刻苦，在于十年如一日的坚持，而不是采用哪一种形式，用卡片做笔记还是选择别的方式做笔记，这些根本不是成功的关键所在。

有人认为读完一本书后必须要做的功课是画一张思维导图，认为把思维导图画出来就算成功了，最好还能画得漂亮，值得在网上好好展示一番。实际上，他并没有在意他在读书时有没有进行深入的思考，找到书中最重要的关键。

> 精读

以上种种，都是关于读书的迷信。许多人缺少审辨真伪的思维，容易迷信权威。为了追求确定性，很多人以为只能用这种方法读书，不能用那种方法读书，只能读这类书，不能读那类书……其实，这都是被条条框框给限制死了，若连这种自由选择的基本精神都违背了，便是误人子弟。读书应该破除迷信，从自身的需要出发，读自己喜欢的书，选择自己喜欢的阅读方法就好了。

我自己便是一直实践着"以我观书"。我因为对"专注力"的主题感兴趣，还对"学习方法"的主题感兴趣，便读了像《箭术与禅心：一位西方哲学家的禅悟实录》《启功给你讲书法》这样的书。如果换作另一个人，他不是带着这样的主题读书，就不会像我一样去看待这些书，甚至都不会关注到这些书。这就是用"八面受敌"读书法结合主题阅读的好处了。

四、八面受敌与读书笔记

以前的人做笔记是为了防止遗忘。过去的图书资源不如现在那么丰富，爱读书的人常常去图书馆借阅或者到别人家里去借书，看完借来的书后要归还。虽然还书后手里没有书了，但有读书笔记留下来。钱锺书一生读书无数，但他家里存放的书很少，因为他都在大型的图书馆看书，做了很多读书笔记。

如果书是我们自己买的，那么在看到重要或精彩的部分时，我们只要在上面画线就可以了，我们也可以在书上的空白处写上批注。以后如果想温习，那我们直接翻书即可，何须整理读书笔记呢？浏览网络上的资料时也采用类似的做法，有些人喜欢把网上看到的好文章拷贝下来，放进自己的笔记软件里，但是放进去以后就再也没有回顾过，这样的笔记实在是没有必要的，这样只是把信息从一个服务器搬运到另一个服务器中。

其实，信息被放在哪个服务器中都是一样的，都是一搜就能搜到的，何须多此一举呢！我们如果弄不清楚为什么做笔记以及笔记有什么用这种基本的问题，那么是做不好笔记的。就算我们做了很多笔记，那也是白花了许多时间，收效甚微。

现今，有一些教我们怎么整理笔记的书和课程，其着眼的点都在用什么方法做笔记、用什么工具做笔记等，这只是在"术"和"器"的层面上讨论，并没有触及其最重要的——"道"的部分。如果你不知道"为什么做笔记以及笔记有什么用"，那么你大张旗鼓地做卡片笔记，画思维导图以及一个劲地尝鲜，试用各种笔记软件，又会有什么用呢？舍本逐末而已。

在我看来，关于做读书笔记，有一条根本性的原则，这条原则只有八个字：

为学日益，为道日损。[1]

这句话是什么意思呢，简单来说，就是人生中既有加法也有减法，我们在汲取外界的知识时，用加法，学的知识越多越好；我们在修"道"（可以将"道"看作终极真理）的时候，用减法，减少不必要的执着、欲望等，才能越来越接近本质，更好地悟"道"。

老子当然不是针对读书笔记说的这句话，但是我认为把这句话用在读书笔记里是很恰当的。我们可以这么理解这句话：做读书笔记可以算作"个人知识管理"。我们可能会感到疑惑：知识能怎么"管理"呢？其实，这个"管理"有两个基本操作——"增"和"减"。我们在做读书笔记时一定要想清楚：我们想"增"的内容是什么，想"减"的内容又是什么；我们为何而"增"，又为何而"减"。老子所说的"益"和"损"正好对应着"增"和"减"。

假设我们每个人生下来就拥有一个属于自己的私密房间，这个房间可以存放我们喜欢的各种东西。于是，我们走南闯北、东走西

---

[1] 节选自《老子》。

瞧，把凡是喜欢的东西都拿过来，放进这个房间。那么，这个房间最后会变成什么样子呢？这个房间一定会变成一个乱哄哄的、难以踏进去驻足的样子。实际上，这个房间就是我们的大脑，这个房间还包括我们的"外脑"——笔记。

所以，老子提醒我们"损"存在的必要性，但是这个"损"不是让我们胡乱减少，为了减少而减少。"损"的目的是让我们不断地逼近本质的、核心的东西。大道至简，越是本质的东西就越是少而精的。我们在房间里堆那么多东西有什么用呢，其中大部分的东西都可以断舍离。

其实，一个常常读书的人，最终都会变成一个创作者。书读得多了，人自然就有表达的欲望，这就像往水盆里加水，水盆被装满水后，再有新的水加进去的话，自然就会有水溢出来。只不过大家的表达方式可能会不一样，有些人不一定会以写文章、写书的方式进行表达，而是喜欢以说的方式进行表法，他们可能会到处去演讲。有些人做了企业管理者，在开会的时候滔滔不绝地讲解一本书的精彩之处，也是一种创作。我们可以思考一下，一个人要想成为一个好的创作者的话，他的头脑中需要有什么东西呢？其实，他的头脑中需要有两样东西：一样是他需要有一个一定规模的素材库；另一样就是他对他研究领域中的根本问题、底层逻辑、本质规律的思考。素材库中收罗的内容应该是他钻研领域中的一些材料。这就像他要建一座房子，就需要准备很多砖头一样，如果没有砖头，即便是能工巧匠也无法施展其才能。他对他研究领域中根本问题、底层逻辑、本质规律的思考，就是"为道日损"的内容。

这就像他要建一座房子，那他就要明白什么是"好房子"，他对"好房子"的理解决定了他造出一座好房子的概率大小。因此，我们需要思考的一个重要问题是：我们要找的"道"是什么或者我们要成就的"道"是什么。

那么，读书笔记就是我们要在这样的思考下去做的，是我们在想要的"道"的指导下，为我们自身打造一个或几个素材库。因为素材库需要有一定的规模，所以我们要想办法"日益"。与此同时，我们还要思考搜集到的素材是不是跟我们所认为的"道"相一致，如果不一致或者关联不太大的话，我们就不用把这个素材放进素材库中了。我们甚至可以定期给素材库"瘦身"，删减掉一些用不到的素材，这就是"日损"。"素材库"和"读书笔记"在称呼上的区别是，我们在素材库中所存储的素材是有某种一致性的，它们都是为了满足特定的功用存在的。

对读书笔记来说，它并不一定有特定的功用，可能仅仅是为了记录和保存一些内容而已。也就是说，我们把读书笔记做成素材库，不必在乎其名称的改变，我们要明确的是：我们是为了什么功用而把这些读书笔记放进来。

假设，你给自己设定了一个任务是要花三年时间写一本名字叫《猫狗故事集》的书。在这本书里，你想写很多与猫狗有关的故事。那么，你要想把这本书写出来，就得专门为其建立一个素材库，你先看看古人写过哪些与猫狗有关的故事，再看看现当代的小说家写过哪些与猫狗有关的故事。你要把这些故事搜集起来，放到一起，变成你的素材库。如果没有素材库，你想靠"拍脑门"现编内容，那是编不出来的。你必须站在前人的肩膀上，做足了功课，才能写出属于你自己的精彩故事。

在找素材的过程中，你就需要用到"八面受敌"读书法的思路。当你确定要找哪一类的素材后，你实际上就有了一个独特的视角，有了你自己的聚焦的关注点。

著名漫画家幾米为了研究怎么画好漫画，可以说是"无图不读"，连时尚杂志上教女孩子如何化妆的图、电器说明书上的图，他都会找来研究。这些图虽然不是漫画，但是仍能带给他有关"怎样用视觉来传达信息"的某种启发，他从各种各样的资料里找来的图充实了他的素材库。这项工作，他坚持了十年。这就是"八面受敌"读书法和读书笔记的结合。

以建立素材库的思路做读书笔记,那这些读书笔记就会有一个特点——归一化。这些读书笔记的覆盖面单一,会锁定在某一个方面并以相似的格式汇集在一起。所以,我这几年做笔记,大多用的是电子表格,而不是用各种笔记软件。

有人说"卡片笔记法"好。其实,表格中任意一行的数据(素材)就是一张卡片笔记的内容,两者只是呈现形式不同而已,我的一页表格里有几百行数据,就等于是把几百张卡片笔记的内容放进去了。

不得不说,电子表格可以把大量归一化的素材汇总在一起,不论是搜索、整理、编辑、排序都十分方便,何乐而不为呢?我们何须到处找新的软件、工具,变成一个"工具控"呢?"工具控"的问题是他们总是把关注点放在工具上,而不是放在真正重要的东西——"为学"和"为道"上,这真是一种现代版的"买椟还珠"。举个例子,假设我现在在家要炒一道菜,我可以用燃气灶炒菜,也可以用电磁炉炒菜,甚至可以用煤炉炒菜。对我做的这道菜来说,用哪一种工具的区别都不大,至少不是最主要的因素。工具只要用着习惯、趁手就可以,到处找新的工具换来换去,徒然是浪费时间罢了。

五、八面受敌与选书

对读书来说,我们首先要面对的一个问题是:读什么书?我之所以没有在本书的开篇就讨论这个问题,选择在这儿提出来,是因为这个问题确实是非常难回答的。这是关于读书的最难也是最重要的问题。如果一个人选对了书,那么他在读书这件事上就完成了一半。

其实,这个问题的难点在于对你来讲是"对"的书,对他人来讲就不一定是"对"的；对他人来讲是"对"的书，对你来讲就不一定是"对"的。因为，读书本身就是一件很个性化、很私人的事情。一个人只有了解了读书的方法，才能懂得选书的方法。这两者是一体的。即便书再好，但你如果不会阅读，那么这本书的"好"便与你无关。反过来说，你只有会阅读，才能体会到一本书的"好"。只有能体会到一本书的"好"，你才能确定这本书是对你有益的，确定这本书是你的"天选之书"。

我们由于不知道怎么选书，就会很关注他人的推荐，看他人列出的书单，以为用这样的方式就能找到你需要的好书。我不否认他人的推荐和书单确实是一个发现好书的途径，但是这也可能会让我们"踩坑"——你可能会买到"对"的书，也可能会买到不适合你的书，后者的概率可能还大一些。

我们一定要自己选书。我们或许从他人的书单里能发现一两本好书，然后顺藤摸瓜，我们顺着这一两本好书的脉络，继续找其他的好书。最傻的一种做法就是按照别人的书单，完完整整地把所列的书全买下来。这就是在为别人读书，而不是为自己读书。读书本来就是为了增广自身的见识，提升自身的智慧素养，学会理性、独立的思考。如果连读书也要亦步亦趋，跟在别人的屁股后面，那我们岂不是与读书的本旨背道而驰了？

我经常看到有些人为了强调书单的权威性，给书单贴上"必读书"这个标签，比如"小学生必读书""中学生必读书""大学生必读书""年轻人必读书""中年人必读书""一生中的必读书"等等。但是，我的意见与其刚好相反，我认为：**没有一本书是"必读"的，也没有一本书是"必不读"的。**

我们先来说一说为什么没有一本书是"必读"的吧。如果有一本书被认为是"必读"的，也就是我们非读不可的，那么这本书一定有这样的特质：如果不读这本书，我们的理性或情感就会有巨大的缺陷。显然，这样的书是不存在的。我为什么会这么说呢？

我们可以拿营养学做类比：我们知道维生素C是人体必需的营养素，知道我们在平时的饮食中必须摄入维生素C，知道维生素C是一种"必吃"的营养，也知道橘子中含有维生素C，但这并不表示我们必须只能吃橘子补充维生素C，我们还可以吃橙子、柚子、猕猴桃……含有维生素C的水果有很多。

书也是一样的，如果有一本书是特别好的、伟大的作品，是人类历史上辉煌的经典，那么我们能阅读这本书当然是好的。但是，如果我们没有读这本书，而是读了另一本已经吸收、融汇前一本许多精华的书，那也是好的。前一本书中的精华已经渗透在后一本书中，所以我们也算间接地吸收了前一本书的一部分营养。就像《论语》一样，这本书当然是很好、很重要的图书，但我猜测已经完整读过《论语》的人并不多。不过，即便没有读过整本《论语》，但《论语》中的许多句子却是无人不知、无人不晓的，它已经渗透在我们的思维中，渗透在我们生活中的方方面面。

当一个严肃的作者要撰写一本书的时候，他的脑子里可能已经装了不止一百本书，他吸收、内化了前人的成果并为其所用。所以，当我们翻看一本今人的作品时，其背后一定有许多古人的影子。当我们读一本书的时候，可能相当于同时在读一百本书。我想，金宇澄在写《繁花》的时候，他的心里大约是藏着一本《红楼梦》的——他笔下的"宝总"隐伏着贾宝玉的灵魂。正如意大利的那位读书无数的艾柯发现："文学里没有全然私人的东西，书会彼此聊天。"

当然，我们在选书时，赋予经典名著的权重一定大于其他图书的权重，只不过我们不需要把阅读经典名著当成一个任务执行。那么做的话，我们就失去了读书的乐趣，也违背了读书的主旨。而且，即便我们挑选阅读的所有图书都是经典名著，并且非常用功地去阅读，那我们一辈子也没有办法把所有的经典名著读完。如果，我们认为凡是经典都是必读书，那我们就注定了一辈子都完不成

"必读"的任务；如果，有些图书虽然不是公认的经典名著，但也被列为"必读书"，那这个"必读"的任务可能已经庞大到了无边无际的地步。

你如果愿意读书，愿意把读书当作生活中必不可少的一部分，那么从任何一本书开始去阅读都是好的。只要你觉得这本书可能是你需要的，或者你在翻看前两页后觉得这本书是对你自己的胃口的，那你就可以毫无负担地读下去。这本书可能是一本当代的通俗作品，作者也不是什么名家，甚至在一些读书平台上的评分也不高，但是这本书仍然会引发你的兴趣，让你读得很开心。也许，你还会因为觉得这本书写得太好了，又去找这本书作者的其他作品阅读。若是这本书里的某一段引用的文字激发了你的兴趣，你还可以继续去阅读这段引文出处的那本书。也许，你阅读的第二本书还会自然而然地引导你去阅读第三、第四本书……这便能逐渐形成你自己的阅读脉络。

这样的阅读脉络是由你自己的兴趣所主导的，你就像走入一座繁花盛开的公园中，移步换景，你眼中的景色取决于你自己的脚步。兜兜转转，你最终会自然而然地打开一本不朽的经典名著——因为你会发现在你读过的书里面，这部经典已被提到了很多次，你会按捺不住好奇心，鼓起勇气开始阅读这本并不好读的"大部头"。我们要相信，如果一本书确实有无穷的魅力，那么它一定会引导一个爱读书的人渐渐地去接近它，打开它，阅读它。

我们再来说一说，为什么没有一本书是"必不读"的。说一本书"必不读"，可能是说它内容空洞、文笔拙劣或传播了错误的知识内容。但我要说的是，如果一本书真的那么差，那么正好可以用其锻炼我们的思辨能力，用其作为反面教材训练我们的批判性思维。况且，从批判性思维的角度来说，即使一个评论家告诉我们某本书很差，我们也不能马上接受这个评价，因为我们对书的评价一定是主观的。无论那个评论家怎么说，都只是他的一家之言。除非

精读

你自己亲自读过这本书，否则在打开一本书之前，我们不能抱着这是一本"好书"或者"坏书"的预设，我们也不能因为有人吹捧或批评某本书就人云亦云，跟着去说同样的话。一个人如果懂得"八面受敌"读书法，他也能在不那么"好"的作品中吸取养分。因为这本书里哪怕有95%的内容乏善可陈，但也会有5%的内容是他所需要的，那他读这本书就赚到了。英国女作家伍尔夫在读书时就不只是挑最好的作品读，也读了许多二三流的小说，她从二三流的作品中也能找到对她有启发的东西，假如她看到一本书中存在明显的弊病，那么这个弊病便能提醒她在创作时加以避免。

伍尔夫曾在《论简·奥斯丁》一文中写道："一位伟大作家的二流作品是值得一读的，因为它们为他的杰作提供了最好的批评资料。在这儿，奥斯丁在写作中所遇到的困难更加令人瞩目，而她用来克服这些困难的手段也没有那么巧妙地被掩盖起来。"换句话说，即便是阅读三流作品，一个会读书的人也可以从中受益，并且这些益处是无法从好的作品中得到的。

不管面对哪一本书，不管它是享有崇高声誉的书还是饱受争议的书，我们都应该独立思考，批判性地去阅读、吸收，自己去做判断。我们不必盲目地仰视，无须盲从任何一个作者，也不必一味地鄙弃，更不能"因人废言"。假如一个作者在网上被人非议和攻击，我们是否就应把他的作品撕毁、烧掉呢？这是极端反智的愚蠢之举。一部作品的好坏，我们必须亲自去读，不带偏见、完完整整地读下来，才能得出公允的结论。如果这本书确实写得不够好，但是仍然给我们带来了某些益处和启发，那么我们仍然要感激这本书和其作者。

对此，伍尔夫的表达最为恰如其分，她说我们在读这本书时，既是作者的同伙，又是作者的审判官。"作为同伙，我们对作者的态度应该是宽容的——无论怎样宽容也不会过分；作为审判官，我们对作者的态度应该是严厉的，而且无论怎样严厉，也同样不会过分"。

美国散文家爱默生曾经说过一句振聋发聩的话：愚蠢的附和乃庸众之心魔（A foolish consistency is the hobgoblin of little minds）[1]。一个人读书的好处是我们可以通过这种方式健全我们的理性，涵容自身的情感，不人云亦云，敢于发出我们自己的声音。我们身处同一个世界，又不得不与那个"我"周旋。读书就是为了训练我们学会用不同的角度去观察世界、理解自己。我们努力去"溶解"自己心中专横的偏见，战胜自负或自卑，以宽容、敏锐、厚重的眼光看待这个世界。

图书当然不是我们生活的全部，读书也不是我们生活中最重要的事情，但其始终是一束不灭的光，可以在任何时刻把我们照亮。只要有了图书，人类在寻求智慧、探索自我的道路上便永远不会止步。

钱塘江上潮信来，今日方知我是我。[2]

---

[1] 出自[美]爱默生的《论自立》（*Self-Reliance*）。——编者
[2] 出自[明]施耐庵的《水浒传》。——编者

© 中南博集天卷文化传媒有限公司。本书版权受法律保护。未经权利人许可，任何人不得以任何方式使用本书包括正文、插图、封面、版式等任何部分内容，违者将受到法律制裁。

图书在版编目（CIP）数据

精读 / 采铜著 . -- 长沙：湖南文艺出版社，2025.
4. -- ISBN 978-7-5726-2328-8

Ⅰ . G792

中国国家版本馆 CIP 数据核字第 2025QE2067 号

上架建议：畅销·社科

JINGDU
精读

著　　者：	采　铜
出 版 人：	陈新文
责任编辑：	刘诗哲
监　　制：	王远哲
策划编辑：	王子超　王婧涵
文字编辑：	王成成　刘春晓
营销编辑：	杨若冰　秋　天
封面设计：	潘雪琴
版式设计：	梁秋晨
内文排版：	谢　彬
出　　版：	湖南文艺出版社
	（长沙市雨花区东二环一段 508 号　邮编：410014）
网　　址：	www.hnwy.net
印　　刷：	三河市航远印刷有限公司
经　　销：	新华书店
开　　本：	875 mm × 1230 mm　1/32
字　　数：	251 千字
印　　张：	9
版　　次：	2025 年 4 月第 1 版
印　　次：	2025 年 4 月第 1 次印刷
书　　号：	ISBN 978-7-5726-2328-8
定　　价：	59.80 元

若有质量问题，请致电质量监督电话：010-59096394
团购电话：010-59320018